Norbert Scholl

Glauben im Zweifel

LAMBERT SCHNEIDER

Am besten lesen. *Am besten lesen.* *Am besten lesen.*

Norbert Scholl

Glauben im Zweifel

Der moderne Mensch und Gott

Die Deutsche Nationalbibliothek verzeichnet diese Publikation
in der Deutschen Nationalbibliografie;
detaillierte bibliografische Daten sind im Internet über
www.dnb.de abrufbar.

Der Lambert Schneider Verlag ist ein Imprint der WBG

© 2016 by WBG (Wissenschaftliche Buchgesellschaft), Darmstadt
Die Herausgabe des Werkes wurde durch
die Vereinsmitglieder der WBG ermöglicht.
Satz: Janß GmbH, Pfungstadt
Einbandgestaltung: Peter Lohse, Heppenheim
Lektorat: Cana Nurtsch, Berlin
Einbandabbildung: © Fotolia/Rawpixel.com
Gedruckt auf säurefreiem und alterungsbeständigem Papier
Printed in Germany

Besuchen Sie uns im Internet: www.wbg-wissenverbindet.de

ISBN 978-3-650-40145-8

Elektronisch sind folgende Ausgaben erhältlich:
eBook (PDF): 978-3-650-40167-0
eBook (epub): 978-3-650-40168-7

Inhaltsverzeichnis

Zur Einführung 9

I.

Ansätze bei den Naturwissenschaften

Der Urknall – hochexplosive Anfangssituation 15
Materie – ein fast leerer Raum 23
Energie – allmächtig und allgegenwärtig 43
Gravitation – unwiderstehlich starker Schwächling 51
Leben – aus Ursuppe und ein paar Milliarden Jahren Zeit 61
Evolution – ziellos zielgerichtet 76
Zeit – exakt vermessbares Nichts 87
Bewusstsein – Synapsengestöber im Hirn 98

II.

Ansätze bei der Theologie

Glaube – Ungewissheit und Wagnis 119
Gottesbilder – alles Projektionen 130
Person – Maske oder Individuum 138
Jesus – Mensch unter Menschen 148
Erlösung – nicht Geschenk, sondern Aufgabe 161
Vater, Sohn, Heiliger Geist – säkularisiert 166
Dinge – Zeichen für etwas Anderes 181
Gebet – Unterbrechung und Widerstand 194

Rückblick und Ausschau 201

Eine Ahnung – mehr ist es nicht 205

Anmerkungen 207

Die Grundlage für die Frage nach Gott ist schlicht und ergreifend die Tatsache, dass es uns gibt – und wir überhaupt die Frage nach dem Grund unserer Existenz stellen können.

Diese „Fragwürdigkeit" können wir nicht einfach abschütteln, denn es ist vernünftig, sich das zu fragen: „Woher kommt alles? Was ist der Sinn? Wohin geht alles? ..."

Vernünftige Fragen kann und soll man nicht unterdrücken.

Aber was macht man mit Fragen, auf die es keine absolut sicheren Antworten gibt?

*Harald Günthner**

* http://www.haraldguenthner.de/eine-ahnung-von-gott/ [4. 11. 2015].

Zur Einführung

Liebe Leserin, lieber Leser!

Für den Philosophen *René Descartes* war „zweifeln an allem" der Ausgangspunkt seines Denkens – des Denkens überhaupt. Wenn wir alles nur irgendwie Mögliche bezweifeln, können wir doch nicht bezweifeln, dass wir zweifeln. Dazu müssen wir aber existieren. Sonst könnten wir gar nicht zweifeln.

Zweifel kann unkritischen Enthusiasmus enttäuschen, kann desillusionieren, kann Irrwege aufzeigen. „Der Zweifel ist eine Grundwirklichkeit der menschlichen Existenz, ein Ausdruck unserer Begrenztheit. ... Der Zweifel ist ein Teil von uns." So äußerte sich unlängst der Erzbischof von Köln, Kardinal *Rainer Maria Woelki*.[1]

Zweifel und Glauben gehören zur Wissenschaft

Der Zweifel gehört zur Wissenschaft. Denn Zweifel stachelt das Nachdenken an. Etwas bisher scheinbar Selbstverständliches kann plötzlich fragwürdig erscheinen. Wir beginnen, die Argumente genauer zu prüfen, abzuwägen, zu hinterfragen, über Alternativen nachzudenken, andere Theorien zur Erklärung zu entwickeln.

Doch um wissenschaftlichen Ansprüchen genügen zu können, müssen auch diese auf den ersten Blick besser und stringenter erscheinenden Theorien überprüft werden. Seit *Karl Popper* gilt: Alle Aussagen müssen, um wissenschaftlich zu sein, etwas über die Realität aussagen, intersubjektiv nachprüfbar sein und an der Realität scheitern können. Sie müssen grundsätzlich verifizierbar und falsifizierbar sein.

Allerdings kann es gerade angesichts der hochkomplizierten und immer engmaschiger differenzierten Erkenntnisse vor allem in den modernen Natur- oder auch in den Sozialwissenschaften passieren, dass jemand in einem bestimmten Bereich nicht kompetent genug ist, vielleicht sogar überhaupt nicht kompetent genug sein kann, um seine Überzeugung zu überprüfen und gegebenenfalls zu revidieren. Kompliziert wird es, wenn er gar nicht merkt oder nicht wahrhaben will, dass er inkompetent ist. *„It is not ignorance, but ignorance of ignorance, that is the death of knowledge"* (*Alfred North Whitehead*). Inkompetenz bewahrt vor Zweifel.

Vertreter der sogenannten exakten Wissenschaften behaupten gern, bei ihnen gehe es nicht um Meinen oder Glauben, sondern um Wissen. Ein anschauliches Beispiel dafür bietet der 1959 in Leipzig erschienene „Wegweiser zum Atheismus": „Es ist eine unbestreitbare Tatsache, dass noch kein Mensch Gott gesehen, gehört oder sonstwie wahrgenommen hat. Es gibt keinerlei echte, wissenschaftlich haltbare Beweise für das Dasein Gottes bzw. für irgendeine göttliche Tätigkeit, weder logisch-theoretische noch praktische. Alle angeblichen Beweise von der Existenz Gottes sind nur der Versuch, durch entsprechende Deutung der wirklichen Welt den Eindruck zu erwecken, als wäre sie nur unter der Voraussetzung Gottes möglich. Die Welt aber besteht ewig. Sie entwickelt sich nach den ihr innewohnenden Gesetzen, und der Mensch ist grundsätzlich in der Lage, sie zu erkennen."[2]

Hier hat Inkompetenz über Wissen gesiegt („Die Welt besteht *ewig*"). Dem Autor oder den Autoren war wohl nicht bewusst, dass auch die exakten Wissenschaften ohne Glauben nicht auskommen. In dem genannten Beispiel ist es der unbedingte Glaube an das atheistische Weltbild. In seiner Frankfurter Antrittsvorlesung hat 1965 der Philosoph *Jürgen Habermas* darauf hingewiesen, dass auch „in den Ansatz der empirisch-analytischen Wissenschaften ... ein technisches ... Erkenntnisinteresse" einfließt. „Erfahrungswissenschaftliche Theorien (erschließen) die Wirklichkeit unter dem leitenden Interesse an der möglichen informativen Sicherung und Erweiterung erfolgskontrollierten Handelns."[3]

Jedem naturwissenschaftlichen Experiment geht der Glaube voraus, dass eine bestimmte Versuchsanordnung zu dem erwarteten Ergebnis führen und eine vorausgehende, noch unbewiesene Annahme bestätigen wird. Je komplizierter und vielschichtiger die Erforschung einer bestimmten naturwissenschaftlichen Gegebenheit ist, desto mehr fließen – bewusst oder unbewusst – in das Experiment und sein Ergebnis bestimmte Vermutungen und Deutungen, man könnte auch sagen „Glaubensinhalte" ein. Dieser „Glaube" oder, um mit *Habermas* zu sprechen, dieses „technische Interesse" der Naturwissenschaften kann erst durch „Selbstreflexion der Wissenschaft" richtig erkannt werden. So ist nicht zu bezweifeln, dass es Leben gibt; wohl aber können die verschiedenen Theorien über seine Entstehung bezweifelt werden. Für die Bereitschaft zu einer gegebenenfalls erforderlichen Korrektur braucht es zuvor ein „emanzipatorisches Erkenntnisinteresse"[4]: Es braucht den Zweifel.

Nicht allen Wissenschaftlern ist das bewusst; ihre Wissenschaftsgläubigkeit bleibt unangefochten. Eine ganze Reihe von ihnen ist freilich selbstkritisch genug, um zu erkennen und auch einzugestehen, dass es eben doch noch mehr gibt als das, was sich mit millionenschweren Instrumenten empirisch nachweisen und mit schönen Theorien darstellen lässt. Es sind gerade die klügsten Köpfe unter den Naturwissenschaftlern, die sich nicht scheuen, das demütig zu bekennen: „Das Wissen um die Existenz des für uns Undurchdringlichen, der Manifestationen tiefster Vernunft und leuchtender Schönheit, die unserer Vernunft nur in ihren primitiven Formen zugänglich sind, dies Wissen und Fühlen macht wahre Religiosität aus; in diesem Sinn und nur in diesem Sinn gehöre ich zu den tief religiösen Menschen", so *Albert Einstein*[5].

Zweifel gehört zum Glauben

Oben habe ich schon einmal Kardinal *Woelki* und sein Bekenntnis zum Zweifel erwähnt. Im gleichen Interview spricht er auch von Glaubenszweifeln: „Mit meinem Zweifel muss ich leben, aber eben auch mit dem Glauben. Beide sind ein Teil von mir. Ich weiß, dass ich nicht immer alles verstehen kann und auch nicht immer erkenne, was Gott will. Doch ich fühle mich zugleich gehalten von ihm. Der Glauben ist in meinem Leben bislang immer stärker gewesen als der Zweifel. Darüber bin ich glücklich."

Der Zweifel besitzt sogar eine heilsame Funktion für den religiösen Glauben. Er ist nicht Feind, sondern Schutz des Glaubens: Er schützt davor, Geltungsansprüchen oder Heilsversprechungen zu schnell und leichtfertig auf den Leim zu gehen. Er hält davon ab, Aussagen ungeprüft zu übernehmen und schlechte Argumente mit guten zu verwechseln. Er bewahrt vor allzu forschem Auftreten und vor übertriebener Selbstsicherheit, denn er lehrt mich, dass sich dahinter nicht selten Unsicherheit oder gar gähnende Leere verbergen.

Der Zweifel muss ein Hausrecht beanspruchen dürfen in unserem Glauben, in den Gemeinden, in der Kirche. Wir dürfen ihn nicht aussperren, weil er uns unbequem erscheint, weil er unsere Selbstgewissheit durchkreuzt, weil er uns in unserer Scheinsicherheit verunsichert. Allerdings muss ich auch am Zweifel immer wieder zweifeln. Denn auch der Zweifel „glaubt nur".

Es darf uns nicht beunruhigen, wenn heute viele gläubige Menschen mit massiven Glaubenszweifeln ringen. Denn „keiner kann dem Zweifel ganz, keiner kann dem Glauben ganz entrinnen; für den einen wird der Glaube *gegen* den Zweifel, für den anderen *durch* den Zweifel und in der *Form* des Zweifels anwesend. Es ist die Grundgestalt menschlichen Geschicks, nur in dieser unbeendbaren Rivalität von Zweifel und Glaube, von Anfechtung und Gewissheit die Endgültigkeit seines Daseins finden zu dürfen. Vielleicht könnte so gerade der Zweifel, der den einen wie den anderen vor der Verschließung im bloß Eigenem bewahrt, zum Ort der Kommunikation werden", so schrieb der junge Professor *Joseph Ratzinger* vor fast 50 Jahren.[6]

Die Gottesahnung verschwindet nicht

Weder die Existenz noch die Nicht-Existenz Gottes lassen sich beweisen. Für jede der beiden Positionen können Argumente benannt werden. Gleichwohl besitzen viele (wenn nicht alle) Menschen ein „anonymes und unthematisches Wissen", sagt *Karl Rahner*, so etwas wie eine „Ahnung von Gott": Vielleicht ist gerade das ahnungsvoll-zweifelnde, vorsichtig-glaubende Tasten im Ungewissen, im Unbeschreiblichen, im Unfassbaren die adäquate Ausdrucksform des Glaubens für den modernen Menschen.

Die Gottesahnung verschwindet nicht – trotz aller Unkenrufe vom „Tod Gottes", trotz aller philosophischen Bestreitung Gottes, trotz aller verächtlichen Rede vom „Gotteswahn". Die Vermutung von einem „Etwas", das größer ist als alles Gewordene, lässt sich nicht vertreiben. Irgendwie versuchen Menschen, in bestimmten Symbolsystemen immer wieder (oder auch: immer noch) diesem Gerücht und dieser ihrer Ahnung, diesem ihrem suchenden und tastenden „Glauben" Ausdruck zu verleihen. Sie bemühen sich, dem Anspruch, dem sie sich in bestimmten Situationen ausgesetzt fühlen, zu entsprechen – sei es in ihrem verantwortungsvollen Handeln, sei es in liturgischen Riten, in Gebet und Meditation, in mystischer Versenkung. Sie geben ihrem sprachlosen Sich-angesprochen-Fühlen eine Antwort, die sie sprachlich-stammelnd zu fassen suchen, so dass auch andere sich darin wiederfinden können. Oder sie verharren in staunendem Schweigen, in andächtiger Bewunderung, in wortloser Betrachtung. Glaubwürdiges Denken und Reden von Gott darf heutzutage nicht geprägt sein vom Grundton scheinbar unerschütterlicher Sicherheit und von einem begrifflichen „Wissen" um das unbegreifbare Geheimnis „Gott".

Mir geht es in diesem Buch vor allem um zwei Aspekte:

• Ansätze bei den Naturwissenschaften

An den großen Themen der Naturwissenschaft (Urknall – Materie – Energie – Gravitation – Leben – Evolution – Zeit – Bewusstsein) möchte ich darlegen, dass hier keineswegs schon alle Fragen gelöst sind. Trotz oder wegen aller unbestreitbar großen Erfolge in der Erforschung des Universums, seiner Rätsel und Geheimnisse zeigt sich, dass jede gewonnene Antwort und jede neue Erkenntnis wieder neue Fragen aufwerfen. Es soll auch deutlich werden, das die von einigen Naturwissenschaftlern mit scheinbarer Selbstverständlichkeit und mit wissenschaftlichem Pathos vorgetragene Leugnung der Existenz einer transzendenten Kraft (Gott) wissenschaftlich unhaltbar und in Zweifel zu ziehen ist. Ganz im Gegenteil weisen viele Aspekte genau in die gegenteilige Richtung.

• Ansätze bei der Theologie

An den Beispielen Glaube, Projektionen, Person, Jesus, Erlösung, Dreiheit, Sein möchte ich versuchen aufzuzeigen, dass eine „nachmetaphysische" Gottesvorstellung und das sich daraus ergebende „neue Denken von Gott" sich durchaus mit den Erkenntnissen der modernen Naturwissenschaften vertragen. Dabei muss allerdings Abschied genommen werden vom tradierten „metaphysischen" Gottesbild, das einer Welt entstammt, in der ein Flug zum Mond als reine Wahnvorstellung erschien und das in „moderne Zeiten" nicht mehr hineinpasst. Ich möchte dabei auch deutlich machen, dass „Beten" (etwas anders als gemeinhin verstanden) angesichts dieses „neuen" und anderen Gottesbildes durchaus möglich und sinnvoll erscheint.

Vielleicht ist es wahr ...

Der jüdische Philosoph und Religionswissenschaftler *Martin Buber* schildert in seinen „Erzählungen der Chassidim" das Zusammentreffen eines gläubigen Rabbi mit einem skeptischen Aufklärer. Der „suchte ihn auf, um auch mit ihm, wie er's gewohnt war, zu disputieren und seine rückständigen Beweisgründe für die Wahrheit seines Glaubens zuschanden zu machen. Als er die Stube des Rabbis betrat, sah er ihn mit einem Buch in der Hand in begeistertem Nachdenken auf und ab gehen. Er achtete nicht auf den Ankömmling. Schließlich blieb er stehen, sah ihn flüchtig an und sagte: ‚Vielleicht ist es aber wahr'. Der Aufklärer nahm vergebens all sein Selbstgefühl zusammen – ihm schlotterten die Knie, so furchtbar war der Rabbi anzusehen, so furchtbar sein schlichter Spruch zu hören. Der Rabbi aber wandte sich ihm nun völlig zu und sprach ihn gelassen an: ‚Mein Sohn, die Großen ... haben dir Gott und sein Reich nicht auf den Tisch legen können, und auch ich kann es nicht. Aber, mein Sohn, bedenke, vielleicht ist es wahr'. Der Aufklärer bot seine innerste Kraft zur Entgegnung auf; aber dieses furchtbare ‚Vielleicht', das ihm da Mal um Mal entgegenscholl, brach seinen Widerstand."[7]

Ich lade Sie, liebe Leserin und lieber Leser, herzlich ein, auf den folgenden Seiten mit mir nachzudenken über Zweifeln und Glauben. Und vor allem über das heilige Geheimnis Gott.

Norbert Scholl

I.

Ansätze bei den Naturwissenschaften

Der Urknall – hochexplosive Anfangssituation

„Das Universum, das wir beobachten, hat genau die Eigenschaften, die man erwarten kann, wenn dahinter kein Plan, keine Absicht, kein Gut oder Böse steht, sondern nichts als blinde, erbarmungslose Gleichgültigkeit", behauptet der britische Biologe *Richard Dawkins*.[1]

Der Kosmos – ein heilloses Chaos, ein universales Durcheinander? Der Mensch – „Zufallstreffer der Natur"[2] in einem kosmischen Lottospiel? Ist der Schöpfergott mittels empirischer Analyse zu Fall gebracht? Ist die Sinnlosigkeit des Universums erwiesen?

Was war vor dem Urknall?

Wir leben in einem sich ständig ausdehnenden Universum, das sich aber nicht so ausdehnt wie ein Luftballon in einem geschlossenen Zimmer. Vielmehr expandieren Universum und Welt*raum* (Luftballon *und* Zimmer) in *gleicher* Weise. Sie wachsen ins Unermessliche hinein. Das zwingt zu der Annahme, dass es auch einmal eine Zeit gegeben haben muss, zu der Luftballon und Zimmer gleichsam in einem gedachten „Punkt" kondensiert waren. Irgendwann ist dieser „Nullpunkt" explodiert. Wir nennen das *„Big Bang"*: der Urknall. Wissenschaftler haben berechnet, dass dieses Ereignis vor etwa 13 bis 14 Milliarden Jahren stattgefunden hat. Sie bezeichnen diese

Phase extrem rascher Expansion des Universums als „kosmologische Inflation" und nehmen an, dass sie unmittelbar nach dem Urknall stattgefunden hat.

Zum Zeitpunkt des Urknalls muss alles, was heute existiert – von den kleinsten atomaren Elementarteilchen bis zu den entferntesten Galaxien, auch solchen, die wir mit unseren Teleskopen noch gar nicht entdeckt haben –, in diesem einen „Punkt" zusammengepresst gewesen sein. In diesem „Punkt" herrschte eine Energiedichte, die wir nur als unendlich bezeichnen können. Unvorstellbar – das schier unendliche Universum zusammengequetscht in einem „Punkt"! Diese Situation ist einmalig, einzigartig, singulär. Die Astrophysiker sprechen hier von „Anfangssingularität". Oder einfach „Singularität".

Aber damit nicht genug. Die Ur-Explosion erfolgte – so jedenfalls die gängige Annahme – nicht aus einer bereits vorhandenen, zu unermesslicher Dichte komprimierten Materie. Man darf sich den Urknall nicht so vorstellen wie die Explosion einer Bombe. Da explodiert etwas bereits Vorhandenes – Sprengstoff, Metallmantel und anderes. Beim Urknall gibt es aber keine bereits vorhandene Materie, vielmehr entstehen Materie, Raum und Zeit erst bei der Explosion. „Mit dieser Singularität begann die Existenz von Zeit und Raum; vor dieser Singularität existierte buchstäblich gar nichts. Wenn also das Universum mit einer solchen Singularität seinen Anfang nahm, dann hätten wir wahrhaftig eine Schöpfung ex nihilo (aus dem Nichts)."[3] Die Explosion von etwas nicht Vorhandenem erscheint nun aber gänzlich undenkbar. Wie soll ein „Nichts" explodieren können?

Darum vermuten andere Forscher, es wäre eher denkbar, dass der Urknall aus einer bereits existierenden, zu unendlicher Dichte komprimierten Materie entstanden sei. Es wäre dann also dem Urknall ein Universum vorausgegangen – vielleicht ähnlich dem unseren –, das irgendwann einmal in sich zusammengefallen ist. Doch damit verschiebt sich nur das Problem. Denn man muss sich sofort die Frage stellen: Wer oder was hat dieses „Vor-Universum" in einem Punkt zusammengepresst? Und wie könnte dieses Universum entstanden sein? Ebenfalls aus einem Urknall? Und wie kam dieser zustande? „Ex nihilo"?

Oder muss ich mir das (zurzeit) sich ausdehnende Universum vielleicht als etwas vorstellen, das gleichsam im ewigen Wechsel ein- und ausatmet, sich ausdehnt und zusammenzieht, implodiert und explodiert? Ein pulsierendes „Ewig"-Universum? Wer oder was gibt ihm die Kraft dazu? Und wie ist das mit den Naturgesetzen (Gravitation, Lichtgeschwindigkeit, Thermodynamik und Ähnliches)? Gelten diese Gesetze eigentlich „überall, immer und ewig"? Fragen, die kein Physiker beantworten kann, weil wir einfach mit den uns zur Verfügung stehenden Instrumenten nicht über den Urknall hinausreichen. Weil wir nicht „hinter" den Urknall blicken können.

Argumente aus dem kosmologischen Standardmodell

Zu dem skizzierten astrophysischen Befund und dem daraus entwickelten „kosmologischen Standardmodell" hat in jüngster Zeit der amerikanische Religionsphilosoph *William Lane Craig* folgende Überlegungen vorgelegt[4]. Sie lassen sich thesenartig so zusammenfassen:

1. Was einen zeitlichen Anfang hat, hat eine Ursache seiner Existenz.
2. Das Universum hat einen zeitlichen Anfang.
3. Also hat das Universum eine Ursache seiner Existenz.
4. Wenn das Universum eine Ursache seiner Existenz hat, muss diese „ganz anders" sein als das existierende Universum. Sie darf dessen Eigenarten und Beschränktheiten nicht teilen. Sie darf selbst keinen Anfang haben.
5. Also gibt es eine Ursache mit diesen Eigenschaften.

Winfried Löffler hat diese Überlegungen aufgegriffen und bei einem Vortrag in der Katholischen Akademie Bayern sechs Aspekte vorgelegt, die für einen Argumentationsstrang im Hinblick auf den Urknall, für ein mögliches „Davor" und für die Frage nach „Gott" zu beachten sind[5]:

1. *Empirischer Ausgangspunkt.* Ein Argument für die Existenz Gottes muss an irgendwelchen Ausschnitten menschlicher Erfahrung

anknüpfen; es sollte einen möglichst öffentlichen, für jedermann nachvollziehbaren Ausgangspunkt haben.

2. *Weltanschaulicher Rahmen der Argumentation.* Es geht hier nicht um einen eng begrenzten, rein astrophysischen oder mathematischen Argumentationsrahmen, sondern um allgemeine und selbstverständliche Überzeugungen, die über den Rahmen streng naturwissenschaftlichen Vorgehens hinausweisen. Denn „wir können niemals wissen, was sich am Anfang des Universums abgespielt hat. Unserer Erkenntnismöglichkeit sind Grenzen gesetzt. ... Der eigentliche Anfang wird für uns immer ein Rätsel sein. Fragen nach dem Davor und dem Draußen sind naturwissenschaftlich sinnlos."[6]

3. *Plausibler Abbruch des Erklärungsregresses.* Ein Weiterfragen über die letztmöglich empirisch fassbaren Erkenntnisse hinaus erscheint sinnlos. Man kann mit den zur Verfügung stehenden Messinstrumenten über den Urknall hinaus nichts empirisch Aufweisbares ermitteln. Ein ewiges Weiterfragen ist nutzlos.

4. *Klärung der Eigenschaften Gottes.* Argumente für die Existenz Gottes können darum nicht auf der empirisch fassbaren Objektebene liegen. Gott kann weder „gut" noch „schlecht", weder „groß" noch „klein" sein, wie wir das aus unserem menschlichen Erfahrungsbereich kennen. Wenn Gott Gott sein soll, dann muss er „anders" sein. Und zwar „ganz anders". Dann muss er völlig andere „Eigenschaften" besitzen als die Objekte um uns herum. Aber irgendwie muss er doch wieder diese „Eigenschaften" in sich tragen. Sonst könnte ein von ihm geschaffenes Universum nicht mit den Eigenschaften existieren, wie wir sie kennen.

5. *Die Einzigkeit des erwiesenen Gottes.* Jedes Argument für Gott kann nur auf ein einziges „Etwas" zutreffen. Aus der Aussage „Für alles gibt es eine *erste* Ursache" folgt nicht „Es gibt *eine* erste Ursache für alles" – es könnte auch zwei oder mehr geben.

6. *Logische Schlüssigkeit, wenngleich nicht „Beweisbarkeit".* Für einen Beweis ist erforderlich, dass die Prämissen jeglichem Zweifel enthoben sind. Logische Schlüssigkeit ist auch dann gegeben, wenn das Argument zwar logisch klar ist, aber die Schlüsse daraus nicht zwingend sind.[7]

Winfried Löffler wendet nun diese sechs Anforderungen an die Argumente für die Existenz Gottes auf die Überlegungen von *William Lane Craig* an.

1. Unproblematisch erscheint die Erfüllung der Forderung eines empirischen Ausgangspunktes. Das Universum ist schon mit bloßem Auge erkennbar. Tiefere Einblicke liefern die modernen Teleskope und Satelliten.

2. Auch der weltanschauliche Rahmen ist gegeben. Es geht nicht darum, Erklärungslücken *innerhalb* der Physik durch Berufung auf das Eingreifen Gottes zu stopfen. Es geht vielmehr um Überlegungen in einem Bereich, in dem die Physik nichts mehr sagen kann.

3. Auch die Forderung der Vermeidung eines unendlichen Erklärungsregresses wird plausibel erfüllt: Die innerweltlichen physikalischen Erklärungen finden am Uranfang des Universums ihr Ende. Es muss der Umstieg erfolgen auf eine andere Form der Erklärung. Es spricht auch nichts für eine Kette oder Mehrzahl von außerweltlichen Erklärungsfaktoren.

4. Die Forderung der Klärung von Eigenschaften Gottes werden bei *Craig* klar herausgestellt und einleuchtend erfüllt (s. o. Punkt 4).

5. Am Anfang des Universums laufen sämtliche innerweltlichen Erklärungsketten in einem einzigen Punkt zusammen. Und es ist durchaus plausibel, diesen Beginn nur auf eine außerweltliche Ursache zurückzuführen. Nach dem antiken Philosophen, Mathematiker und Astronomen *Thales von Milet* soll es das „Wasser" sein, das die Einheit des Ursprungs bezeichnet. „Das Wasser macht anschaulich, wie Vieles in Einem sein kann: Myriaden von Tropfen, Wellen, Strömen, Seen und Meeren sind hier verbunden; durchaus Verschiedenes hat in ihm Platz. Gleichwohl können wir uns das Ganze so bestenfalls in einem frühen naturgeschichtlichen Zustand denken. Alles mag aus dem Wasser stammen, Wasser mag eine ursächliche Bedingung sein. Inzwischen aber ist ihm Unzähliges entwachsen, auch wenn es das Wasser in sich aufgenommen hat. Soll die Einheit zeitlich umfassend sein, soll sie nicht nur das Vergangene und das Kommende, sondern vor allem auch das Gegenwärtige in seiner jetzt gegebenen Verfassung umschließen, muss es unendlich vielfältig und selbst unendlich sein", so der Philosoph *Volker Gerhardt*.[8]

6. Die Anforderung der logischen Schlüssigkeit dürfte problemlos erfüllt sein. Sie wird vom kosmologischen Standardmodell und dem Faktum des expandierenden Universums bereitgestellt.

Winfried Löffler kommt zu dem Schluss: „Insgesamt schneidet das Argument aus dem kosmologischen Standardmodell nicht schlecht ab und dürfte wohl zu den plausibelsten gegenwärtig verfügbaren Argumenten zählen." Ob man die Frage nach dem „Davor" des Urknalls so beantworten will, wie *Craig* das tut und wie *Löffler* es zustimmend erläutert, ist nicht zwingend und bleibt der freien Entscheidung des Einzelnen anheimgestellt. Wer meint, dem Argument nicht zustimmen zu können und deswegen lieber eine nicht weiter zu erklärende „Singularität" als „seine" adäquate Antwort betrachtet, handelt keineswegs irrational.

Auch der Berliner Philosoph *Holm Tetens* hat bei einem „Philosophischen Meisterkurs" in der Katholischen Akademie Bayern dieses „kosmologische Standardmodell" aufgegriffen: „Die Welt ist nur dann vernünftig eingerichtet, wenn es für alles einen zureichenden Grund oder eine Ursache gibt. Es gibt nun in der Welt Sachverhalte, die kontingent existieren. Sie existieren nicht notwendig. Sie könnten auch nicht existieren. Wenn etwas kontingent existiert, dann hat es seine Ursache in etwas anderem. Die Ursache kann selber kontingent existieren. So entstehen regressive Ketten von Ursachen von Ursachen von Ursachen ...

Heute wissen wir aus den Naturwissenschaften, dass manche dieser regressiven Ursachenketten endlich und kontingenzvollständig sind, d. h. nicht mehr durch etwas kontingent Existierendes verlängert werden können. Dann haben wir folgendes Argument, das ich fast wörtlich von *Uwe Meixner* übernehme:

1. Prämisse: Manche Folge kontingent existierender x_1, x_2, ..., x_i, x_{i+1}, ..., die so ist, dass jeweils die Existenz von x_i von x_{i+1} verursacht wird, ist endlich und kontingenzvollständig (d. h. nicht mehr durch etwas kontingent Existierendes zu verlängern).

2. Prämisse: Alles, was kontingent existiert, hat eine Ursache.

3. Konklusion: Etwas existiert, was notwendigerweise existiert und Ursache der Existenz von etwas kontingent Existierendem ist.

... Das ist selbstverständlich kein schlüssiger Gottesbeweis. ... Was der Konklusion zufolge notwendigerweise und als Ursache von kontingent Existierendem existieren muss, muss nicht Gott sein. Nur umgekehrt gilt: Gott existiert, wenn er denn überhaupt existiert, notwendig."[9]

Vorgängermodelle der Argumente aus dem kosmologischen Standardmodell

William Lane Craig sowie auch *Winfried Löffler* und *Holm Tetens* fußen mit ihren Argumenten auf den berühmten „Fünf Wegen" des mittelalterlichen Theologen *Thomas von Aquin*[10], der seinerseits wieder auf den antiken griechischen Philosophen *Aristoteles* aufbaut. Für unsere Überlegungen sind nur die ersten drei „Wege" von Interesse:

* Der erste Weg geht von der Bewegung aus: Alles Bewegte wird von einem anderen bewegt. Am Anfang aller Bewegung steht ein erster unbewegter Beweger.
* Der zweite Weg geht von der erfahrbaren Ursachenverknüpfung aus: Alles, was geschieht, hat eine Ursache. Am Anfang steht eine Ursache, die selbst nicht mehr verursacht ist.
* Der dritte Weg geht aus vom Unterschied des bloß möglichen zum notwendigen Sein: Allem Erfahrbaren kommt das Sein nicht notwendig zu; das setzt ein Notwendiges als Anfang voraus.

Thomas bezeichnet seine Vorgehensweise ausdrücklich als „Wege" (zu Gott), nicht als „Beweise" (für Gott). Dennoch hat man ihm wegen der Form dieser „Wege" vorgeworfen, er sei ein Intellektualist, der Gott vor allem mit dem Verstand, weniger aber mit dem Herzen suche. Das mag hinsichtlich der reichlich formalen Konstruktionsweise seiner „Wege" zutreffen. Freilich ist zu bedenken, dass *Thomas* sich zu diesem Hinweis auf mögliche Wege der Gotteserkenntnis aus der Vernunft genötigt sah durch die Herausforderung der zu seiner Zeit stark aufkommenden arabischen Philosophie griechischer Prägung durch *Avicenna* und *Averroes von*

Córdoba. Im Grunde folgt *Thomas* nur dem einfachen Grundsatz: Alles, was einen Anfang hat, ist *natürlich.* Alles, was anfangslos ist, ist *übernatürlich.* Es gehört nicht der natürlichen Ordnung an, sondern einer anderen Ordnung, die anderen Gesetzen folgt, welche für uns nicht mehr einsichtig und erklärbar sind.

Schon Jahrhunderte früher haben sich die sogenannten griechischen *Naturphilosophen* Gedanken über die Entstehung des Kosmos gemacht. Sie lebten im Zeitraum von etwa 600 bis 350 v. Chr. vornehmlich im Westen Kleinasiens und in Süditalien. Diese auch als *Vorsokratiker* bezeichneten Männer folgerten aus der Harmonie und der Ordnung der Welt das welt-jenseitige Prinzip eines denkenden, vernünftigen und allmächtigen, aber unpersönlich gedachten Weltgeistes. Nicht durch Zufall, sondern durch ein Weltgesetz ist aus dem einen Urgrund die Vielfalt des Daseins entstanden. Der Philosoph *Anaximander* sah im *„Apeiron"* die Grundsubstanz alles Gewordenen. Der Begriff *Apeiron* kann unterschiedlich gedeutet werden: als räumlich und zeitlich unbegrenzter Urstoff, als unendlich hinsichtlich Masse oder Teilbarkeit, als unbestimmt oder grenzenlos. Der Begriff des Unermesslichen spiegelt wohl am ehesten die Offenheit der Deutungsmöglichkeiten des *Apeiron.*[11]

In seinem monumentalen Werk „Existiert Gott?" hat *Hans Küng* alle diese Überlegungen ausführlich referiert und kritisch gewürdigt. Er kommt zu dem Ergebnis:

- „Gott kann nicht wie ein uns vorgegebenes Gegenständliches erkannt werden. Es kann nicht allgemein überzeugend bewiesen werden, dass Gott existiert. Es kann aber noch weniger allgemein überzeugend bewiesen werden, dass Gott nicht existiert. Für die reine Vernunft, die nach Beweisen verlangt, scheint Gott nicht mehr als eine Idee ohne Realität, ein Gedanke ohne Wirklichkeit zu sein.
- Unmöglich erscheint also eine deduktive Ableitung Gottes aus dieser erfahrenen Wirklichkeit von Welt und Mensch durch die theoretische Vernunft, um seine Wirklichkeit in logischen Schlussfolgerungen zu demonstrieren.
- Nicht unmöglich erscheint hingegen eine induktive Anleitung, welche die einem jeden zugängliche Erfahrung der fraglichen

Wirklichkeit auszuleuchten versucht, um so – gleichsam auf der Linie der ‚praktischen' Vernunft, des ‚Sollens', besser des ‚ganzen Menschen' – den denkenden und handelnden Menschen vor eine rational verantwortbare Entscheidung zu stellen, die über die reine Vernunft hinaus den ganzen Menschen beansprucht.

Also – so soll der letzte Satz erläutert werden – keine rein theoretische, sondern eine durchaus praktische, ‚existentielle', ganzheitliche Aufgabe der Vernunft, des vernünftigen Menschen: eine die konkrete Erfahrung der Wirklichkeit begleitende, aufschlüsselnde, ausleuchtende, nachdenkliche Reflexion mit praktischer Absicht."[12]

Materie – ein fast leerer Raum

Materie ist alles, was man sehen, greifen, riechen, schmecken, was man mit den fünf Sinnen wahrnehmen kann. Wirklich? Die Physiker sagen etwas anderes: Wenn Menschen etwas anfassen, eine Mauer zum Beispiel, dann liegt das an ihrer subjektiven, selbst konstruierten Einbildung, die sie sich zurechtgebastelt haben aus überlebenstechnischer Notwendigkeit. In Wirklichkeit fassen sie fast überhaupt nichts an. Sie greifen ins (beinahe) Leere. Denn Materie besteht „zu 99,9999999999 Prozent aus leerem Raum."[13]

Wie das? Materie ist (fast) leerer Raum? Ein Mauerstein, an dem ich mir den Kopf wund schlage – leerer Raum? Daran ist die Quantenphysik schuld. Sie und die Relativitätstheorie haben dazu beigetragen, dass die Wirklichkeit bzw. das, was wir dafür halten, neu definiert werden musste. „Materie ist nicht aus Materie zusammengebaut. Das bedeutet, der Urgrund der Materie ist nur eine innere Form oder Gestalt und dies in einem sehr allgemeinen Sinne: ein ‚Dazwischen'. Wir können auch sagen: Es bedeutet so etwas wie: Im Grunde ist nur Beziehung, Verbindung, *religio, connectedness*, Prozesshaftigkeit, aber dieses alles ohne einen Bezug auf ein substanzielles Etwas, einen materiellen oder begreifbaren Urgrund. Hier versagt unsere Sprache."[14]

Drei Entdeckungen haben diese ungewohnte Perspektive eröffnet.

Atome

Von der Antike bis in die Neuzeit hinein ging man davon aus, dass Atome die kleinsten, selbst nicht mehr teilbaren Teilchen jeder bekannten Substanz bilden. Das griechische Wort „átomos" heißt „unteilbar". Zum Ende des 19. Jahrhunderts entdeckte man, dass Atome keineswegs unteilbar sind. Sie bestehen aus einem Atomkern und einer Elektronenhülle. Der Kern hat einen Durchmesser von etwa einem Zehntausendstel des gesamten Atomdurchmessers, enthält jedoch über 99,9 Prozent der Atommasse. Dass ein Atom bis auf den sehr kleinen Kern leer ist, konnte als Erster der neuseeländische Physiker *Ernest Rutherford* nachweisen.

Er beschoss eine extrem dünne Goldfolie mit Alphateilchen[15] und beobachtete, wie diese sich auf einem Filmstreifen hinter der Folie verteilen. Zu seiner großen Überraschung flogen die meisten Alphateilchen geradlinig durch die Folie hindurch, einige wurden jedoch abgelenkt und landeten an ganz anderer Stelle auf dem Filmstreifen. Es gibt also Teilchen, die vorbeifliegen, und andere, die nicht vorbeifliegen und einen Volltreffer landen. Sie werden reflektiert und fliegen in ganz andere Richtungen weiter. Diese Beobachtungen führten *Rutherford* zu seinem „Kern-Hülle-Modell", das den grundlegenden Aufbau eines Atoms erklärt: Ein Atom hat einen positiv geladenen Kern. Diese positiven Anteile erhielten den Namen „Protonen". Um den Kern herum kreisen Elektronen auf Kreisbahnen; sie bilden den negativ geladenen Teil des Atoms.

Jeder Atomkern enthält positiv geladene Protonen sowie eine Anzahl von etwa gleich schweren, elektrisch neutralen Neutronen, die durch eine enorm starke Wechselwirkung aneinander gebunden sind. Die negativ geladenen Elektronen kreisen wie Planeten um die Sonne. Anschaulich gesprochen: Sie bilden eine Art Elektronenwolke mit viel Leerräumen dazwischen und unscharfem Rand. Der positiv geladene Kern bindet die negativ geladenen Elektronen der Außenhülle durch elektrostatische Anziehung. Die Außenhülle enthält weniger als 0,1 Prozent der Masse. Der Durchmesser der Hülle eines Atoms beträgt etwa 10^{-10} m (0,000.000.000.1 m), der Durchmesser des Kerns etwa 10^{-15} (0,000.000.000.000.001 m) bis

etwa 10^{-14} m (0,000.000.000.000.01 m). Aufgrund dieser extrem geringen Größe sind einzelne Atome selbst mit den stärksten Licht-
mikroskopen nicht zu erkennen. Erst seit einigen Jahren erlauben
Elektronenmikroskope eine direkte Beobachtung. „Statt uns vorzustellen, die Natur bestünde aus unveränderlichen Atomen, aus Materieteilchen, die ewig fortdauern, haben wir jetzt die Vorstellung,
dass Atome komplexe Aktivitätsstrukturen seien. Wir sehen die
Materie mehr als einen Prozess, denn als einen Gegenstand. Wie es
der Wissenschaftsphilosoph *Sir Karl Popper* ausgedrückt hat, hat
sich der Materialismus durch die moderne Physik selbst über-
wunden. Die Materie ist nicht mehr das grundlegende Erklärungs-
prinzip, sondern wird selbst in Begriffen grundlegender Prinzipien
erklärt, nämlich durch Felder und Energie.“[16]

Die Bemühungen, diesen komplizierten inneren Aufbau zu verstehen und zu erklären, führten 1925 zur Quantenmechanik. Die
Atommodelle werden letztlich nur noch unanschaulich als mathe-
matische Aussagen formuliert. Auf die Frage, wie man sich denn
ein Atom vorzustellen habe, soll *Werner Heisenberg*, einer der Entdecker und „Schöpfer“ der Quantenmechanik, geantwortet haben:
„Versuchen Sie es gar nicht erst!“

Phänomen Licht

Licht ist allgegenwärtig, aber nicht greifbar. Wir brauchen es zum
Leben – ohne Licht gäbe es keine Photosynthese, kein Pflanzen-
wachstum, keinen Sauerstoff. Ohne Sonnenlicht wäre die Erde kalt
und unbewohnbar. Licht gestaltet unseren Tagesablauf. Licht kann
Gefühle auslösen, macht gute Laune und vertreibt Depressionen.
Was aber ist das Licht?

Licht hat etwas mit Materie zu tun. Wenn ich einer mit Queck-
silberdampf und Neon oder Argon gefüllten Leuchtstoffröhre elektrische Energie zuführe, beginnt das Gas im Inneren zu leuchten.
Zünde ich trockenes Holz an, beginnt es zu brennen und – wiederum – zu leuchten. Schlage ich mit einem Schmiedehammer auf ein
Stück Metall, so beginnt das Metall zu leuchten. Aber warum geschieht das? Ich führe der Materie (Gas, Holz, Metall) Energie zu –

Elektrizität, Wärme, Hammerschlag. Die zugeführte Energie versetzt die Elektronen in der Atomhülle in Bewegung. Bei entsprechend hoher Energie beginnen sie von ihren Bahnen in der Atomhülle zu springen. Je größer der Abstand der Elektronen vom positiv geladenen Kern ist, umso größer ist das Energieniveau des negativ geladenen Elektrons. Beim Sprung von einer äußeren Bahn mit einer höheren Energiestufe zu einer näher am Kern liegenden Energiestufe wird die Energiedifferenz in Form eines Photons abgegeben.[17] Photonen (vom griechischen „phos" – das bedeutet Licht – der Genetiv „photós"), umgangssprachlich auch „Lichtteilchen" genannt, treten überall auf, wo elektromagnetische Kräfte ausgetauscht werden. Sie übertragen die Energie von einem Ort auf einen anderen. Wenn die Photonen eine bestimmte Wellenlänge besitzen (etwa 380–780 Nanometer), kann ich sie mit bloßem Auge als „sichtbares Licht" wahrnehmen.

Neben dem „sichtbaren Licht" gibt es auch anderes Licht, das ich mit dem bloßen Auge nicht wahrnehmen kann. Dazu gehört die sogenannte Infrarotstrahlung, die wir als Wärme auf der Haut spüren können. Mit besonderen Geräten und Antennen können wir Infrarotstrahlung und andere Arten von „unsichtbarem Licht" versenden und empfangen, welches wir z. B. für Mobilfunk, Fernsehen oder Radioempfang nutzen.

Lange Zeit war strittig, ob es sich beim Licht um eine Wellen- oder Teilchenstrahlung handelt. Erst zu Beginn des 20. Jahrhunderts entdeckte man ein merkwürdiges doppeltes Verhalten des Lichtes:

- Zum einen verhält sich das Licht wie eine Welle. Es breitet sich im Raum aus. Es schwächt oder verstärkt sich durch Überlagerung und kann gleichzeitig an verschiedenen Stellen mit verschiedener Stärke einwirken. Das alles lässt sich leicht an einem See beobachten, wenn man einen Stein ins Wasser wirft.
- Zum anderen verhält sich das Licht wie Materie. Es setzt sich aus einzelnen „Energiequanten", den Photonen, zusammen. Ein Photon kann entweder als Ganzes absorbiert und emittiert werden oder es wird gar nicht absorbiert und emittiert. So kann das Licht Elektronen in Metallen in Bewegung bringen und manchmal sogar regelrecht hinausstoßen. Diese Eigenschaft erlaubt es, Sonnenlicht in elektrische Energie umzuwandeln (Fotovoltaik). Licht

ist somit zählbar wie ein Teilchen (die „Leistung" einer Foto-voltaik-Anlage kann gemessen werden). Man kann das Licht „quanteln".

Diese merkwürdige Doppelstruktur des Lichts wird als „Welle-Teil-chen-Dualismus" bezeichnet. Es handelt sich dabei freilich um eine eigene Klasse von „Quantenobjekten", die je nach der Art der Mes-sung, die man an ihnen durchführt, entweder nur ihre Wellen- oder nur ihre Teilcheneigenschaft in Erscheinung treten lassen, aber nie beide gleichzeitig. Um die *Ausbreitung* von Licht zu beschreiben, müssen wir Licht als Welle betrachten. Wenn uns hingegen die *Wechselwirkung* von Licht mit Materie interessiert, so ist die Be-schreibung als Teilchen angebracht. Licht ist also beides. Die Frage, ob es sich beim Licht „wirklich" um elektromagnetische Wellen oder „wirklich" um winzigste Teilchen handelt, kann nicht beant-wortet werden. Es kommt immer darauf an, welche Situation be-trachtet wird.

Das Fazit dieser Beobachtungen erscheint höchst ungewöhnlich und bedenkenswert: Materie ist objektiv keineswegs etwas Hartes, Widerständiges, Festes. Sie kann vielmehr physikalisch gesehen und gemessen „wie (fast) nichts" erscheinen, wie (fast) luftleerer Raum. Die für unser normales menschliches Wahrnehmungsvermögen so harte und undurchdringliche Materie löst sich in (fast) nichts auf. „Wenn wir die Materie immer weiter auseinander nehmen, bleibt am Ende nichts mehr übrig, was uns an Materie erinnert. Am Schluss ist kein Stoff mehr, nur noch Form, Gestalt, Symmetrie, Beziehung. Materie ist nicht aus Materie zusammengesetzt! ... Am Grunde bleibt nur etwas, was mehr dem Geistigen ähnelt – ganzheitlich, offen, lebendig, Potenzialität. ... Es ist echte Kreation: Verwandlung von Potenzialität in Realität."[18]

Higgs-Teilchen

Vor einem halben Jahrhundert veröffentlichte der schottische Physi-ker *Peter Higgs* einen zunächst wenig beachteten Aufsatz. Er legte darin eine theoretische, experimentell noch nicht untermauerte

Antwort auf die Frage vor, woher die winzigen, durch kein Mikroskop erkennbaren Elementarteilchen, aus denen alle Atome aufgebaut sind, eine Masse erhalten. Jeder physikalische Körper braucht diese Masse. Durch sie kann er von Gravitationsfeldern beeinflusst werden und sich Beschleunigungen widersetzen.[19] Hätten beispielsweise Elektronen keine Masse, würden sie allesamt mit Lichtgeschwindigkeit durchs Universum irren, weil die Gravitation nicht auf sie einwirken könnte. Niemals könnten sich Elementarteilchen zu Atomen zusammenfinden, um Materie zu formen – Sterne, Planeten, Menschen. Es gäbe überhaupt keine Atome. Die Welt hätte gar nicht aufgebaut werden können. Und die vorhandene würde in ihre winzigsten Bestandteile zerfallen. Die Wissenschaftler vermuteten daher, das gesamte Universum sei von einem unsichtbaren Feld durchzogen, das die Elementarteilchen abbremst und dabei mit Masse „auflädt". Wie ein riesiger Honigtopf, der alles abbremst, was in ihn hineinfällt.

Ich will hier gar nicht den Versuch machen, diese Theorie weiter zu beschreiben (das kann ich als Theologe sowieso nicht). Ich lasse lieber den aus Fernsehsendungen bekannten Astrophysiker und Naturphilosophen *Harald Lesch* zu Wort kommen. Er antwortete auf eine diesbezügliche Frage einer Journalistin bei einem Interview: „Das versteht kein Mensch. Das ist unglaublich kompliziert." Als die Journalistin nachhakte, meinte er: „In der Sprache von uns Physikern, der Mathematik, gibt es für vieles gar keine Übersetzung. Würde man versuchen, das Higgs-Theorem, das 1964 auf eine DIN-A4-Seite passte, in Worte zu fassen, das würde eine ganze Bibliothek voll von Lexikonbänden mit Goldschnitt füllen. ... Stellen Sie sich vor, eine Kugel, so groß wie ein Apfel, fliegt durch die Luft. Dabei ist sie ziemlich schnell. Taucht sie in Honig ein, wird sie viel langsamer. Der Honig ist das Higgs-Feld, das manchen Partikeln ganz kurz – eine Milliardstelsekunde, wenn man großzügig sein will – nach dem Urknall ihre Masse gegeben hat. ... Wir bestehen zum allergrößten Teil aus der Bindungsenergie von Kohlenstoffen und die wiederum bestehen aus Teilchen, die vor Abermillionen Jahren mal durch den Honig geflogen sind."[20]

Jahrzehntelang wurde eine Art von Indizienprozess geführt. Beweise gab es nicht, denn für Experimente fehlten die dafür notwendigen Instrumente. Die wurden in den letzten Jahren mit enormen Kosten errichtet – ca. 3,5 Milliarden Euro für den Bau, ca. 1 Milliarde Euro jährlich für den Unterhalt. Bei Genf entstand am Europäischen Kernforschungszentrum CERN ein riesiger Teilchenbeschleuniger, der „Large Hadron Collider" (LHC; die deutsche Bezeichnung lautet Großer Hadronen-Speicherring). An diesem LHC wurden nun in den letzten Jahren unter gewaltigem Aufwand und mit erheblichen Risiken jene Versuche unternommen, die eine Bestätigung der Theorie liefern sollten und zur Entdeckung des „Higgs-Teilchens" führten.

Vermutlich. Denn die Detektoren des LHC haben lediglich Bruchstücke aufgefangen, die darauf hindeuten. Diese Bruchstücke müssen erst präzise untersucht werden, um zu klären, ob es sich dabei tatsächlich um das ins Standardmodell genau passende Higgs-Teilchen handelt oder ob seine Eigenschaften nicht doch von den Vorhersagen abweichen. Und außerdem ist noch keineswegs klar, ob es nicht vielleicht noch mehr größere, schwerere Higgs-Teilchen gibt und ob das Higgs-Teilchen wiederum in andere Teilchen zerfällt und wenn ja, in welche. Sollte das Higgs-Teilchen nämlich nicht die Erwartungen des Standardmodells erfüllen, würden neue Fragen auftauchen, die vielleicht zu einer ganz neuen Physik führen könnten. Denn das Standardmodell kann „nur die sichtbare Materie beschreiben, die gerade ein Fünftel aller Materie im All ausmacht. Den Rest kann es nicht erklären, ebenso wenig die Gravitation. Nun sind wieder die Theoretiker gefragt", so *Hermann Nicolai* vom Potsdamer Max-Planck-Institut für Gravitationsphysik.[21]

Zahlreiche Wissenschaftler bezeichnen das Higgs-Teilchen als „Gottesteilchen", weil sie meinen, Gott sei damit endgültig der Todesstoß versetzt worden. Auf den sich ausdrücklich als Atheisten bekennenden *Peter Higgs* können sie sich dabei allerdings nicht berufen. Dieser unpassende Begriff stammt indirekt von dem amerikanischen Physiker *Leon Max Ledermann*. Der wollte 1993 ein Buch veröffentlichen mit dem Titel „The Goddamn Particle" (Das gottverdammte Teilchen) – offenbar aus Frust darüber, dass er trotz jahrelanger Forschungen zwar wichtige Bausteine des Atoms entdeckt hatte, wofür er 1988 sogar den Nobelpreis bekam, aber eben nicht dieses „goddamn" Teilchen. Sein Verleger nötigte ihn jedoch, den Titel zu ändern, so dass das Buch 1993 unter dem nicht minder irreführenden Titel „The God Particle" (Das Gottesteilchen) erschien.[22]

Jahrzehntelange, weltweite Forschung durch herausragende Wissenschaftler, mehrere vergebliche Anläufe, Errichtung eines eigenen Teilchenbeschleunigers unter immensen Kosten, zahllose Experimente mit noch keineswegs gesicherten Ergebnissen, die vielleicht ganz anders ausfallen als erwartet und ganz neue Fragen aufwerfen – das alles um eines Teilchens willen, das „nur" *ein* Baustein ist für die Erforschung des Mikro- und des Makrokosmos in dem unermesslich riesigen Universum mit seinen mehrere Milliarden Lichtjahre auseinander liegenden Galaxien.

Antimaterie

Der gesamte Fragenkomplex „Materie" wird noch komplizierter durch die sogenannte „Antimaterie". Sie wurde erst zu Beginn des 20. Jahrhunderts entdeckt. Die Vorsilbe „Anti-" zeigt an, dass es sich hier um etwas handelt, was im Gegensatz zur Materie besteht.

Wie lässt sich aber dieser Gegensatz zur Materie überhaupt feststellen? Das gesamte Universum scheint doch ausschließlich aus Materie zu bestehen. Wir wissen aber aus Erfahrung, dass nahezu alles, was in der Welt existiert, die berühmten „zwei Seiten" besitzt – „oben" und „unten", „hinten" und „vorn", „pro" und „contra", „positiv" und „negativ". Die moderne Physik konnte feststellen, dass dieser Gegensatz bis hinein in die winzigsten Elementarteilchen reicht. Ein Atom besteht aus drei verschiedenen Bausteinen: Elektronen, Protonen und Neutronen. Bei „normaler" Materie tragen die Protonen im Atomkern eine positive Ladung, die umherschwirrenden Elektronen dagegen eine negative.[23] Bei der Antimaterie ist es genau umgekehrt: Im Außenbereich schwirren an Stelle der Elektronen positiv geladene „Positronen", und im Atomkern haben negativ geladene Antiprotonen den Platz der normalen Protonen eingenommen. So ist das Antiteilchen des negativ geladenen Elektrons das positiv geladene Positron. Zu jedem Elementarteilchen gibt es also ein sogenanntes Antiteilchen. Es hat genau die gleichen Eigenschaften wie das entsprechende Elementarteilchen, beispielsweise exakt dieselbe Masse. Diese Teilchen kann man sich als Spiegelbilder der „normalen" Materie vorstellen, denn sie haben die genau umgekehrten Eigenschaften. Materie und Antimaterie existieren aber nicht schiedlich-friedlich nebeneinander her. Wenn Teilchen und Antiteilchen aufeinander treffen, vernichten sie sich gegenseitig. Die in der Materie gespeicherte Energie wird in einem riesigen Strahlungsblitz freigesetzt, so dass nur Energie übrig bleibt.

Es würde zu weit führen und es ist auch viel zu schwierig, hier den Weg nachzuzeichnen, der zur Entdeckung der Antimaterie führte. Auch renommierte Physiker und Nobelpreisträger hatten zunächst ihre Probleme damit. Heute haben sie keine Zweifel mehr. Aber merkwürdig, höchst merkwürdig, ist das Ganze dennoch.

Beim Urknall wurde hochenergetische Strahlung zu je gleicher Menge in Materie und in Antimaterie „umgewandelt". Eigentlich müsste sich nach den üblicherweise geltenden Prinzipien der Physik sämtliche beim Urknall entstandene Materie und Antimaterie schon nach kurzer Zeit wieder gegenseitig vernichtet haben. Zurückgeblieben wäre nichts als eine eintönige Strahlenwüste. Wir dürften also gar nicht existieren. Das ist aber offensichtlich nicht der Fall. Es gibt die Erde, die Sonne, die Planeten und alles andere im Universum. Es gibt uns. Und all das besteht aus „normaler" Materie.

Warum? Wieso gibt es noch Materie? Oder andersherum: Wo ist die ganze Antimaterie geblieben? Denn unser heutiges Universum besteht anscheinend nur noch aus Materie. Hat es eine räumliche Trennung von Materie und Antimaterie gegeben? Existieren möglicherweise weit entfernte Sterne und Galaxien, die vollständig aus Antimaterie bestehen? Dafür wurden bislang keine Hinweise gefunden. Gab es in grauer Vorzeit eine „Ausnahme" von der sonst immer geltenden Regel gegenseitiger Vernichtung?

Wir wissen es nicht. Es bleibt nur die Vermutung, dass es in der frühesten Phase des Universums Unregelmäßigkeiten – um nicht zu sagen Ungesetzmäßigkeiten – gegeben haben muss. Das meinte jedenfalls der russische Physiker und Friedensnobelpreisträger *Andrei Sacharow*. Er berechnete aus der Dichte der Teilchen im heutigen Universum, wie das Verhältnis der beiden Teilchenarten damals gewesen ist.[24] Das Ergebnis erscheint höchst erstaunlich: Das Universum hat sein Überleben einem winzigen Ungleichgewicht zu verdanken: Beim Urknall entstanden auf 1 000 000 000 Teilchen Antimaterie 1 000 000 001 Teilchen „normale" Materie. Dieser nach der gegenseitigen Vernichtung von Materie und Antimaterie übrig gebliebene winzige Überschuss an „normaler" Materie bildet heute die gesamte sichtbare Materie unseres Universums.

Bis heute rätseln die Physiker, woher dieses winzige Ungleichgewicht gekommen ist. Warum gab es das nur damals und nicht auch heute? Warum sind die Unregelmäßigkeiten heute verschwunden? „Seit die Physiker begriffen haben, dass alle Vielfalt und Komplexität dieser Welt dem Sieg der Materie über die Antimaterie zu verdanken ist, zählt es zu den großen Herausforderungen ihres Fachs, die Frage nach dem Ursprung des rätselhaften Ungleichgewichts zu lösen. Zwar gelang es den Physikern, die Chronik des Urknalls in verblüffender Detailgenauigkeit zu rekonstruieren. Diese Grundfrage jedoch ist noch immer ungeklärt."[25]

Dunkle Materie

Nicht minder rätselhaft ist noch eine dritte Form von Materie, die sogenannte „Dunkle Materie". Rund achtzig Prozent der Materie im Universum bestehen nämlich aus einem Stoff, den bisher noch niemand gesehen hat und der bis heute nicht hieb- und stichfest nachzuweisen ist. Dieses merkwürdige „Etwas" bezeichnen die Wissenschaftler als „Dunkle Materie".

Erste Hinweise auf das Vorhandensein einer „Dunklen Materie" gab es bereits vor rund 100 Jahren. Damals untersuchte der Schweizer Astronom *Fritz Zwicky* die Bewegungen von Galaxien in einem weit entfernten Galaxienhaufen. Galaxien sind eine durch die Anziehungskräfte der Gravitation gebundene große Ansammlung von Sternen, Planeten und Gasnebeln. Galaxien sind nicht gleichförmig im Weltraum verteilt, sondern gruppieren sich in Haufen. Die Kosmologen vermuten, dass sich diese Strukturen schon im frühen Universum gebildet haben. Warum das so geschehen ist, können sie allerdings nicht sagen.

Zwicky entdeckte, dass einige Galaxien sich schneller bewegten als die sichtbare Materie – Sterne, Gas und Staub – mit ihrer Schwerkraft im Galaxienhaufen es hätte bewirken können. Erklärbar erschien ihm dieses Phänomen nur durch die Annahme, dass es neben der sichtbaren Masse auch noch eine riesige Menge von nicht sichtbarer Masse geben muss, die durch ihre Anziehungskraft für einen zusätzlichen Zusammenhalt dieser Galaxienhaufen unter den anderen Himmelskörpern sorgt. Er konnte aber nicht sagen, woraus genau diese unsichtbare Materie bestehen könnte. Denn sie wird ja – bis jetzt – nur durch ihre zwar messbare, aber nicht sichtbare Gravitationswirkung erkennbar und entzieht sich jeglicher Beobachtung, weil sie eben, wie Gravitation überhaupt, unsichtbar ist.

Die Entdeckung des Schweizer Astronomen wurde lange Zeit nicht ernst genommen. Erst in den letzten zwanzig Jahren glauben die Wissenschaftler, Dunkle Materie in fast allen Sternsystemen aufweisen zu können. Allerdings vermögen auch sie es nicht, etwas Genaueres über die „Natur" dieses Phänomens auszusagen, obwohl sie intensiv mit immer ausgefeilteren Methoden und immer teureren Instrumenten nach weiteren, besser zu deutenden Signalen dieser mysteriösen Größe suchen.

Inzwischen scheint sich das Blatt aber wieder zu wenden. Es mehren sich die Stimmen jener, denen das ganze Konzept der Dunklen Materie selbst dunkel vorkommt, weil es noch nicht ausreichend geklärt und begründet ist. Der niederländische Radioastronom *Robert Sanders* kommentiert das Ganze mit der resignierenden Bemerkung: „Das wirkliche Problem ist: Dunkle Materie ist nicht falsifizierbar."[26] Die Forscher setzen daher große Hoffnungen auf den japanischen Röntgensatelliten Astro-H. Sein Spektroskop wird eine deutlich höhere Auflösung erzielen. Vielleicht lässt sich mit diesen Beobachtungen die Frage eindeutig klären.[27]

Wandlungsfähigkeit der Materie

Es verwundert nicht, wenn nüchterne und gestandene Naturwissenschaftler nach all dem Hin und Her bei diesen Entdeckungen und bei all den vielen noch ungelösten und eher noch zunehmenden Rätseln ins Grübeln geraten.

Der schon oben erwähnte *Harald Lesch* weist darauf hin, dass

Atome keine Eigenschaften besitzen, wie sie das Verhalten des Menschen kennzeichnen. „In der atomaren und molekularen Welt gibt es keine Gefühle, Launen, Ziele, Visionen oder Hoffnungen. Atome kennen weder Sympathie oder Liebe noch Hass oder Lust. Atome verbinden sich nicht miteinander, weil sie sich mögen, sondern weil eine Verbindung einen günstigeren Energiezustand darstellt. Verbindungen von Atomen haben keinen Zweck, sie träumen auch nicht davon, einmal zu größeren Molekülen anzuwachsen. Atome vermehren sich nicht, ethisches Handeln ist dort genauso unbekannt wie Religion oder Philosophie." Atome haben keinerlei Individualität. Sie werden allein regiert von den geltenden Naturgesetzen. Auf der elementaren Ebene verhält sich die Natur völlig unpersönlich. Umso erstaunlicher ist es, dass sich ab einer gewissen Ordnungsstruktur, nämlich in Lebewesen und hier nochmals in erhöhtem Maße in intelligenten Lebewesen, das alles plötzlich ändert. Die Lebewesen kennen Ziele und stellen Fragen. „Grundlage aber bleiben Abläufe, die selbst völlig selbstlos sind und von den Lebewesen auch nicht kontrolliert oder beherrscht werden können."[28]

Die völlig gefühl- und willenlosen Atome als Grundlage menschlichen Fühlens, Wollens, Denkens? Die total unintelligente und „strohdumme" Materie als Fundament des Geistes? Geist als Produkt der Evolution von Materie? Für *Hans Peter Dürr*, Mitglied der „Pugwash Conferences on Science and World Affairs", die 1995 den Friedensnobelpreis erhielt, „gibt es Materie eigentlich gar nicht. Jedenfalls nicht im geläufigen Sinne. Es gibt nur ein Beziehungsgefüge, ständigen Wandel, Lebendigkeit. Wir tun uns schwer, uns dies vorzustellen. Primär existiert nur Zusammenhang, das Verbindende ohne materielle Grundlage. Wir könnten es auch Geist nennen. Etwas, was wir nur spontan erleben und nicht greifen können. Materie und Energie treten erst sekundär in Erscheinung – gewissermaßen als geronnener, erstarrter Geist. Nach *Albert Einstein* ist Materie nur eine verdünnte Form der Energie. Ihr Untergrund jedoch ist nicht eine noch mehr verfeinerte Energie, sondern etwas ganz Andersartiges, eben Lebendigkeit. Wir können sie etwa mit der Software in einem Computer vergleichen."[29]

Materie als verdünnte Form der Energie; Energie als geronnener, erstarrter Geist; Geist als Zusammenhang, als Verbindendes ohne materielle Grundlage – derart verwunderliche Aussagen rufen verständlicherweise die Philosophen auf den Plan. So hat sich der deutsche Philosoph *Hans Jonas* schon vor Jahren intensiv damit beschäftigt. Er wundert sich über die Subjektivität der Lebewesen, dass sie zwar einerseits im Bereich des Lebens, näherhin an Organismen auftritt und ein unbezweifelbares empirisches Faktum ist, dass sich andererseits jedoch „der Hervorgang des Reiches der Organismen insgesamt aus bestimmten chemisch-morphologischen Ordnungen der Materie ... durch die Außeneigenschaften der Materie selbst" erklären lässt.[30] Offenbar, so *Jonas*, müsse man der Materie mehr „zutrauen", als die Physiker in ihrer Spekulation über die Anfänge und die Entwicklung des Kosmos einzugestehen bereit sind.[31] Gibt es so etwas wie einen „kosmogonischen Eros"[32] oder, wie *Jonas* es nennt, eine „immanente Teleologie" und ein „psychisches Streben" der Natur im Sinne eines „Über-sich-Hinauswollens"? Ist – spätestens ab dem Zeitpunkt des Zusammentretens von Atomen zu organischen Molekülen – in ihnen eine „Tendenz zur Evolution" vorhanden?[33]

Harald Lesch verweist auf einen weiteren, höchst erstaunlichen Aspekt im Hinblick auf die Stellung des Menschen im Universum. Nur Wasserstoff und Helium, die beiden ersten Elemente des periodischen Systems, sind während der Frühphasen unseres Kosmos entstanden. „Alle weiteren Elemente wurden und werden von Sternen erzeugt. Drei Minuten nach seinem Anfang war das Universum zu kalt geworden für jede weitere Elementsynthese. Alle weiteren Elemente wurden und werden in Sternen erzeugt." Das geschieht beim Kollabieren der Sterne in einer gewaltigen Explosion, durch die das mit schweren Elementen angereicherte Material der Sternenhülle hinaus in den Kosmos geschleudert wird. Im Laufe von Jahrmillionen kühlen die heißen Gaswolken ab und werden zu neuen Sternen, die nun bereits schwere Elemente enthalten. So entstehen die Planeten. Fast alle Atome schwerer Elemente, die auf dem Planeten Erde vorhanden sind, stammen aus einer solchen Explosion. „Um es genauer zu sagen: rund 750 000 Jahre, bevor das Sonnensystem entstand, ist mehr als ein Stern mit mehr als zwanzig Sonnenmassen explodiert, der seine Elementfracht in eine Gaswolke hineingepresst hat, in der unsere Sonne und das Sonnensystem entstanden sind. Mit anderen Worten: unsere Atome haben sich schon einmal gesehen. Wir sind im wahrsten Sinne des Wortes Kinder des Kosmos. ... Astrophysik ist Ahnenforschung auf allerhöchstem Niveau."[34]

Theologen und Naturwissenschaftler haben sich getäuscht

In einem Vortrag über „Religion und Naturwissenschaft", mitten im atheistischen Nazi-Terror-Regime, wagte es der deutsche Physiker *Max Planck* 1937 freimütig zuzugeben, dass sich sowohl die Theologen als auch die naturwissenschaftlichen Empiriker in ihren Annahmen über die real existierende Welt getäuscht haben. „Eine konsistente Erklärung der Quantenphänomene (kommt) zu der überraschenden Schlussfolgerung, dass es eine objektivierbare Welt, also eine gegenständliche Realität, wie wir sie bei unserer objektiven Betrachtung als selbstverständlich voraussetzen, gar nicht ‚wirklich' gibt, sondern dass diese nur eine Konstruktion unseres Denkens ist, eine zweckmäßige Ansicht der Wirklichkeit, die uns hilft, die Tatsachen unserer unmittelbaren äußeren Erfahrung grob zu ordnen."[35]

Schon 1926 hatte *Max Planck* auf einem internationalen Physikerkongress in Florenz seinen vermutlich ziemlich erstaunten Kollegen bekannt: „Als Physiker, der sein ganzes Leben der nüchternen Wissenschaft, der Erforschung der Materie widmete, bin ich sicher von dem Verdacht frei, für einen Schwarmgeist gehalten zu werden. Und so sage ich nach meinen Erforschungen des Atoms dieses: Es gibt keine Materie an sich. ... Alle Materie entsteht und besteht nur durch eine Kraft, welche die Atomteilchen in Schwingung bringt und sie zum winzigsten Sonnensystem des Alls zusammenhält. Da es im ganzen Weltall aber weder eine intelligente Kraft noch eine ewige Kraft gibt – es ist der Menschheit nicht gelungen, das heißersehnte Perpetuum mobile zu erfinden –, so müssen wir hinter dieser Kraft einen *bewussten intelligenten Geist* annehmen. Dieser Geist ist der Urgrund aller Materie. Nicht die sichtbare, aber vergängliche Materie ist das Reale, Wahre, Wirkliche – denn die Materie bestünde ohne den Geist überhaupt nicht –, sondern der unsichtbare, unsterbliche Geist ist das Wahre! Da es aber Geist an sich ebenfalls nicht geben kann, sondern jeder Geist einem Wesen zuge-

hört, müssen wir zwingend Geistwesen annehmen. Da aber auch
Geistwesen nicht aus sich selber sein können, sondern geschaffen
werden müssen, so scheue ich mich nicht, diesen geheimnisvollen
Schöpfer ebenso zu benennen, wie ihn alle Kulturvölker der Erde
früherer Jahrtausende genannt haben: Gott! Damit kommt der Physiker, der sich mit der Materie zu befassen hat, vom Reiche des Stof-
fes in das Reich des Geistes. Und damit ist unsere Aufgabe zu Ende,
und wir müssen unser Forschen weitergeben in die Hände der Philosophie."[36]

Materie als „Offenbarung"

Schon hundert Jahr vorher hatte der Philosoph *Friedrich Wilhelm
Joseph Schelling* eine ähnliche Ansicht geäußert. Ihm erschien der
gesamte Schöpfungsprozess als Bewusstwerdung des Göttlichen.
„Schöpfung besteht in dem Hervorrufen des Höheren, eigentlich
Göttlichen in dem Ausgeschlossenen. ... Dieses untergeordnete
Wesen, dieses Dunkle, Bewußtlose, was Gott beständig von sich, als
Wesen, von seinem eigentlichen Inneren hinwegzudrängen, auszu-
schließen sucht, ist die Materie. ... Sie ist nichts anderes als der be-
wußtlose Theil von Gott."[37]

Der französische Theologe und Naturwissenschaftler *Pierre Teilhard de Chardin* erzählt in seinem Buch „Le Cœur de la Matière"
(Das Herz der Materie) von einem Kindheitserlebnis, das sein gesamtes Leben geprägt hat: „Ich war sicher nicht älter als sechs oder
sieben Jahre, als ich anfing, mich von der Materie angezogen zu
fühlen – oder genauer gesagt – von etwas, das im Herzen der Materie leuchtete ... Ich kann mich eines Lächelns nicht enthalten, wenn
ich an diese Kindereien zurückdenke. Und doch fühle ich mich ge-
zwungen anzunehmen, dass sich in dieser instinktiven Geste, die
mich ein Metallfragment geradezu anbeten ließ, bereits eine intensive Begabung und eine Reihe von Neigungen zusammenballten
und ankündigten und dass mein ganzes weiteres spirituelles Leben
nichts anderes als deren Entfaltung war. Das Bedürfnis, etwas Absolutes ganz und gar zu besitzen, war seit meiner Kindheit die Achse
meines ganzen Innenlebens."[38]

Von *Albert Einstein* stammt der Satz: „Die ernsthaften Forscher in unserer im allgemeinen materialistisch eingestellten Zeit (sind) die einzigen tief religiösen Menschen."[39] Auch *Teilhard* war zutiefst davon überzeugt, dass Gott nicht ohne oder gar gegen das Geschaffene gefunden werden kann. Vielmehr muss er durch das Geschaffene hindurch gesucht werden. Die Natur und das, was sie zu „offenbaren" hat, besitzt sogar den Vorrang gegenüber der Offenbarung, wie sie etwa in den Büchern der heiligen Schriften ihren Niederschlag gefunden hat. Denn „nicht abseits von der physischen Welt, sondern durch die Materie hindurch und irgendwie in Vereinigung mit ihr"[40] kommt der Mensch mit dem „göttlichen Milieu"[41] in Berührung. „Der lebendige und fleischgewordene Gott ist nicht weit von uns. Er ist nicht außerhalb der greifbaren Sphäre. Er erwartet uns vielmehr jederzeit im Handeln, im Werk des Augenblicks. Er ist gewissermaßen an der Spitze meiner Feder, meiner Hacke, meines Pinsels, meiner Nadel – meines Herzens, meines Gedankens."[42] Es gibt „für einen, der zu sehen versteht, auf der Welt kraft der Schöpfung, ... nichts Profanes."[43] Darum vertritt *Teilhard de Chardin* die Ansicht, dass die profanen, weltlich-nüchternen Sprachen (z. B. die Sprache der Naturwissenschaften) ebenso geeignet sind, religiöse Inhalte darzustellen wie sakrale Sprachen z. B. die der europäischen Standard-Theologien). Und weil die sakralen Sprachen heute dem allgemeinen Bewusstsein der Zeitgenossen mehr und mehr fremd geworden sind, sieht er geradezu eine Notwendigkeit, religiöse Inhalte in profanen, weltlichen Sprachen vorzustellen, wenn der Gottesglaube nicht in der Sprachlosigkeit der tradierten religiösen Floskeln und theologischen Leerformeln verloren gehen soll.[44]

Naturwissenschaftliches Wissen und (christlicher) Glaube stehen nicht unversöhnlich einander gegenüber. Sie schließen sich nicht gegenseitig aus. Im Gegenteil: Sie bedingen sich geradezu. Angesichts einer sich rapide beschleunigenden Vermehrung des Wissens über die Natur und ihre Geheimnisse erscheint ein Gespür für das Eigentliche und Letztliche der Natur, für etwas die Natur Transzendierendes, für das Göttliche, fast geboten. (Christlicher) Glaube ist ja nicht eine irrationale, unkritische Gegenmacht gegen das Wissen, sondern vielmehr ein wohlbegründetes Ahnen, dass es noch etwas „hinter" dem vordergründig Wahrgenommenen zu geben scheint, ein Gefühl, das Menschen stärken und erheben kann. Es ist eine Überzeugung, die Menschen trägt und vertrauensvoll weiterführt. Glaube ist eine Form bewusster Reflexion über die Grenzen des Wissens und des Wissenkönnens und über sie hinaus. Alle Ahnung von einem Göttlichen, alles Reden von Gott ist Reden „von der unbedingten Sinn- und Bedeutungshaftigkeit des Menschen und eben darin Ausdruck seiner tiefen Sehnsucht, er möge in der Endlichkeit und Partikularität seines Daseins wirklich und unverlierbar bedeutsam sein, sich nicht auflösen in der Bedingtheit seines faktischen Soseins, in der Gleichgültigkeit des Relativen"[45].

Materie – eine Sinnestäuschung?

Ich will noch einmal an den Anfang unserer Überlegungen zum Thema „Materie" zurückkehren. Materie besteht „zu 99,9999999999 Prozent aus leerem Raum". Was ich mit meinen fünf oder sechs Sinnen wahrnehme, ist physikalisch gesehen nahezu – nichts. Meine Wahrnehmung ist eigentlich eine Sinnestäuschung, keine *Wahr*nehmung, sondern eher eine *Falsch*nehmung. Ich bin zwar der festen Überzeugung (die ich auch durch die „Widerständigkeit" der Dinge manchmal schmerzlich zu spüren bekomme), dass meine Wahrnehmung in direktem Kontakt mit der „Wirklichkeit" steht. Was ich sehe, scheint mir so und nicht anders unmittelbar vorgegeben zu sein. Töne und Geräusche dringen an mein Ohr, und das, was ich betaste und anfasse, erfahre ich unmittelbar als Gegenständliches – im Wortsinn.

Aber das ist „meine" Wirklichkeit, nicht die physikalische. Mein Gehirn hat diese materielle „Wirklichkeit" aufgrund der ihm zugeführten Sinneseindrücke erst hergestellt. Nehmen wir einmal an, unsere Augen besäßen die Eigenschaft und die Fähigkeit von Röntgenstrahlen oder gar von einem Rasterelektronenmikroskop. Dann würden wir etwas ganz anderes sehen. Oder unsere Ohren würden wie Ultraschallgeräte funktionieren. Dann könnten wir keine Beethoven-Symphonie genießen. (Unsere) Wirklichkeit ist ein „Phänomen", eine Erscheinung, *unsere* Erscheinung. Denn die „Dinge an sich", ihr Materie-Sein, können wir nicht erkennen. Wir nehmen nur das wahr, was unsere Sinne mit ihren spezifischen Fähigkeiten (bzw. Unfähigkeiten) uns „anliefern" und was unser Gehirn aufgrund dieser Informationen verarbeitet. „Durch bloßes logisches Denken vermögen wir keinerlei Wissen über die Erfahrungswelt zu erlangen; alles Wissen über die Wirklichkeit geht von der Erfahrung aus und mündet in ihr. ... Insofern sich die Sätze der Mathematik auf die Wirklichkeit beziehen, sind sie nicht sicher, und insofern sie sicher sind, beziehen sie sich nicht auf die Wirklichkeit", bemerkt *Albert Einstein* sehr scharfsinnig.[46]

Es geht uns (noch immer) so, wie es *Platon* vor rund 2300 Jahren in seinem bekannten Höhlengleichnis geschildert hat. Im siebten Buch der „Politeia" erzählt er (bzw. lässt er seinen Lehrer *Sokrates* erzählen) von Menschen, die seit ihrer Kindheit in einer Höhle sitzend an Schenkeln und Nacken festgebunden sind. Sie können immer nur nach hinten auf die Höhlenwand blicken und ihre Köpfe nicht drehen. Daher können sie den Ausgang, der sich hinter ihren Rücken befindet, nie erblicken und von seiner Existenz nichts wissen. Auch sich selbst und die anderen Gefangenen können sie nicht sehen. Das Einzige, was sie zu Gesicht bekommen, ist die Wand. Draußen vor der Höhle brennt ein Feuer, dessen Licht durch den Gang in die Höhle hineinscheint. Die Gefangenen sehen nur die Wand, die vom Licht beleuchtet wird, nicht aber dessen Quelle. Hinter ihnen tragen Leute Gegenstände vorbei, die Schatten auf die Höhlenwand werfen. Wenn die Leute sprechen, hallt es so von den Wänden wider, dass es sich anhört, als ob die Schatten sprechen würden. Die gefesselten Menschen halten diese Schatten für die Realität und kommen nicht auf die Idee, dass die Schatten nur eine Auswirkung von etwas anderem sind. Platon fragt nun durch Sokrates, was passieren würde, wenn man einen Gefangenen losbinden und umdrehen würde. Vom Feuer geblendet, könnte er nichts sehen. Der Gefangene werde dadurch verwirrt und halte die in sein Blickfeld gekommenen Dinge für weniger real als die ihm vertrauten Schatten. Daher habe er das Bedürfnis, wieder seine gewohnte Position einzunehmen. Denn er sei überzeugt, dass nur an der Höhlenwand die Wirklichkeit zu finden ist. Weiter fragt Sokrates, was passieren würde, wenn man den Gefangenen nun mit Gewalt aus der Höhle ins Sonnenlicht brächte. Zuerst wäre er geblendet. Doch nach und nach könnte er Dinge wahrnehmen und würde erkennen, dass es die Sonne ist, deren Licht Schatten erzeugt. Kehrte der Gefangene nun wieder in die Höhle zu den anderen zurück, würde er ihnen wahrscheinlich berichten, wie die Dinge wirklich sind und dass die Schatten, die sie wahrnehmen, gar nicht die Wirklichkeit darstellen. Daraus würden die Höhlenbewohner folgern, er habe sich oben die Augen verdorben. Sie würden ihn auslachen und meinen, es könne sich nicht lohnen, die Höhle auch nur versuchsweise zu verlassen.[47]

Obwohl *Platon* das Gleichnis erkenntnistheoretisch deutet, als Aufstieg der Seele von der Welt der vergänglichen Sinnesobjekte zur intelligiblen geistigen Welt, ist es durchaus auch geeignet als Veranschaulichung für die Art unserer Wahrnehmung der materiellen Welt. Wie die Gefangenen in ihrer Höhle sind wir in unserer subjektiven wahrgenommenen Realität gefangen, und es fällt uns schwer, uns eine andere Wirklichkeit auch nur vorzustellen. Doch die moderne Naturwissenschaft beweist uns, dass es diese andere Wirklichkeit gibt. Dass Materie wesentlich vielschichtiger ist, als wir sie uns vorstellen (können). Sicher, anders als im Höhlengleichnis ist die Materie, so wie wir sie wahrnehmen, kein „Schatten", sondern etwas höchst Reales, Wirkliches. Aber hinter der für uns wahrnehmbaren Realität gibt es eben noch eine andere Wirklichkeit, die wir mit unseren Sinnen nicht zu erkennen vermögen.

Fazit

„Für Naturwissenschaftler stellt sich die Frage, ob der naturwissenschaftlichen Erklärbarkeit grundsätzliche Grenzen gesetzt sind. Dies sei, so eine explizite und häufige Argumentationslinie, zumindest in drei Punkten der Fall:

- beim Ursprung der Naturgesetze und Naturkonstanten
- bei den Anfangsbedingungen des Universums
- bei der vollständigen Ursachenbeschreibung eines Einzelereignisses", so stellt der Quantenphysiker *Anton Zeilinger* fest[48].

Je gründlicher und umfassender die neuere Physik die „Materie an sich" experimentell erforscht und je präziser und tiefschichtiger sie diese zu verstehen und mathematisch zu erfassen beginnt, umso mehr verliert sie ihre Anschaulichkeit. Sie übersteigt immer mehr unsere Fassungskraft. „Es gibt keine Materie, sondern nur ein Gewebe von Energien, dem durch intelligenten Geist Form gegeben wurde", so *Max Planck*[49].

Wir stoßen bei allen Fortschritten in der Erforschung der Materie an Grenzen. „Die zeitgenössische Physik scheint am Rand der materiellen Welt angekommen zu sein. Sie stieß auf seltsame Seinsweisen, denen sie den Namen Quarks gegeben hat. Es ist das letzte Etwas, das noch Ähnlichkeit hat mit einem Teilchen. Diese folgen noch einer Ordnung, aber diese Ordnung ist rational schon nicht mehr ganz begreifbar. Wir müssen den Glauben, dass die Welt aus etwas Festem besteht, aufgeben. Am Ende steht nicht einmal Energie, sondern etwas Nicht-Materielles, das die Physik mit ‚Feld' bezeichnet. Die Quantentheorie hebt den Unterschied zwischen Feld und Teilchen auf, zwischen Materie und ihrem ‚Jenseits'. Allen Dingen und Geschehnissen liegt ... ein Bereich ungeteilter Ganzheit zugrunde."[50]

Ans Ende dieses Kapitels möchte ich einen Hymnus an die Materie stellen, den *Pierre Teilhard de Chardin* mit 28 Jahren (1919) geschrieben hat:

> „Gesegnet seist du, herbe Materie,
> unfruchtbarer Boden, harter Fels,
> du, die du nur der Gewalt weichst
> und uns zwingst zu arbeiten,
> wenn wir essen wollen.
> Gesegnet seist du, gefahrvolle Materie,
> gewalttätiges Meer, unzähmbare Leidenschaften,
> du, die du uns verschlingst,
> wenn wir dich nicht anketten.
> Gesegnet seist du, machtvolle Materie,
> unwiderstehliche Evolution,
> immer neugeborene Wirklichkeit,
> du, die du in jedem Augenblick
> unseren Rahmen sprengst,
> uns zwingst,
> die Wahrheit immer weiter zu verfolgen.

Gesegnet seist du, universelle Materie,
grenzenlose Dauer, uferloser Äther
– dreifacher Abgrund der Sterne,
der Atome
und der Generationen –
du, die du unsere engen Maße überflutest und auflösend,
uns die Dimensionen Gottes offenbarst.
Gesegnet seist du, undurchdringliche Materie,
du, die du, überall zwischen unsere Seelen und die Welt
    der Wesenheiten gespannt,
uns vor Verlangen schmachten lässt,
den nahtlosen Schleier der Phänomene zu durchstoßen.
Gesegnet seist du, tödliche Materie,
du, die du uns, eines Tages in uns zerfallen,
mit Gewalt in das Herzen dessen einführen wirst, was ist.
Du schlägst und du verbindest
– du widerstehst und du beugst dich
– du stürzest um und du baust auf
– du verkettest und du befreist
Saft unserer Seelen,
Hand Gottes,
Fleisch Christ,
Materie, ich segne dich.
Ich grüße dich,
mit der schöpferischen Kraft geladenes,
göttliches Milieu,
vom Geist bewegter Ozean,
von dem inkarnierten Wort
gekneteter und beseelter Ton.«[51]

Energie – allmächtig und allgegenwärtig

Täglich nutzen wir Energie in vielfältiger Weise, ohne uns darüber
viele Gedanken zu machen – für Heizung und Beleuchtung, für
Transport und Produktion, für Fortbewegung und Bereitung von

Mahlzeiten, zur Herstellung von Waren aller Art. Die verschiedenen Erscheinungsformen von Energie sind uns vom alltäglichen Gebrauch wohl vertraut: die Wärme des Feuers, das Licht der Sonne, die Bewegung des Windes. Dabei kann man „Energie" selbst nicht sehen, hören, schmecken, riechen oder fühlen. Wenn wir einen Blitz sehen oder in der Sauna schwitzen, dann erleben wir Energie. Wir erleben, wie sich Energie „äußert", aber nicht die Energie als solche.

Was ist Energie? Physikalisch betrachtet ist Energie die Fähigkeit, Arbeit zu verrichten. Also etwas höchst Abstraktes. Ein Verbrennungsmotor kann ein Auto bewegen. Menschliche Muskelkraft bewegt den Körper. Windenergie erzeugt elektrischen Strom. Das Sonnenlicht schafft in der Photovoltaikanlage elektrischen Strom. Immer wird dabei irgendwelche „Arbeit" verrichtet.

Energie kann auch gespeichert und transportiert werden – in Akkus oder mittels Stromleitungen. Aber sie ist kein „Stoff"; sie ist nicht sichtbar, nicht greifbar, hat kein Gewicht. Sie hat unterschiedliche Erscheinungsformen: Als Wärmeenergie ist sie die ungeordnete Bewegung molekularer Teilchen, als elektrischer Strom die gerichtete Bewegung geladener Teilchen, als Strahlung erzeugt sie elektromagnetische Wellen.

Energie kann nicht erzeugt werden, obwohl wir von „Energie-Erzeugern" oder von „Energie-Produzenten" reden. Kernkraftwerke werden so bezeichnet. Energie kann auch nicht „erneuert" werden, auch wenn heute vehement für den Einsatz „erneuerbarer Energie" geworben wird. Sie kann nur umgewandelt werden von einer Energieform in eine andere. Wasserkraft wird in elektrischen Strom verwandelt, Muskelkraft in Bewegung, Dampfdruck in Antriebskraft von Motoren. In der Summe bleibt die Energiemenge gleich. Sie ist unzerstörbar. Energie kann nicht „vernichtet" werden. Die Wissenschaft kennt für die Energie das Gesetz von der Erhaltung der Energie: Die Gesamtenergie eines isolierten Systems ändert sich nicht mit der Zeit, sie bleibt erhalten.

Woher kommt Energie?

Bei der Entstehung des Universums, beim sogenannten Urknall, muss eine unvorstellbar riesige Menge Energie frei geworden sein. Aber woher kam diese Energie? Sie kann nicht vor dem Urknall vorhanden gewesen sein, wenn alle Existenz erst mit dem Urknall begann. Der Urknall benötigte aber Energie und musste sie in Bruchteilen von Sekunden freistellen. Woher nahm der Urknall diese Energie? Aus dem Urknall selbst und aus seinen Wirkungen kann sie nicht kommen. Dann wäre die Ursache gleich der Wirkung! Dass eine Ursache von ihren eigenen Wirkungen bewirkt wird, widerspricht dem Kausalitätsprinzip. Woher kam sie dann?

Seit langer Zeit wissen die Astronomen, dass sich unser Universum ausdehnt. Aufgrund der gegenseitigen Anziehungskraft der Materie hatte man angenommen, dass sich diese Expansion im Universum verlangsamen müsste. Denn je weiter die Objekte auseinanderdriften, desto schwächer wird ihre Anziehungskraft und umso geringer folglich die Ausdehnungsgeschwindigkeit. In den letzten Jahren hat man aber festgestellt, dass dies offenbar nicht der Fall ist, sondern dass sich die Expansion sogar beschleunigt. Irgendetwas „Dunkles", messtechnisch nicht Erkennbares muss also der Anziehungskraft der Materie entgegenwirken. Diese ominöse Kraft bezeichneten die Wissenschaftler als „Dunkle Energie".[52] Es ist eine Energie, die den Kosmos immer schneller auseinandertreibt, obwohl er nach den Gesetzen der Schwerkraft sich eigentlich mit zunehmender Ausdehnung zusammenziehen sollte. Die abstoßende Dunkle Energie wirkt der Schwerkraft der im Weltall enthaltenen anziehenden Materie entgegen. Für diese „Entdeckung der beschleunigten Ausdehnung des Universums durch die Beobachtung ferner Supernovae" erhielten die Astronomen *Saul Perlmutter*, *Brian P. Schmidt* und *Adam G. Riess* im Jahre 2011 den Nobelpreis.

Anfangs, unmittelbar nach dem Urknall, „dominierte die Materie mit ihrer Anziehungskraft – das Universum dehnte sich zwar aus, wurde aber langsamer. Irgendwann war im sich ausdehnenden Weltall die Materie so dünn verteilt, dass ihre Anziehung kleiner war als die abstoßende Kraft der Vakuumenergie. Seitdem beschleunigt das

Universum. Das Universum hat sozusagen irgendwann umgeschaltet – von Abbremsen auf Beschleunigen", muss der Astrophysiker *Robert Kirshner* feststellen.[53] Doch welche „Megakraft" hat diese merkwürdigen Sprünge bewirkt – zuerst blitzartiges Beschleunigen im Urknall, dann langsames Abbremsen, dann wieder rasches Beschleunigen ... und irgendwann vielleicht wieder ein Abbremsen?

Die Astronomen sind ebenso fasziniert wie verwirrt von diesem seltsamen Phänomen. Der Schweizer Astronom *Bruno Leibundgut* gibt offen zu: „Wir haben 95 Prozent des Universums, die wir einfach nicht verstehen: 25 Prozent sind Dunkle Materie, von der wir immer noch keine Ahnung haben, was sie ist. Dann haben wir solche Dinge wie Dunkle Energie. ... Diese machen vielleicht 70 Prozent der Energiedichte des Universums aus, und wir haben auch überhaupt keine Ahnung."[54]

Viele Erklärungsmodelle sind für die Kosmologie entwickelt worden. Und fortwährend werden neue, kompliziertere und kostspieligere Instrumente konstruiert, um das Rätsel der Dunklen Energie und der Dunklen Materie lösen zu können. Doch bislang ist vollkommen unklar, was sich dahinter verbirgt. „Das ist eigentlich eine interessante Situation. Vielleicht haben wir in zehn Jahren eine Theorie, die das alles erklärt – aber einen Durchbruch brauchen wir jetzt schon", meint *Bruno Leibundgut*. Merkwürdig: Dunkle Energie dominiert unser Universum, aber was die Dunkle Energie ist, weiß niemand.

Der amerikanische Quantenphysiker *David Bohm* nahm an, dass „der leere Raum all diese Energie trägt, die durch die Materie selbst nur unwesentlich erhöht wird. Materie bildet daher nur ein winziges Tröpfchen jenes Ozeans an Energie, in welchem sie relativ stabil und manifestiert ist. Meine Schlussfolgerung ist daher, der impliziten Ordnung eine Realität zuzuschreiben, die jene der Materie bei weitem übersteigt. Materie macht vor jenem gewaltigen Hintergrund nur ein Tröpfchen aus."[55] Und was ist diese „Realität"?

So oder so bleibt die Frage, wie alles seinen Anfang genommen hat, welche Ursache diese gewaltigen Energien ausgelöst haben könnte. Und woher Energie überhaupt gekommen ist.

Was bewirkt Energie?

Nicht minder erstaunlich ist ein weiteres Phänomen: Energie lässt sich in Masse umwandeln, und Masse kann in Energie verwandelt werden. Energie und Masse sind äquivalent. Bereits um die Wende vom 19. zum 20. Jahrhundert wies *Albert Einstein* mit seiner berühmten Formel „E (Energie) ist gleich m (Masse) mal c^2 (Lichtgeschwindigkeit im Quadrat)" darauf hin, dass die Energie in einem unmittelbaren Zusammenhang mit der Materie steht.

Dass aus einer geringen Masse eine unvorstellbar hohe Energie erzeugt werden kann, ist der Menschheit spätestens bekannt geworden durch den Einsatz der Atombombe: Eine einzige Bombe mit einem Gewicht von gerade einmal 4040 kg, einer Länge von 3,20 m und einem Durchmesser von 71 cm zerstörte in wenigen Minuten die Stadt Hiroshima und tötete 90 000 bis 140 000 Menschen (eine genaue Zahl ist bis heute nicht ermittelt worden). Viele leiden bis heute unter den Spätfolgen der radioaktiven Verstrahlung. Inzwischen gibt es Bomben von noch weit größerer Zerstörungskraft.

Neuerdings ist es amerikanischen Wissenschaftlern gelungen, den umgekehrten Weg zu gehen, Energie in Masse umzuwandeln. Sie schossen reale Lichtblitze so aufeinander, dass diese begannen, sich durch den Beschuss wie ein Molekül zu verhalten – eng miteinander verbunden und wechselseitig aufeinander einwirkend, als besäßen sie Masse. „Wir haben ein Medium erzeugt, in dem Photonen miteinander so stark interagieren, dass sie beginnen sich zu verhalten, als wenn sie Masse besäßen. Und sie verbinden sich zu einer Art Molekül", erklärte *Mikhail Lukin*, einer der Leiter des Experiments. „Für was man es alles nutzen kann, wissen wir noch nicht. Aber es ist ein ganz neuer Zustand der Materie, daher hoffen wir, dass neue Anwendungen sich anbieten werden, wenn wir diese photonischen Moleküle erst einmal weiter untersucht haben."[56]

Was ist eigentlich Energie?

Wir wissen eine ganze Menge davon, was Energie *bewirken* kann. Aber was Energie eigentlich *ist*, können wir letztlich nicht beantworten. Selbst der Physik-Nobelpreisträger *Richard Feynman* musste eingestehen, dass die heutige Physik nicht wisse, was Energie ist; es sei wichtig, sich das einzugestehen.[57] Bei einer Vorlesung sagte er zu seinen Zuhörern und Zuhörerinnen: „Ein Grund, warum Sie das, was ich Ihnen vortrage, nicht zu verstehen glauben könnten, mag sein, dass Sie nicht begreifen, warum die Natur so verfährt, während ich Ihnen doch beschreibe, wie sie verfährt. Das Warum versteht nämlich niemand. Ich kann nicht erklären, warum sich die Natur so und nicht anders verhält."[58]

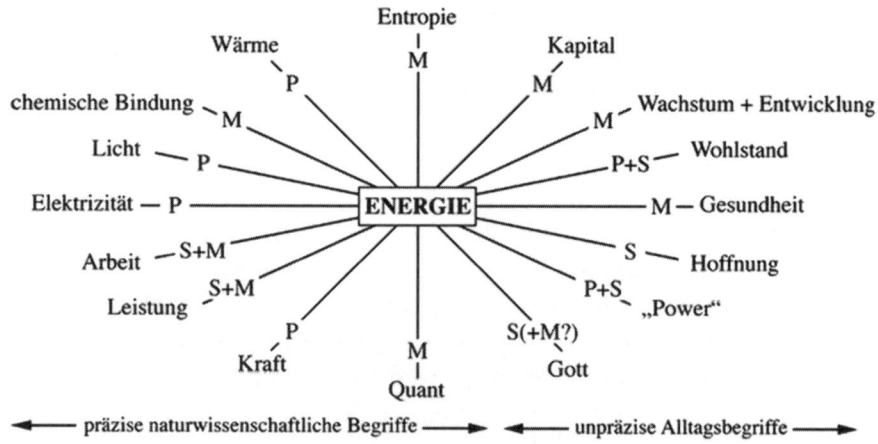

Schäfer unterscheidet die beiden Spannungsfelder Natur- und Geisteswissenschaften. Hier unterteilt er nochmals in

P = physiologisch erfahrbare Quelle: direkte Wahrnehmung über spezielle Sinneszellen
M = mentales Konstrukt; Ersatz- bzw. Rechengröße für eine sinnlich nicht wahrnehmbare Größe
S = rein seelisch-subjektive Erfahrung; Gefühls- und Phantasiewelt

Auch alltagssprachlich und in den Geisteswissenschaften wird der Begriff „Energie" verwendet. Der Jenaer Astrophysiker *Gerhard Schäfer* hat in einer Veröffentlichung „verschiedene Sprachkulturen rund um Energie" zusammengetragen.[59] Diesem Beitrag ist das folgende Schema entnommen, mit dem *Schäfer* versucht, die verschiedenen Erscheinungsformen und Verwendungssituationen der Energie anschaulich darzustellen.

Es fällt auf, dass *Schäfer* auch „Gott" in den „Spannungsfeldern" erwähnt und dass er ihn qualifiziert als „S" (rein seelisch-subjektive Erfahrung; Gefühls- und Phantasiewelt) und als mögliches „M" (mentales Konstrukt; Ersatz- bzw. Rechengröße für eine sinnlich nicht wahrnehmbare Größe). Er insinuiert damit, dass Gott eine rein subjektive Größe ist.

Das Wort „Energie"

Der Begriff „Energie" geht ursprünglich auf das griechische Wort „*enérgeia*" zurück; es setzt sich zusammen aus „*en*" (in) und „*ergon*" (Werk), ein Wort, das zuerst beim antiken Philosophen *Aristoteles* auftaucht. „*Enérgeia*" steht bei *Aristoteles* für den göttlichen Geist oder die Wirksamkeit, die dem bloß Möglichen zur Wirklichkeit verhilft. Für *Aristoteles* ist alles Geschehen der Übergang aus dem Zustand des Möglichen in den der Wirklichkeit und Wirksamkeit.

Gott als *en-ergon*

Die vielschichtigen und höchst unterschiedlichen Felder, auf die der Begriff „Energie" bezogen wird, überraschen. Aber damit wissen wir noch immer nicht, „was" Energie eigentlich ist. Immerhin wird deutlich: „Energie" ist etwas höchst Rätselhaftes, Staunens- und Bewundernswertes, in vielerlei Formen und Gestalten Wahrnehmbares. Etwas „Göttliches"?

Es ist nicht verwunderlich, wenn sich heute nicht wenige religiös aufgeschlossene Menschen Gott als eine Art konzentrierte Energie des Weltalls vorstellen. „Gott ist für mich eine höhere Macht, egal wie man sie nennen mag. Ob Energie oder Person sei dahingestellt ... Beide Begriffe, ‚höhere Energie' und ‚Person', sind metaphorische Begriffe, die aus der Erfahrungswelt des Menschen genommen sind. Außerdem wandelt sich ihr Verständnis mit den Epochen. ‚Energie' hat eine neue Konnotation bekommen, seit es die angewandte Elektrizität gibt." So oder ähnlich sprechen viele heute von Gott. Und es werden auch Praktiken angeboten, durch deren Anwendung man sich mehr von der Energie des Universums holen kann – so wie Meditation und Yogaübungen. Im Tod würde der Mensch dann Teil dieser universalen Energie.

Gott als *die* Energie

Nach all dem Bedachten und Gesagten will ich einmal in das Schema von *Gerhard Schäfer* anstelle von *Energie* die Größe *Gott als Ur-Energie* eintragen. Und ich ersetze das oben als „rein seelisch-subjektive Erfahrung; Gefühls- und Phantasiewelt; mentales Konstrukt; Ersatz- bzw. Rechengröße für eine sinnlich nicht wahrnehmbare Größe" gewertete „Gott" mit „Glaube". Dann ergeben sich interessante Perspektiven für ein neues Gott-Denken:

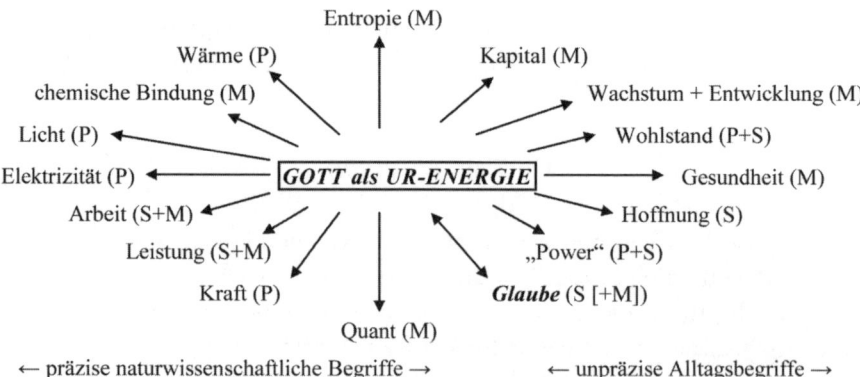

Das Schaubild besagt: Von *Gott als Ur-Energie* geht alle Energie aus. Er ist in aller Energie enthalten. Aber er *ist* nicht selbst die Energie;

er steht außerhalb aller weltimmanenten Erscheinungsformen von Energie, er überschreitet, er transzendiert sie alle. Er ist immanent-transzendent.

Und noch ein zweiter Gesichtspunkt kommt hinzu: Der Glaube an Gott ist eine den gläubigen Menschen zutiefst packende und umtreibende Energie. Aber er ist dialogisch strukturiert. Darum der Pfeil in beide Richtungen. Der Glaubende fühlt sich von Gott in vielfacher Weise angesprochen. Und der Glaubende antwortet, ebenfalls in vielfacher Weise – durch Wort und Tat, durch „Glaube, Hoffnung und Liebe".

Gravitation – unwiderstehlich starker Schwächling

> „Wenn einer, der mit Mühe kaum
> gekrochen ist auf einen Baum,
> schon meint, dass er ein Vogel wär',
> so irrt sich der."

Viele kennen die Verse von *Wilhelm Busch* über einen Frosch, der glaubte, fliegen zu können. Doch die Schwerkraft belehrte ihn eines Besseren. Für jeden sind die Wirkungen der Schwerkraft von frühester Jugend an vertraut.

Die Schwerkraft

Die Schwerkraft bewirkt die gegenseitige Anziehung von Massen. Sie lässt sich durch keine Hindernisse, weder durch Beton- noch durch Stahlwände, abschirmen. Sie bewirkt, dass alle Körper nach unten fallen, sofern sie nicht durch andere Kräfte daran gehindert werden. Ohne Gravitation würden wir willkürlich umherschweben – wie die Astronauten in der Raumstation ISS.

Ohne Gravitation würde nichts an seinem Platz stehen bleiben, es herrschte Chaos. So fiel *Charles Darwin* bei seinen vielfältigen Entdeckungen auf, dass verwurzelte Pflanzen offenbar über eine Art von „Gravitations-Sensoren" verfügen, die ihnen einen Sinn für oben und unten geben. Dreht man entwurzelte Pflanzen zur Seite, beginnen auch die Wurzeln sofort, sich zu drehen. Sie wachsen so rasch wie möglich wieder nach „unten" in Richtung Erdmittelpunkt. Forschungen auf der ISS haben gezeigt, dass die dort gezogenen Pflanzen „orientierungslose" Wurzeln aufweisen, die deshalb nur schwer Zugang zu Nährstoffen und Wasser finden.

Tiere leiden unter einer Vielzahl von Problemen, wenn ihnen die Schwerkraft geraubt wird. So hatten Küken, die auf der Weltraumstation geschlüpft waren, Schwierigkeiten, das Gleichgewicht zu halten und sich so weit räumlich zu orientieren, dass sie sich Nahrung beschaffen konnten. Amphibien bekamen Probleme mit dem Atmen, weil ihnen ihr Instinkt sagte, sich „hinauf" zu bewegen, um Luft schnappen zu können – in der Schwerelosigkeit aber gibt es kein „hinauf", weil es kein „oben" gibt.

Medizinische Untersuchungsergebnisse bei den Astronauten zeigten, dass auch sie Atemprobleme bekamen, weil die Lungenkapazität im Weltraum herabgesetzt ist: Es fehlt die Schwerkraft, um das Zwerchfell hinunterzuziehen. Die stark herabgesetzte Gravitationskraft, wie sie in den Raumschiffen auftritt, lässt die Leber höher sitzen, was wiederum das Lungenvolumen reduziert. Die Knochen bauen sich ab, weil sie kein Gewicht mehr zu tragen haben. Die Muskeln werden schwächer, weil sie nicht mehr gegen den Zug der Gravitation arbeiten müssen. Während eines kurzen Aufenthalts in der Schwerelosigkeit spielt das keine große Rolle, aber bei längeren Aufenthalten ist ein signifikanter Muskel- und Knochenschwund festzustellen. Darum müssen die Astronauten Fitnessübungen durchführen.

Weil sich die Gravitation nicht ausschalten oder abschirmen lässt, werden bei einem bemannten Flug zum Mars, der mehr als ein halbes Jahr dauern würde, ganz erhebliche physische Probleme für die Astronauten auftreten, zusätzlich zu den psychischen.

Durch die Wirkung der Gravitation konnten aus Gaswolken in Millionen von Jahren die Sterne (und damit z. B. unsere Sonne) entstehen. Im Sonnensystem bestimmt die Gravitation die Bahnen der Planeten, Monde, Kometen und Satelliten und im gesamten Kosmos die Bildung von Sternen und Galaxien. Die Gravitation lässt unsere

Erde um die Sonne kreisen und den Mond um die Erde. Das Kreisen des Mondes wiederum sorgt durch die vom Mond ausgeübte Anziehung des Meerwassers für Ebbe und Flut. Ohne Gravitation hätte unsere Erde keine Atmosphäre. Denn die Atmosphäre, die uns umgibt und uns Sauerstoff zum Atmen liefert, wird durch die Gravitation der Erde „festgehalten" und kann nicht ins All entweichen. Mit zunehmender Entfernung nimmt die Gravitation ab, besitzt aber prinzipiell eine unbegrenzte Reichweite.

Schon *Nikolaus Kopernikus* ging davon aus, dass auch andere Körper als die Erde Gravitation ausüben: „Ich bin der Ansicht, dass die Schwere nichts Anderes ist, als ein von der göttlichen Vorsehung des Weltenmeisters den Theilen eingepflanztes, natürliches Streben, vermöge dessen sie dadurch, dass sie sich zur Form einer Kugel zusammenschließen, ihre Einheit und Ganzheit bilden. Und es ist anzunehmen, dass diese Neigung auch der Sonne, dem Monde und den übrigen Planeten innewohnt ..."[60]

Isaac Newton entdeckte das Grundgesetz der Gravitation. Angeblich soll *Newton* unter einem Apfelbaum gesessen haben, als in seiner Nähe ein Apfel zu Boden fiel. Das erweckte seine Neugier: Warum fällt der Apfel stets senkrecht nach unten, warum nicht zur Seite? *Newton* erkannte, dass nicht allein die Erde Gravitation ausübt, sondern jeder Körper im Universum. Seine Theorie fasste *Newton* in einem universellen Gravitationsgesetz zusammen:

Jeder Massenpunkt wirkt auf jeden anderen Massenpunkt mit einer Kraft ein, die anziehend wirkt und die entlang der Verbindungslinie beider Massenpunkte gerichtet ist. Zwei beliebige Körper ziehen sich mit einer dem Produkt ihrer Massen proportionalen und dem Quadrat ihres Abstandes umgekehrt proportionalen Kraft an.

Ausnahmen von der Regel

Doch bald stellten die Wissenschaftler fest, dass es offenbar auch Ausnahmen von der ehernen Regel dieses Gesetzes zu geben schien.

Die Theorie erklärt nicht vollständig die elliptische Drehung (Periheldrehung) des Merkur. Die wies nämlich einen, wenn auch geringen Unterschied zwischen der nach der Newton'schen Theorie berechneten und der tatsächlich beobachteten Drehung auf. Man vermutete als Ursache dieser Diskrepanz eine Störung durch einen bislang unbekannten Planeten innerhalb der Merkurbahn. Dieser Planet erhielt den Namen Vulkan. Er konnte jedoch trotz intensiver Suche nicht entdeckt werden. Ebenso konnte auch kein für die Störungen verantwortlicher sonnennaher Asteroidengürtel nachgewiesen werden. Alle Erklärungsversuche blieben letztlich erfolglos. Als Ähnliches auch bei den anderen Planeten beobachtet werden konnte, zog man schließlich die Gültigkeit des Newton'schen Gesetzes in Zweifel.

Erst die Allgemeine Relativitätstheorie von *Albert Einstein* lieferte eine Erklärung: Nach seinem Modell ist Gravitation keine Eigenschaft von Körpern, sondern eine Eigenschaft des Universums selbst. Die im Universum herrschende „Raumzeit"[61] ist voller Dellen und Ausbuchtungen, die durch Masse und Energie entstehen. Verformungen sind darin unvermeidlich. Wann immer sich irgendetwas, ein Körnchen Weltraumstaub oder ein Lichtteilchen, auf geradem Wege durchs Universum bewegen „möchte", muss es dabei einer Bahn folgen, die infolge der Gravitation durch jede Masse und Energie in der Umgebung verändert, „verbogen", gekrümmt wird. Gravitation ist also nicht das, was ein Körper unmittelbar mit einem anderen Körper macht, sondern vielmehr das, was die Masse eines Körpers mit dem umliegenden Teil des (gekrümmten) Raumes anstellt. Eine hochinteressante Entdeckung!

Und damit nicht genug. *Einstein* nahm an, dass bei jeder Bewegung von Massen Wellen erzeugt werden, sogenannte „Gravitationswellen" (vergleichbar den Luftdruckwellen eines fahrenden Autos). So verursacht der Umlauf der Erde um die Sonne derartige Wellen, die allerdings auf die Erde so schwach einwirken, dass sie mit den heute zur Verfügung stehenden Instrumenten nicht gemessen werden können und darüber hinaus nur schwer von lokalen Phänomenen (Erdbeben, Meeresbrandung) zu unterscheiden wären. Die abgestrahlte Leistung beträgt gerade einmal 300 Watt, weswegen auch die Beeinflussung der Erdbahn durch diesen Effekt (noch) nicht messbar ist. Auch der Urknall könnte Gravitationswellen angeregt haben, deren Frequenz aufgrund der kosmischen Expansion jedoch inzwischen nicht mehr wahrnehmbar und so gut wie unmöglich zu

messen ist. Quellen intensiverer und damit nachweisbarer Gravita-
tionswellen erwartet man bei Supernova-Explosionen sowie bei
Neutronensternen, die in geringem Abstand einander umkreisen
oder zusammenstoßen, sowie bei Schwarzen Löchern. Aber solche
Ereignisse passieren nicht alle paar Jahre. Doch selbst bei einer im
kosmischen Maßstab vergleichsweise nahen Supernova in einer
Nachbargalaxie verändert die entstehende Gravitationswelle den
Abstand zwischen Erde und Sonne nur um den Durchmesser eines
Wasserstoffatoms, und das auch nur für wenige tausendstel Sekunden. Darum ist der empirische Nachweis so schwierig, selbst wenn
die Instrumente für derartige Experimente immer weiter verfeinert
werden.

Der Religionswissenschaftler *Michael von Brück* hat unlängst noch
auf einen anderen, eher (religions-)philosophischen Aspekt der Relativitätstheorie hingewiesen. Er sieht sie im Zusammenhang mit
den großen kulturellen und gesellschaftlichen Umbrüchen zu Beginn des 20. Jahrhunderts: „Die Technik hatte die Welt beschleunigt
und Grenzen eingerissen. Die Gesellschaft war durcheinanderge-
wirbelt worden. Jahrhunderte alte Selbstverständlichkeiten wurden
brüchig. Das Leben und seine Normen waren nicht mehr vorgegeben, sondern mussten neu erschaffen und begründet werden. Die
Perspektive schwand, indem der Horizont immer weiter in die
Ferne rückte. Schnelles Reisen rund um den Globus brachte nicht
nur Horizonterweiterung oder Horizontverschmelzung, sondern
der Raum selbst schrumpfte. Ebenso wie die Zeit ... Zeit und Raum
werden relativ. *Einsteins* Relativitätstheorie von 1905 ist mehr als
eine physikalische Theorie, sie drückt ein Lebensgefühl aus. Grenzen sprengen. Aufbruch im Sinne des Abrisses alter Lebensgebäude
und im Sinne des vorwärts stürmenden Dranges zu neuen Lebens-
gestaltungen. Wenn es je eine Epoche der wilden Grenzüberschrei-
tungen gab, dann waren es die ersten Jahre des 20. Jahrhunderts in
Paris und die 20er-Jahre in Paris und Berlin."[62]

Da das Licht eine Doppelstruktur besitzt („Welle-Teilchen-Dualismus"), kam logischerweise auch bald die Frage auf, ob nicht auch
das *Licht* als Teilchen, also als Masse, durch andere Teilchen, also

andere Massen, aufgrund der Gravitation abgelenkt werden kann.
Wenn das Gravitationsgesetz universale Gültigkeit besitzt, müsste
das auch beim Licht der Fall sein.

Diese Vermutung äußerte auch schon *Isaac Newton,* allerdings
nur beiläufig. Erst zu Beginn des 20. Jahrhunderts berechnete *Albert
Einstein* aufgrund seiner Allgemeinen Relativitätstheorie eine Ablenkung des Lichtes, das von fernen Gestirnen „hinter der Sonne"
kommt und an der Sonne vorbeigeht. Er stellte tatsächlich eine Ablenkung fest, kam allerdings zu einem Wert, der um das Doppelte
stärker war als jener, der aufgrund der Newton'schen Gravitations-
gesetze ermittelt wurde. Dieses Ergebnis erregte großes Aufsehen,
machte Einstein über Nacht weltbekannt und führte dazu, dass er
der bislang einzige Wissenschaftler ist, für den jemals eine Kon-
fetti-Parade auf dem New Yorker Broadway abgehalten wurde. Bei
der Wiederholung der Beobachtungen im Laufe des folgenden halben Jahrhunderts gelang es den Astronomen, die Vorhersagen der
Allgemeinen Relativitätstheorie mit einer Genauigkeit von rund
zehn Prozent zu bestätigen.[63]

Die Ablenkung von Sternenlicht in Sonnennähe kann prinzipiell
jeder nachweisen, der mit entsprechenden optischen Geräten ausge-
rüstet ist. Freilich ist die Verschiebung sehr geringfügig. Und es
braucht auch den richtigen Zeitpunkt für die Beobachtung. Denn das
Sonnenlicht hellt die Erdatmosphäre unter normalen Bedingungen
so stark auf, dass es unmöglich ist, mit einem optischen Teleskop von
der Erde aus sonnennahe Sterne zu beobachten. Für die ersten Beobachtungen, anhand derer sich die Ablenkung des Lichtes durch die
Gravitation überprüfen ließ, mussten die beteiligten Astronomen auf
eine Sonnenfinsternis warten, bei der bestimmte Regionen der Erde
nicht mehr vom Sonnenlicht erreicht wurden und es deshalb auch
nicht zu einer Aufhellung der Erdatmosphäre kam.

Bei den Astronauten sprechen wir von „Schwerelosigkeit im All".
Genau genommen ist damit Gewichtslosigkeit gemeint. Denn die
Schwerkraft gilt auch für die Satelliten und die ISS. Es gibt keine
Zonen mit „Schwerelosigkeit", mit Abwesenheit von Gravitation,
wohl aber mit Abwesenheit des Gewichtes als einer bemerkbaren
und messbaren Folge der Gravitation. Die tritt dann auf, wenn die

(räumlich konstante) Gravitation als einzige äußere Kraft überhaupt auf den Körper wirkt und alle im Normalfall wirkenden Gegenkräfte fehlen – zum Beispiel der Luftwiderstand. Das geschieht bei einem freien Fall im Vakuum oder in einem Satelliten, in Sekundenbruchteilen auch in einem zu heftig nach unten anfahrenden Fahrstuhl (man fühlt sich in die Höhe gehoben) oder bei einem gekonnten Skischwung beim Erreichen des höchsten Punktes. Außerhalb der Erdatmosphäre ist es aber – z. B. in der ISS – möglich, unentwegt um die Erde „herumzufallen", wenn die Umlaufgeschwindigkeit mindestens 8 km pro Sekunde beträgt.

Die Schwäche der Gravitation

Im Vergleich zu den anderen Naturkräften (Wasser, Sturm, Elektrizität) ist die Gravitation ein „Schwächling"[64]. Sie ist 10^{40} Mal schwächer als die elektromagnetische Kraft, welche die Atome zusammenhält. Aber warum? Die (bis heute) beste Erklärung kommt von der sogenannten Stringtheorie. Demnach besitzt das Universum mehr als die drei gewohnten Raumdimensionen. Während die Schwerkraft die Materie zusammenhielt, trieb die Raumexpansion Materieteilchen auseinander – und je weiter sie auseinanderdrifteten, desto schwächer wurde ihre gegenseitige Anziehung. Weil die Schwerkraft im Unterschied zu den anderen Kräften auch in diese anderen Dimensionen hineinwirkt, verliert sie an Kraft und wird „schwach", und wir erleben nur einen Bruchteil ihrer wahren Stärke.

Allerdings: Wäre sie auch nur geringfügig stärker, könnten keine Menschen existieren. Wir würden dann erbarmungslos zusammengequetscht werden. Wäre die Raumexpansion stärker gewesen als die Anziehung der Gravitation, hätten sich keine Galaxien formen können. Alles wäre auseinandergeflogen. Wäre die Gravitation stärker gewesen, wären Sterne und Galaxien schnell kollabiert – und das ganze Universum hätte sich in sich zusammengefaltet. Nur die exakte Balance zwischen Expansion und Gravitation ermöglicht Leben.

Die bei diesem Balanceakt geltende „Naturkonstante", die „Gravitationskonstante" G, hat *Isaac Newton* errechnet und eingeführt. Es handelt sich um eine Konstante, die zwei Größen in ein Verhältnis zueinander setzt. So ist zum Beispiel der Umfang eines Kreises proportional zum Kreisdurchmesser. Dieser Proportionalitätsfaktor ist das berühmte π. Setzt man die Masse von einem Gegenstand in Proportion mit der Gravitation, so ergibt sich (nach *Newton*) der Faktor 6,67. ... Dieser Wert ist überall gleich.

Allerdings ist diese Zahl sehr ungenau. Der Grund dafür liegt in der schwachen Wirkung der Schwerkraft. Doch das eigentliche Rätsel besteht in der Frage, woher dieser Faktor eigentlich kommt. Und warum hat die Gravitationskonstante G genau den Wert, der das Leben im Kosmos ermöglicht? Eine befriedigende Antwort darauf kennt bislang niemand.

Freilich: Das ist bei anderen Naturkonstanten ähnlich. „Die Naturkonstanten spiegeln zugleich unser größtes Wissen und unsere größte Ratlosigkeit wider', sagt der Astrophysiker *John Barrow* von der Universität Cambridge. ‚Obwohl wir die Naturkonstanten mit immer größerer Genauigkeit messen, können wir ihre Werte nicht erklären.' Sie bergen das letzte Geheimnis des Universums. ... Das System der Naturkonstanten gleicht einem sorgsam austarierten Kartenhaus. Das Haus ist stabil, solange sich nichts bewegt. Doch die kleinste Veränderung könnte alles einstürzen lassen."[65]

Wie kommt Gravitation eigentlich zustande?

Physikern bereitet der Gedanke erhebliches Unbehagen, dass Massen ohne das Vorhandensein jeglicher Vermittlung (Schwer-)Kraft aufeinander ausüben können. Bis heute kann keine ausreichende Erklärung für diese Art der Fernwirkung erbracht werden.

Manche nehmen dann einfach ihre Zuflucht zu Gott als willkommenen „Lückenbüßer". Aber für einen Naturwissenschaftler, der nur an das glaubt (genauer: glauben zu können meint), was er empirisch nachweisen kann, ist dieser vorschnelle und scheinbar „fromme" Ausweg versperrt. Und so erklärt er einfach: „Das Universum braucht keinen Gott." Der bekannte Astrophysiker *Stephen Hawking* vertritt zusammen mit seinem Kollegen *Leonard Mlodinow* diese These in seinem Buch „Der große Entwurf".[66] Als Begründung für ihre steile Behauptung schreiben sie: „Traditionell sind das Fragen für die Philosophie, doch die Philosophie ist tot. Sie hat mit den neueren Entwicklungen in der Naturwissenschaft, vor allem in der Physik, nicht Schritt gehalten. Jetzt sind es die Naturwissenschaftler, die mit ihren Entdeckungen die Suche nach Erkenntnis voranbringen."[67] Dazu entwickeln die beiden ihre „M-Theorie": „Sie ist das einzige Modell, das alle Eigenschaften besitzt, welche die letztgültige Theorie unserer Meinung nach haben müsste. ... Nach der M-Theorie ist unser Universum nicht das einzige, sondern eines unter einer Vielzahl von Universen, die aus dem Nichts geschaffen wurden. Ihre Schöpfung ist nicht auf die Intervention eines übernatürlichen Wesens oder Gottes angewiesen. Vielmehr ist diese Vielfalt von Universen eine natürliche Folge der physikalischen Gesetze."[68] Da frage ich mich aber: Können Gesetze etwas entstehen lassen, etwas schaffen? Sie sind doch nur die Beschreibung von etwas, was vorhanden ist oder was unter bestimmten Umständen passiert. Die Schwerkraft selbst muss durch irgendetwas entstanden sein. Aber was ist das? *Hawkins* und *Mlodinow* fassen ihre Überlegungen zusammen: „Wir behaupten, dass es möglich ist, diese Fragen ausschließlich in den Grenzen der Naturwissenschaft und ohne Rekurs auf göttliche Wesen zu beantworten."[69] Sie behaupten, aber sie beweisen es nicht. Das sollte eigentlich bei Naturwissenschaftlern nicht vorkommen.

Das Buch hat viel Beifall gefunden, aber auch Widerspruch erregt. *Hawking* habe Gott abgeschafft und sich gewissermaßen an seine Stelle gesetzt; er habe den „alten Hut" der Gottesleugnung hervorgeholt und stattdessen die „Spontane Schöpfung" proklamiert als einzigen Grund dafür, „warum es statt dem Nichts doch etwas gibt, warum das Universum existiert, warum wir existieren. ... Weil es ein Gesetz wie das der Schwerkraft gibt, kann und wird sich ein Universum selber aus dem Nichts erschaffen." So lauten einige der kritischen Rezensionen.[70] Man muss sich tatsächlich fragen, wie ein Wissenschaftler, der meint, alles empirisch beweisen zu können und zu müssen, selbst eingesteht, dass seine mit großem Pathos vorgetragene Theorie nur eine „*Kandidatin* für eine endgültige Theorie von Allem (ist), *wenn es sie denn gibt*"[71].

Die von *Hawkins* und *Mlodinow* kreierte „M-Theorie" hat in den vergangenen Jahren viele Anhänger unter den Physikern verloren. Solange die Theorie noch nicht empirisch untermauert ist, lässt sich über ihre tatsächliche Anwendbarkeit noch nichts Abschließendes sagen, stellt der Schriftsteller und Physiker *Ralf Bönt* fest und bemerkt etwas hintersinnig, der Buchstabe „M" in der „M-Theorie" könne für alles Mögliche stehen, auch für „Mysterium".[72]

Gravitation als „Mysterium"

Vielleicht ist „Mysterium" sogar die am ehesten zutreffende Deutung des „M" in der von *Hawkins* aufgestellten „M-Theorie". Mysterium kommt von dem griechischen Wort „mystérion" und wird im Deutschen gewöhnlich mit Geheimnis wiedergegeben. Gemeint ist damit ein Sachverhalt, der sich der eindeutigen Aussagbarkeit und Erklärbarkeit prinzipiell entzieht, der nicht einfach eine nur schwer mitteilbare oder zufällig verschwiegene Information enthält. In den orthodoxen Kirchen werden die Sakramente als „heilige Mysterien" bezeichnet. Ähnlich verhält es sich in der katholischen Theologie. Hier hat der für „Mysterium" eingeführte Begriff „Sakrament" allerdings mehrere Bedeutungen. Im engeren Sinn bezeichnet er die Einzelsakramente als „Zeichen der Nähe Gottes" (*Theodor Schneider*). In einem weiteren, übergeordneten Sinn meint er jede Art von Begegnung von Gott und Mensch, die immer ein Geheimnis bleibt, und die nur „sakramental" vermittelt wird.

Die Gravitation bleibt ein Geheimnis, trotz aller mehr oder weniger geglückten Erklärungsversuche der Naturwissenschaftler. Die eben skizzierten Phänomene (Funktion der Naturkonstante G, die Leben im Kosmos ermöglicht, „Krümmungen" der Materie durch die Raumzeit, der „Welle-Teilchen-Dualismus" des Lichtes, „Schwäche" der Gravitation, die die Entstehung des Universums erst ermöglicht, exakte Bemessung dieser „Schwäche" im Hinblick auf die Umlaufbahnen der Planeten ...) weisen noch immer ungeklärte Fragen auf, sind in vielen Details noch immer ein „Buch mit sieben Siegeln". Und es bleiben unzählige weitere „Mysterien".

Ist es also gar so abwegig, angesichts dieser Fülle von Geheimnissen, die sich vor dem staunenden Menschen gerade bei der Gravitation auftun, an das Geheimnis schlechthin, an das „heilige Geheimnis", wie der Theologie *Karl Rahner* es nannte, zu denken und die

Vermutung auszusprechen, dass hier der eigentliche tiefste und letzte Grund für dieses wundervolle Phänomen der Gravitation zu suchen und zu finden sein könnte? Dass ein sich aller empirischen Beweisbarkeit entzogenes, transzendentes „Göttliches", dass „Gott" eine hinreichende Erklärung für die Merkwürdigkeiten der Gravitation darstellt? Dass er der eigentliche Ursprung dessen ist, was *Hawkins* mit seiner „M(ysterium)-Theorie" beschreiben möchte und vielleicht unausgesprochen ahnt?

Leben – aus Ursuppe und ein paar Milliarden Jahren Zeit

Es gibt viele ungelöste Rätsel auf dieser Erde und im gesamten Kosmos. Eines der schwierigsten und auch faszinierendsten davon ist sicher, eine Antwort auf die Frage zu finden, woher das Leben kommt. Ein Grund dafür liegt in der Tatsache, dass wir es bei den ersten Lebensformen mit einzelligen Organismen zu tun haben, die wegen ihrer Winzigkeit kaum als Fossilien in Erscheinung treten können. Und selbst wenn die Archäologen solche entdecken sollten, könnten sie nur die äußere Gestalt sehen, nicht jedoch die innere Struktur, die Biochemie, auf die es vor allem ankommt.

Was ist Leben?

Schon allein an der Frage, aus welcher Sichtweise eine Definition versucht werden soll, scheiden sich die Geister. Chemiker, Physiker, Geologen und Biologen werden etwas anderes sagen als Bio- und Medizinethiker, Philosophen oder Theologen. Und jeder von ihnen besitzt nochmals einen anderen individuellen Erfahrungs- und Verständnishintergrund und setzt andere Prioritäten.

Leben lässt sich beschreiben als ein selbstherstellendes, selbsterhaltendes und fortpflanzungsfähiges System, das in einem chemischen Prozess aus „nicht lebendigen" Bausteinen entsteht. Als

Merkmale des Lebens werden vordringlich genannt: Stoffwechsel, Informationsaustausch, Wachstum, Fortpflanzungsfähigkeit sowie Evolution infolge von Mutation und Selektion. Der Chemiker *Noam Lahav* von der Universität Jerusalem listete in seinem Buch „Biogenesis. Theories of Life's Origin" zahlreiche Definitionsversuche für den Begriff „Leben" auf, die von 48 Experten aus den letzten hundert Jahren stammen. Keine zwei der vielen Definitionen gleichen sich völlig. Eine allgemein anerkannte und überzeugende Definition des Lebens gibt es bis heute nicht. Die Wissenschaft, die sich mit dem Leben und den Lebewesen befasst, die Biologie, kennt gut 200 Jahre nach ihrem Aufkommen noch immer keine Definition ihres Studienobjekts.

Seit einiger Zeit behaupten deshalb namhafte Biologen, dass das Leben im strengen Sinn gar nicht existiert. Der französische Molekularbiologe und Nobelpreisträger *François Jacob* weist darauf hin, dass der Forschungsgegenstand der Biologen mit dem „Leben" gar nichts zu tun hat: „Heutzutage untersucht man in den Laboren nicht mehr das Leben, man versucht nicht mehr seine Konturen zu erkennen. Man strebt lediglich an, die lebenden Systeme zu analysieren, ihre Struktur, ihr Funktionieren, ihre Geschichte. ... Die Biologie von heute interessiert sich für die Algorithmen der lebenden Welt." Der ungarische Biochemiker *Albert von Szent-György Nagyrápolt*, Entdecker des Vitamins C und Nobelpreisträger für Medizin 1937, folgerte daraus: „Da das Leben nicht existiert, hat es auch niemand je gesehen ... Der Begriff ,Leben' macht keinen Sinn, denn eine solche Sache existiert nicht."

Der Biophysiker und Philosoph *Henri Atlan* bestätigt diese Aussagen: „Das Forschungsziel der Biologie ist physikalisch-chemisch. Von dem Moment an, wo man Biochemie und Biophysik betreibt und von wo an man die physikalisch-chemischen Mechanismen als die Eigenschaften von Lebewesen begreift, verschwindet das Leben. Heute muss ein Molekularbiologe bei seiner Arbeit das Wort ,Leben' nicht mehr in den Mund nehmen. Das erklärt sich aus der Geschichte: Er beschäftigt sich mit Chemie, die in der Natur existiert, in gewissen physikalisch-chemischen Systemen mit gewissen Eigenschaften, Pflanzen oder Tiere genannt, das ist alles! ...

Wenn ich sage: das Leben existiert nicht, bin ich mir bewusst, dass ich auch weiterhin von meinem Leben und meinem Tod oder dem von jemand anderem als eine Realität sprechen werde. Ich weiß genau, dass das Leben existiert! Aber nicht im Sinne eines Objekts der biologischen Forschung. Das Leben als Objekt der wissenschaftlichen Arbeit existiert nicht, als innere Erfahrung und soziale Realität, als Gegenpol zum Tod existiert es selbstverständlich. Verschwunden ist die Unterscheidung zwischen dem Leben als Forschungsobjekt und dem Leblosen, dem Bewegungslosen."[73]

Chemische Grundbausteine

Zunächst hatte man angenommen, dass Leben grundsätzlich nur aus organischen Stoffen bestehen kann. Aber 1828 gelang es dem deutschen Chemiker *Friedrich Wöhler*, organischen Harnstoff aus anorganischen Komponenten herzustellen. Bis dahin hatte „organische Chemie" als etwas gänzlich anderes gegolten als „anorganische Chemie". Diese Vermutung war nun widerlegt.

1953 haben die Chemiker *Stanley Lloyd Miller* und *Harold Clayton Urey* Ammoniak (chemische Verbindung von Stickstoff und Wasserstoff), Methan (chemische Verbindung von Kohlenstoff und Wasserstoff) und Wasser (chemische Verbindung von Sauerstoff und Wasserstoff) in einen Kolben gegeben und elektrischen Strom durchgeleitet (das sogenannte Miller-Urey-Experiment). Nach einiger Zeit bildete sich eine goldbraune ölige Schicht aus Aminosäuren und Zucker. Und genau das sind die absoluten Grundbausteine des Lebens. *Miller* nannte das Experiment: „Herstellung von Aminosäuren unter möglichen Bedingungen einer einfachen Erde". Bemerkenswert ist allerdings, dass *Miller* bei seinem Experiment ein etwas anderes Gemisch von Aminosäuren erzeugte als das, welches sich in lebenden Organismen befindet. Zudem produzierte er auch noch einige andere Verbindungen, die in heute lebenden Organismen nicht vorkommen. Damit glaubte er, die Anfänge des Lebens auf der Erde erklären zu können. Aus Molekülbausteinen, so die Theorie, werden komplexe Moleküle. Sie stehen am Anfang einer Kette von Zufällen und Zwischenfällen, die schließlich zu etwas Unvorstellbarem führen: zu Leben.

Doch an welcher Stelle genau setzt der entscheidende Übergang von toter zu lebender Materie ein? *Millers* Experiment bringt keine Antwort auf die Frage, was Leben eigentlich ist und wie es entstand. Daran hat sich bis heute nichts geändert. „Wir verstehen nicht einmal, wann und wie der Übergang von toter zu lebendiger Materie erfolgt. Bei welcher molekularen Komplexität können wir davon ausgehen, dass eine Information biologisch gespeichert, abgerufen und weitergegeben werden kann? Alles was wir an faszinierenden Modellen hierfür entwickelt haben, ist gemessen an der Komplexität der Natur im Grunde extrem primitiv. Aber es gibt keine Alternative. Werden wir eines Tages trotzdem das Geheimnis des Lebens entschlüsseln? Wir wissen es nicht. Vielleicht morgen, vielleicht in einigen Jahren, vielleicht nie", so der Chemiker *Helmut Schwarz* von der Technischen Universität Berlin.[74]

Damit Leben entstehen kann, braucht es drei Komponenten:
- Elemente (Atome), die sich zu Molekülen zusammenschließen (Kohlenstoff, Wasserstoff, Stickstoff, Sauerstoff). Die aus diesen Stoffen zusammengesetzten Moleküle bilden Aminosäuren, die sich in bestimmten Mustern anordnen, um größere Moleküle, die sogenannten Proteine zu bilden.
- Flüssigkeit als „Katalysator" (in unserem Fall Wasser), die das Zusammenkommen der Atome und Moleküle ermöglicht.
- Energie (z. B. von der Sonne), die den Zusammenschluss maßgeblich bewirkt.

Nur wenn diese drei Faktoren gegeben sind, kann nach unserem heutigen Wissensstand Leben entstehen. Aber was Leben ist, wissen wir damit noch lange nicht.

Wann begann das Leben auf der Erde?

Kaum weniger geklärt ist die Frage, wann das Leben auf der Erde begonnen hat. Offenbar entstand das Leben unmittelbar, nachdem die Voraussetzungen dafür gegeben waren. Aber genau das ist nicht so einfach zu bestimmen. Solange die Erde sich noch in einem flüssigen Zustand befand, war es sicher nicht möglich. Doch auch nach der Bildung der Erdkruste konnte kein Leben entstehen, da die Temperatur an der Oberfläche noch zu hoch war. Erst mit dem Kondensieren von Wasser aus der Uratmosphäre sanken die Temperaturen unter 100 Grad Celsius. Wenn wir davon ausgehen, dass flüssiges Wasser die Grundvoraussetzung für Leben ist, so war erst dann der Zeitpunkt für die Entstehung von Leben gegeben.

Hypothesen über die Entstehung

Über die Art und Weise der Entstehung von Leben sind wir auf mehr oder minder plausible Hypothesen angewiesen, die sich zum Teil widersprechen.

Die aktuell gängigste Hypothese ist die chemische Evolution. Anorganische Moleküle haben sich durch die Zufuhr von Energie (Blitzeinschläge) zu organischen Verbindungen und probiotischen Molekülen zusammengeschlossen. Das war nur in der „Ursuppe" der frühen Ozeane möglich. Diese „Suppe" war allerdings ziemlich dünn. Die einzelnen Moleküle brauchten also viel, sehr viel Zeit dafür, sich in dieser dünnen Suppe zusammenzufinden. Die entscheidenden Bedingungen für die Entstehung des Lebens waren, so wird einem unbekannten Wissenschaftler in den Mund gelegt, „die Ursuppe und ein paar Milliarden Jahre Zeit".

Aus den probiotischen Molekülen der Ursuppe entwickelten sich viel, viel später die ersten Lebewesen. Allerdings fehlt eine Aussage zum entscheidenden letzten Schritt: In welchem Stadium wird aus einem Molekül ein Lebewesen? Die Ursuppen-Moleküle sind ja nur die Voraussetzung.

In jüngster Zeit wird erwogen, ob das Leben nicht in der Tiefsee entstanden sein könnte. Seit man in den achtziger Jahren dort Schlote entdeckte, die mineralhaltiges heißes Wasser aus dem Erdinneren nach oben befördern („Schwarze Raucher"), und man an diesen eine reiche Fauna fand, die sich letzten Endes auf urtümliche Bakterien gründet, ist eine derartige Entstehung denkbar. Der Münchner Chemiker *Günter Wächtershäuser* nimmt an, dass Schwefelwasserstoff und Eisensulfid, die im Wasser um Schwarze Raucher vorhanden sind, dabei eine Schlüsselrolle spielten.[75]

Gestützt wird die These durch viele Mikroben, die dort siedeln. Sie besitzen einen einfachen Stoffwechsel, der ohne Sauerstoff und Sonnenlicht auskommt.

Einige Geologen untersuchten in letzter Zeit auch die ältesten Gesteinsformationen der Erde auf Spuren, die von ersten lebenden Zellen stammen könnten. Organismen wirken durch den Austausch von Energie und chemischen Substanzen auf ihre Umgebung ein. Spuren davon sollten über die Jahrmillionen erhalten geblieben sein – etwa in Form ungewöhnlicher Anhäufungen chemischer Elemente oder winziger organischer Einschlüsse im Gestein. Allerdings taucht hier bereits das nächste Problem auf: Die Kontinente – und mit ihnen die Urgesteine der Erde – wurden durch die Plattentektonik kontinuierlich in den Erdmantel zurückbefördert. In der dadurch entstehenden Gesteinsschmelze müssen die frühen Lebensspuren zerstört worden sein.

Andere Forscher entdeckten unter dem Mikroskop, dass Meereis wie ein komplizierter Bioreaktor wirkt. Das reine Wasser friert aus, doch zwischen den Kristallen bilden sich Blasen und winzig kleine Kanäle, die mit einer hoch konzentrierten Salzlösung gefüllt sind. Darin entstehen zellähnliche Strukturen. Leben könnte also im Eis entstanden sein.

Auch Höhlen werden als Entstehungsort für erste Lebensformen in Erwägung gezogen. Durch die im Regen enthaltenen Säuren der Uratmosphäre bildeten sich winzigste Poren, die in jedem Quadratmillimeter in so hoher Anzahl zu finden sind, dass sie ein Röhrensystem formen. In diesen Röhrchen könnten sich organische Moleküle angesammelt und die Bildung von Molekülketten dadurch erleichtert haben.

Schließlich fragen sich einige Forscher, ob Leben überhaupt auf der Erde entstanden ist oder ob nicht vielleicht auch ein anderer Himmelskörper dafür in Frage kommen könnte. Wissenschaftler fanden nämlich Hinweise, dass auf dem Saturnmond Titan eine primitive Lebensform zu existieren scheint. Wie das Leben allerdings trotz der massiven UV-Strahlung und unter sonstigen extrem schwierigen Bedingungen, wie sie uns heute durch die Raumfahrt bekannt sind, unversehrt zur Erde gelangt sein kann, bleibt ein Rätsel. Und natürlich bleibt die Frage ungelöst, wie das Leben auf dem Saturnmond entstanden sein könnte.

Alle Hypothesen über die Entstehung des Lebens sind nur mehr oder minder gut begründete Annahmen. Sie gehen allesamt von der scheinbar selbstverständlichen, aber unbewiesenen Voraussetzung aus, dass Leben „von selbst" aus anorganischen Stoffen entstanden ist. Doch erscheint es wirklich so sicher, dass die Lebensentstehung allein auf „Zufall und Notwendigkeit" im Zusammenspiel von Elementen und Naturkräften zurückzuführen ist? Ist Leben eine naturgegebene Selbstverständlichkeit, die sich im Laufe der Millionen Jahre dank bestimmter Faktoren mehr oder minder zwangsläufig ergeben hat? Ist es gänzlich auszuschließen, dass dem Leben eine gegenüber der toten Materie eigenständige und aus den Gesetzmäßigkeiten der Materie allein nicht ableitbare „Kraft" zugrunde liegen könnte? Haben bisher nicht alle Versuche, das Leben allein mit rein physikalischen und chemischen Gesetzmäßigkeiten zu erklären, immer nur zu neuen ungelösten Problemen geführt, das Unerklärliche und Geheimnisvolle des Lebens selbst jedoch nicht aufgelöst? Bis hin zu der schlichten Behauptung, dass „Leben" überhaupt nicht existiert? Stellen jene Forscher, die das annehmen, das Leben damit nicht (unbewusst) in eine eigenartige Parallele zu einem „Gott", von dem viele ebenfalls meinen, er existiere nicht? Ist vielleicht „Gott" das „Leben"? Oder zumindest die „Quelle des Lebens"?[76]

Synthetische Biologie

In jüngster Zeit sorgt die synthetische Biologie für einiges Aufsehen. Hier arbeiten Biologen, Chemiker und Ingenieure zusammen und versuchen, lebende Organismen zu erzeugen, die sie zuerst am Computer zusammenbauen und dann im Labor produzieren. Im Mai 2010 stellte der Biochemiker *Craig Venter*, Amerikas berühmter und nicht unumstrittener Genforscher, den ersten künstlichen Organismus vor, den er auf diese Weise erzeugt hatte: ein aus vier

chemischen Grundbausteinen zusammengesetztes Bakterium. Genau genommen hat *Craig Venter* freilich nur eine bereits bestehende
Bakterienzelle am Computer nachgebaut. Er hat also nicht wirklich
ein neues Lebewesen geschaffen. Das gibt er offen zu: „Wir schaffen
Leben nicht von Grund auf neu. Wir nehmen das Material des
Lebens, die Bausteine der DNS, und setzen sie neu zusammen. Wir
bauen also auf mehr als drei Milliarden Jahren Evolution auf."[77]

Inzwischen wurden die Methoden und Techniken der synthetischen Biologie weiter entwickelt. 2013 verfeinerten die Genom-
Architekten das Verfahren für die Erbguttransplantation zwischen
zwei Bakterienarten. Sie präsentierten das Resultat im Fachjournal
Science: ein Bakterium mit einem künstlichen Genom.[78] Es scheint
also die Verwandlung toter Materie in eine zwar primitive, aber
doch lebendige Kreatur gelungen zu sein. „Das ist ein wichtiger
Schritt, glauben wir, sowohl wissenschaftlich als auch philoso-
phisch", kommentierte *Venter* diesen Erfolg. „Es hat sicherlich meine
Sicht über die Definition des Lebens geändert und darüber, wie
Leben funktioniert."[79] Doch *Petra Schwille*, Biophysikerin und
Direktorin des Max-Planck-Instituts für Biochemie in Martinsried
bei München, gibt unumwunden zu: „Je mehr wir über die Lebens-
prozesse wissen, desto rätselhafter wird der Übergang von toter zu
lebendiger Materie."[80]

Dennoch stellt sich die Frage, ob es sich hier um etwas wirklich
Lebendiges handelt oder ob das Ganze nicht eher als eine Art „technisches" Leben bezeichnet werden muss. „Momentan sind wir weit
davon entfernt, einen Organismus am Reißbrett zu entwerfen",
schränkt *Hans Lehrach* vom Max-Planck-Institut für Molekulare Ge-
netik in Berlin ein.[81] Langfristig seien Kunstorganismen mit neuen
Eigenschaften aber denkbar. Immerhin: Die Grenze zwischen Leben
und Nicht-Leben droht mit der synthetischen Biologie (und mit
dem, was noch von ihr zu erwarten ist) verwischt zu werden.

Eine Stellungnahme der Deutschen Forschungsgemeinschaft
kommt zu dem Schluss: „Weil sich bei einigen Anwendungen die
Grenzen zwischen Lebendigem und Technisch-Konstruiertem ver-
wischen, hat dies in der Öffentlichkeit zu der Besorgnis geführt,
dass hier der Mensch ethische Grenzen überschreite. Dabei wird
argumentiert, dass die Identität des Lebendigen leide, wenn neuarti-

ges Leben geschaffen werde, und dass sich der Mensch durch solche Eingriffe zum Schöpfer aufspiele. Dem wird entgegengehalten, dass eine Beeinflussung der natürlichen Evolution keineswegs grundsätzlich ethisch unzulässig sei und auch nicht den Respekt vor dem Leben schmälern müsse. Mit der Anwendung der Synthetischen Biologie sind zudem erhebliche Nutzenpotenziale verbunden, wie etwa für die Medizin oder den Umweltschutz. Aus ethischer Sicht bedarf es einer angemessenen Beurteilung und Abwägung gegen mögliche Risiken der Synthetischen Biologie. Solche und andere Fragen müssen im Diskurs mit allen gesellschaftlichen Gruppen erörtert werden."[82]

Die Produkte der synthetischen Biologie rufen selbstverständlich auch die Theologen auf den Plan. Doch beruhigend hält der Marburger Systematiker *Peter Dabrock* fest: „Selbst die ambitioniertesten Visionen beruhen letztlich auf den in der Natur vorgefundenen zellulären Strukturen und Funktionsweisen. Der kategoriale Unterschied zwischen göttlicher Schöpfung und ausgefeilter, modifizierender menschlicher Kopie kann daher vom theologischen Standpunkt aus nicht unterlaufen werden, sondern wird in jedem Akt synthetisch-biologischen Arbeitens immer schon vorausgesetzt. ... Der Mensch tritt hier tatsächlich weniger als Homo creator denn als Homo plagiator auf."[83] Man könnte auch sagen: Der Mensch ist ein Homo imitator.

Kritische Fragen

Beschreibung = Erklärung?

Es ist eine weit verbreitete Auffassung, dass alles, was naturwissenschaftlich in seinen Erscheinungsformen und den ihnen zugrundeliegenden Gesetzmäßigkeiten *beschrieben* werden kann, damit auch schon *erklärt* sei. Auf diese feine Unterscheidung hat der Philosoph *Ludwig Wittgenstein* bereits vor fast 100 Jahren aufmerksam gemacht: „Der ganzen modernen Weltanschauung liegt die Täuschung zugrunde, dass die sogenannten Naturgesetze die Erklärungen der Naturerscheinungen seien. So bleiben sie bei den Naturgesetzen als bei etwas Unantastbarem stehen, wie die Älteren bei Gott und dem

Schicksal. Und sie haben ja beide Recht und Unrecht. Die Alten sind aber insofern klarer, als sie einen klaren Abschluss anerkennen, während es bei dem neuen System scheinen soll, als sei *alles* erklärt."[84]

Die Naturgesetze *beschreiben* das *„Wie"*, sie erklären aber nicht das *„Warum"*. Sie bedürfen selbst der Erklärung. Und zwar der Erklärung, *woher* die Gesetze kommen, *warum* sie so sind, *wer* oder *was* der letzte und eigentliche Grund dafür ist, dass die Gesetze *so* sind und nicht anders. Im Fall des Lebens: *woher* die grundlegenden materiellen Elemente ihre Information zur Produktion und Organisation von „Leben" nahmen, *wer* oder *was* ihnen den „Bauplan" zum Leben gleichsam eingestiftet hat. In sich besitzen sie keine schöpferische Qualität und schaffen aus sich heraus kein Leben. Das gibt auch der Astrophysiker *Stephen Hawking* in seinem Buch „Eine kurze Geschichte der Zeit" offen zu. Er stellt sogar die Frage, wer denn den Naturgesetzen eine Natur schafft, an und in der sie als Ordnung der Natur wirksam werden können.

Grundsätzlich muss man sich fragen, ob die naturwissenschaftlichen Forschungsergebnisse wirklich immer so objektiv und „neutral" sind, wie vorgegeben wird und wie die meisten Zeitgenossen annehmen. Als eine Art von „Initialzündung" bestimmt ein „erkenntnisleitendes Interesse" (*Jürgen Habermas*), das Objekt des Forschens und weitgehend auch die Arbeitsmethoden. Jeder Wissenschaftler geht mit einer Vermutung, mit einem „Verdacht", mit einer Erwartungshaltung und mit einem ganz persönlichen „Background" an seine Forschung heran. Entsprechende Modelle und Prämissen legen von vornherein bestimmte Interpretationen nahe. Dazu braucht man nur Publikationen von Forschern unterschiedlicher weltanschaulicher und Auftraggeber-abhängiger Provenienz miteinander zu vergleichen. Schon die Behauptung, objektive, wert- oder ideologiefreie Wissenschaft sei grundsätzlich möglich, steht unter Ideologieverdacht.

Erschwerend für eine möglichst objektive Herangehensweise, für die Auswertung und für die Einordnung der Forschungsergebnisse kommt hinzu die derzeitige Ökonomisierung von Bildungseinrichtungen und Wissenschaftsbetrieb, die sich häufig über Kennzahlen, Rankings und eingeworbene Drittmittel definiert und die früher selbstverständliche (jedenfalls nehmen wir das so an) Ehrlichkeit häufig in Frage stellt. Ein Symptom dafür sind die systematischen Fälschungen bei Medikamentenstudien, über die immer wieder berichtet wird. Pointiert könnte man sagen: Der aktuelle Stand der Wissenschaft ist nur der derzeit gültige Irrtum.[85]

Eigenständigkeit der Natur

Sicher kommt der Natur aufgrund der ihr innewohnenden Ordnung eine nahezu unbeschränkte Eigenständigkeit, Dynamik und Entwicklungsfähigkeit zu. Sie ist aber nicht gänzlich autonom im Sinn einer grundsätzlichen Unabhängigkeit und Selbsterschaffung, wie das beim Entstehen von Leben der Fall wäre. Leben stellt gegenüber der toten Materie eine wirklich neue Qualität des Daseins dar. Es ist nicht einfach eine komplexere Form von Materie, die passiv auf kausale Beeinflussungen reagiert. „Die Gesetzmäßigkeiten der Materie werden im Leben ‚überboten‘. Leben ist an eine Zelle oder eine Vielzahl von Zellen und komplexe *Organismen* gebunden, die nicht nur passiv reagieren, sondern aktiv agieren können, weil sie *offene Systeme* sind, die in und aus aktiven Beziehungen zu ihrer Umwelt leben und die über ein *organisierendes Zentrum* verfügen, das ihre Innenwelt und ihre Beziehungen zur Umwelt aktiv koordiniert und lenkt. Es kann nicht ausgeschlossen werden, dass hier neue Kräfte und ‚*offenere‘ Gesetzmäßigkeiten* als im Bereich der toten Materie wirksam sind“, so urteilt der Theologe und Ethiker *Ulrich Eibach*.[86]

Anhaltspunkte für „transzendente" Einwirkungen

Die Naturwissenschaft hat erstaunliche Erkenntnisse über die Entstehung, das Existieren und die Entwicklung des Lebens gewonnen. Sie versteht einiges von den Bauplänen des Lebens und von der Energie, die zum Leben nötig ist. Sie kennt die Bausteine des Lebens. Sie kann die Rahmenbedingungen schaffen, wie sie in der Natur bei der Entstehung des Lebens höchstwahrscheinlich vorgelegen haben. Dennoch ist es trotz all dieser bewundernswerten Kenntnisse zumindest bis heute bei Experimenten nicht gelungen, Leben im Labor zu erzeugen.

Sollte es dennoch in absehbarer Zeit möglich sein (was ich für eher unwahrscheinlich halte), so ist zu bedenken, dass dabei lediglich zurückgegriffen wird auf Gesetzmäßigkeiten und Bauelemente, die in der Natur vorgefunden wurden. Dass also die Erkenntnisse bei der Erforschung des („zufällig" entstandenen?) schon vorhandenen Lebens nur konsequent angewendet und exakt geplant in die Tat umgesetzt werden. Solche gelungenen Experimente würden dann lediglich zeigen (und beweisen), „dass es möglich ist, dass Leben in dieser Weise entsteht, wenn eine kreative und intelligente Information zu den zusammengestellten materiellen Teilen und physikalischen Kräften hinzukommt, durch die die entscheidenden Bedingungen für die Entstehung von Leben erst in ein von Menschen hergestelltes System eingespeist werden. Die Experimente sprechen also nicht dafür, dass das Leben in der Geschichte der Natur von selbst aus toter Materie entstanden ist, sondern eher dafür, dass es für das Entstehen von Leben ‚intelligenter Information' bedurfte, deren Woher dann zu klären ist."[87]

Die Experimente würden auch kaum etwas darüber aussagen, *wie* Leben in der Natur wirklich entstanden ist. Denn sie sind aufgebaut gemäß den unterschiedlichen Hypothesen darüber, unter welchen Anfangs-, Umwelt- und also Rahmenbedingungen Leben entstanden sein kann.

„Reanimation"

Sollte es in absehbarer Zeit tatsächlich den Forschern gelingen, wirkliches Leben aus „toter" Materie herzustellen, dann müsste es eigentlich auch möglich sein, eine tote Zelle wieder lebendig zu machen. Kurz gesagt: Tote zum Leben zu erwecken.

Nach heutigem Wissensstand ist der Zelltod genetisch programmiert. Ist das „Todes-Programm" erst einmal in Gang gekommen, so ist der Prozess des Sterbens der Zelle nicht mehr zu stoppen. Er ist irreversibel. Die bei Unfällen oder plötzlichem Herzstillstand angewandte „Reanimation" ist keine wirkliche Wieder-„Belebung", sondern (nur) ein „Wieder-in-Gang-Bringen" des Atem- und Kreislaufstillstandes, und sie muss möglichst rasch nach Eintreten des Ereignisses in die Wege geleitet werden. Die Zeit, die bis zum Beginn von Reanimationsmaßnahmen vergeht, ist für die weitere Lebenserwartung entscheidend. Pro Minute, die bis zum Beginn der Herz-Lungen-Wiederbelebung verstreicht, verringert sich die Überlebenswahrscheinlichkeit des Patienten um etwa 10 Prozent. Eine Vielzahl von Patienten, die einen Kreislaufstillstand überlebt haben und „reanimiert" wurden, trägt erhebliche neurologische Schäden davon.

Bei einer abgestorbenen Zelle verhalten sich die Moleküle schon nach relativ kurzer Zeit wieder so wie im unbelebten Bereich. „Es hat den Anschein, als ob eine *immaterielle* Lebenskraft entwichen sei." Doch eine solche darf es nach verbreiteter und vorherrschender (naturalistischer) Meinung nicht geben. „Will man das Besondere des Lebens gegenüber der Materie dennoch nicht bestreiten, so bliebe nur die Möglichkeit, eine besondere, bisher nicht bekannte gleichsam ‚physikalische Lebenskraft' zu postulieren, die mit den derzeitigen naturwissenschaftlichen Methoden noch nicht beschrieben werden kann, die aber ‚irgendwie' physikalischer Art sein muss und durch deren Wirkungen das Leben erst entstehen und funktionieren kann. Damit könnte die Geschlossenheit der materiellen Welt gegenüber nicht physikalisch fassbaren ‚geistigen Kräften' festgehalten werden. Allerdings ist eine solche *noch nicht*, aber angeblich grundsätzlich doch eines Tages physikalisch beschreibbare Kraft nur ein ‚Postulat' aus der ‚metaphysischen Hypothese' von der Verschlossenheit der physikalisch beschreibbaren Welt gegenüber nicht physikalischen ‚geistigen' Kräften."[88]

Zweck des Lebens

Unbeantwortet ist auch die Frage, *warum* und *wozu*, zu welchem Zweck und Ziel, Leben entstanden ist. Ist es bloßer Zufall, ist es eine Notwendigkeit oder eine Mischung von beidem oder steht dahinter ein nichtmaterieller letzter Grund, eine Ursache oder ein Verursacher, der das ganze Geschehen lenkt und ihm ein Ziel setzt? Wie kommen Menschen auf die Idee, sich nach dem Sinn ihres Lebens zu fragen, wenn das Leben selbst letztlich sinnlos und zwecklos entstanden ist?

Natürlich kann man behaupten, dass das Leben rein zufällig entstanden ist. „Das erklärt aber noch lange nicht, *warum* der Zufall die Wirklichkeit des Lebens hervorbringt. Der Zufall hat ebenso wenig von sich aus eine schöpferische Potenz oder eine kreative Idee wie die Naturgesetze. Zudem muss man fragen, wer den Zufall denn so in einen Plan überführt, dass eine Ordnung entsteht, die Leben hervorbringt. Und wenn man behauptet, der Zufall und die Notwendigkeiten der Naturgesetze hätten gemeinsam *notwendig* Leben in den Formen hervorbringen müssen, wie wir sie heute vorfinden, dann muss man fragen, wer ihnen diese Notwendigkeit und Kreativität eingepflanzt hat."[89]

Man kann dagegen sagen, dass bei einer unendlich großen Zahl von Universen oder einem ebenfalls quasi unendlich langen Entwicklungszeitraum auf der Erde jede in der Natur angelegte Möglichkeit irgendwann von selbst realisiert wird. Es muss eben nur lange genug gewürfelt werden, dann kommt irgendwann das gewünschte Ergebnis schon heraus. Aber eine derartige Antwort ist keine naturwissenschaftliche, experimentell verifizier- und falsifizierbare Auskunft, sondern eine schlichte Annahme. Man könnte auch sagen: eine „„metaphysische Hypothese‘, ... die alles damit erklären will, dass in der Unendlichkeit des Weltalls alle Möglichkeiten des Alls irgendwann auch von selbst realisiert werden und dass wir zufällig in dieser Welt leben, wo die Möglichkeit von Leben mit Bewusstsein und Intelligenz realisiert ist"[90].

Die Zunahme des Wissens führt zu neuen Fragen

Vermehrtes Wissen lässt zwar den Wissensstand wachsen und zunehmend unüberblickbar und schier unendlich werden. Jede Zunahme der Beschreibung und Erklärung von Naturphänomenen lässt aber merkwürdigerweise das *Unerklärte* nicht weniger werden, sondern stattdessen noch wachsen. Obendrein wird es dabei oft auf eine tiefere, ja eine naturwissenschaftlich nur bedingt oder überhaupt nicht mehr fassbare Ebene verschoben. „Hinter dieser erkenntnistheoretischen Lücke kann sich eine grundlegende ontologische Dimension und Tiefe des Daseins auftun, nämlich die, dass, je tiefer wir in unserer Erkenntnis in die Natur vorstoßen, wir uns immer mehr dem *Unbegreiflichen*, dem *Geheimnis der Schöpfung* und damit dem nicht mit naturwissenschaftlichen Methoden erfassbaren, ja dem Menschen überhaupt unfassbaren Grund des Seins, des erklärlichen wie des unerklärlichen Seins, annähern und in ihm den Schöpfer des Daseins erahnen, den wir nie mit unserer Vernunft *begreifen* können, von dem wir aber in einer tieferen Dimension, dem Herzen, *ergriffen* und zum Staunen über die Schöpfung und ihren Schöpfer herausgefordert werden können."[91]

Drang zum Leben

Die belebte Natur ist getragen von einem „blinden ziellosen Drang zu Leben", so der Philosoph *Arthur Schopenhauer.* Der Naturforscher *Charles Darwin* sprach sogar von einem *„struggle for life",* einem „Kampf ums Leben".

Die unbelebte Welt ist davon unberührt. Aber schon primitive Pflanzen wie Moose und Algen kämpfen ums Leben, ums Überleben. Und je höher ein Lebewesen entwickelt ist, desto zäher und hartnäckiger wird dieser Kampf geführt. Das Leben will leben, unbedingt leben. Das Leben liebt das Leben. Es wehrt sich mit aller ihm innewohnenden Kraft gegen das Nicht-Leben, gegen den Tod. Die Angst vor dem Nicht-mehr-Leben, die Todesangst, ist umso stärker ausgeprägt, je mehr ein Lebewesen zum Bewusstsein gelangt ist, je mehr es den Wert des Lebens erkannt hat. Am stärksten ist das beim Menschen der Fall.

Es scheint so, als ob in jedem Lebewesen eine unbewusste Ahnung liegt von einem Leben ohne Ende, von einem „ewigen Leben". Jedes Lebewesen scheint ergriffen zu sein von einer tiefen Sehnsucht nach immerwährendem Dasein, nach „Ewigkeit". *Friedrich Nietzsche* hat diesen Drang nach Leben unvergleichlich einprägsam zum Ausdruck gebracht in den viel zitierten Versen:

> „Die Welt ist tief,
> Und tiefer als der Tag gedacht.
> Tief ist ihr Weh –,
> Lust – tiefer noch als Herzeleid:
> Weh spricht: Vergeh!
> Doch alle Lust will Ewigkeit –,
> – will tiefe, tiefe Ewigkeit!"[92]

Könnte diese „Lust" nach „tiefer, tiefer Ewigkeit" Ausdruck sein einer unausgesprochenen Ahnung von einer eigentlichen und letzten „Quelle des Lebens" (Ps 36,10)?

Evolution – ziellos zielgerichtet

Die biologische Evolutionstheorie kann heute kaum noch ernsthaft bestritten werden. Sie ist durch Erkenntnisse aus diversen Teildisziplinen der Biologie weiter vervollständigt und ergänzt worden. Auch die Deszendenztheorie zum gemeinsamen Ursprung allen Lebens ist darin integriert. Doch längst sind noch nicht alle Fragen gelöst. Und immer wieder tauchen neue Probleme auf.

Selektion und Mutation

1859 veröffentlichte der britische Naturforscher *Charles Darwin* sein Buch „Über den Ursprung der Arten durch das Mittel der natürlichen Auswahl, oder die Erhaltung bevorzugter Rassen im Kampf um das Leben"[93]. Er fasste darin die zu seiner Zeit bereits vorhandenen Theorien und Hypothesen zur Evolution der Lebewesen zusammen und belegte sie durch eine Fülle eigener Beobachtungen und Entdeckungen. Er untermauerte damit die schon etwas länger unter Naturwissenschaftlern verbreitete Annahme, dass die Organismen im Laufe vieler Generationen einem beständigen, in sehr kleinen Schritten sich vollziehenden Wandel unterliegen. Letztlich können alle Arten auf eine einzige Stammart zurückgeführt werden, aus der im Laufe der Zeit immer wieder neue Arten hervorgegangen sind. Die Thesen des Buches verursachten Verwirrung und Aufruhr im viktorianischen England. Denn sie standen im eklatanten Gegensatz zur Bibel mit der darin vertretenen und bis dahin allgemein anerkannten Einzigartigkeit des Menschen.

Darwins besondere Leistung liegt in der Erklärung des Evolutionsmechanismus durch das heute noch immer gültige Prinzip der wechselseitigen Beziehung zwischen Variation (Mutation) und Selektion. *Darwin* hatte nämlich festgestellt, dass die Tier- und Pflanzenarten weitaus mehr Nachkommen erzeugen, als schließlich überleben oder sich fortpflanzen können. Gleichzeitig verändert sich aber ihre Bestandgröße kaum. Die Überproduktion von Nachkommenschaft, so erkannte *Darwin*, war zum Überleben notwendig: Die Nahrungsressourcen reichen nur für eine begrenzte Zahl von Individuen aus, darum findet ein Konkurrenzkampf ums Überleben statt, bei dem jene Individuen überleben, die sich gegenüber anderen – schwächeren – durchsetzen. Sie haben damit einen größeren Fortpflanzungserfolg. Diese natürliche Selektion bezeichnete *Darwin* als *„survival of the fittest"* (Überleben der Tauglichsten). Die bei diesem *„struggle for life"* (Kampf ums Leben) überlebenden Individuen geben ihre Erbanlagen an die Folgegeneration weiter. Weil die Individuen einer Population sich meist in einem oder mehreren Merkmalen unterscheiden, bewirkt die Selektion einen unterschiedlichen Fortpflanzungserfolg: die „fittesten" Individuen können länger überleben und mehr Nachkommen erzeugen, sie können Feinden besser widerstehen, Bedrohungen und Gefahren eher entkommen und sind widerstandsfähiger gegen Krankheiten und Umwelteinflüsse.

Allerdings wird durch den Selektionsprozess allein nichts Neues geschaffen. Es kann nur aus dem bereits Existierenden das für die konkrete Situation und für das Überleben am besten Geeignete ausgewählt werden. Nun sind aber die einzelnen Individuen in einer Population nie völlig gleich, sie unterscheiden sich in mehreren Merkmalen. Erst eine zufällige Variation oder Mutation von Bausteinen (Genen) kann Prozesse verändern oder die Art der Verwendung vorhandener Bausteine modifizieren. Solche Variationen oder Mutationen entstehen normalerweise durch Reproduktionsfehler bei den Genen, durch falsche Chromosomenpaarung oder durch den unvermeidbaren Kontakt mit natürlicher Strahlung (UV-Strahlen) oder toxischen Chemikalien. Die Mutationen in den Merkmalen sind zu einem gewissen Teil vererbbar. Bei der Evolution einer Population sammeln sich nach und nach vorteilhafte Mutationen an. Dabei erhöht sich die „Fitness" der Population, bis sich alle vorteilhaften Mutationen durchgesetzt haben. Verändern sich die Umweltbedingungen, fängt der Prozess von Neuem an.

Zufall und Notwendigkeit

Die Evolution hat viel, viel Geduld. Sie verläuft über weite Strecken in winzig kleinen, für ein Menschenalter kaum wahrnehmbaren und sich erst ganz allmählich hochsummierenden Schritten. Diese Entwicklung wird als Gradualismus bezeichnet. Aber im Laufe dieses langsamen Prozesses hat es immer wieder auch Progressionssprünge gegeben, die zu neuen Arten führen.

Viele solche *zufällige* Einzelereignisse können zusammen *nichtzufällige* Eigenschaften haben. So entstehen neuartige Organismen. Kleinste zufällige Anfangsvorteile können schließlich bei der Selektion ausschlaggebend sein. Zufällige Veränderungen von DNA-Information können über Eigenschaften von Organismen entscheiden. Ohne diese zufälligen Mutationen und Variationen wäre eine Vielfalt neuer Arten nicht möglich. Unterschiedliche Zufallsmuster waren Katalysatoren bei der Entstehung erster molekularer Verbindungen des Lebens.

Allerdings scheint diese „Theorie der rein zufallsbestimmten Variation" heute nicht mehr so selbstverständlich zu sein. Der Freiburger Psychosomatiker und Immunologe *Joachim Bauer* hält sie sogar für „nicht haltbar". Zwar haben Zellen, aus denen alle Lebewesen bestehen, die Fähigkeit, die Architektur ihres eigenen Erbgutes zu verändern. Doch „weder die Zeitpunkte, wann sie dies tun, noch die Art und Weise, wie sie es tun, sind zufällig. Veränderungen der genomischen Architektur ereignen sich vorzugsweise dann, wenn Lebewesen unter starkem ökologischem Stress stehen. Auch ihrer Art nach sind die Veränderungen nicht zufällig, sondern stellen einen kreativen Prozess dar, der Regeln folgt, die im biologischen System selbst begründet sind."[94] Der Zufall spielt sich immer in einem bestimmten, vorgegebenen Regelwerk ab. Er ist gleichsam „eingezäunt" von Rahmenbedingungen, die zwar etwas Neues und Anderes, aber nicht etwas beliebig Neues und Anderes entstehen lassen.

Eine Mutation kann für ein Lebewesen von Vorteil oder von Nachteil sein. So war beispielsweise der Birkenspanner ursprünglich ein weißer Falter, dessen Lebensraum vor allem Birkenstämme waren. Durch seine Färbung war er optimal vor Fressfeinden geschützt. Als im 19. Jahrhundert das Industriezeitalter begann und von den Fabrikschornsteinen gewaltige Mengen von Ruß in die Luft geblasen wurden, färbten sich viele Birkenstämme schwarz. Der Falter besaß keinen natürlichen Schutz mehr. Dank einer Mutation – infolge Einwirkung von Chemikalien oder veränderter UV-Strahlung – tauchten zunächst vereinzelt, dann immer häufiger schwarze Birkenspinner auf, die nun wiederum optimal an die jetzt ebenfalls schwarz gefärbten Birkenstämme angepasst waren und so das Überleben der Art sicherten. Denn im Regelfall wird sich diese Mutation allmählich innerhalb der Population verbreiten, weil eine erhöhte Fitness dazu führt, dass die Gene dieses Lebewesens häufiger an die nächste Generation vererbt werden können. Eine zufällige Mutation verschafft dem Schmetterling einen Selektionsvorteil. Der kann dem zu schwarz mutierten Falter allerdings zum Nachteil gereichen, wenn verbesserte Umweltbedingungen wieder zu weißen Birkenstämmen führen.

Beim Menschen am bekanntesten und am meisten gefürchtet ist die Mutation von normal wachsenden Körperzellen zu ungebremst wuchernden Krebszellen. Auch beim Alterungsprozess eines Organismus spielen somatische Mutationen eine Rolle.

Die Zufallsprodukte, wenn sie einmal entstanden sind, müssen bestimmten Gesetzen folgen. Zufall hängt ab von Notwendigkeit, könnte man zugespitzt sagen. Die Evolution des Kosmos im Großen und des Lebens im Kleinen folgt universellen Gesetzen, die in mathematischen Modellen darstellbar sind. Es lässt sich mathematisch aufzeigen, wie sich Strukturen selbst reproduzieren und verändern. Die bis heute herausgestellte „Besonderheit" der Evolution als etwas Einzigartiges verkennt den Status dieser Gesetze.

Ziellosigkeit und Zielrichtung

Auch gegen die Behauptung, die Evolution verlaufe gänzlich plan- und ziellos, regt sich bei einigen Wissenschaftlern Widerstand. Nach Meinung der amerikanischen Physikerin und Molekularbiologin *Evelyn Fox Keller* zeigt die biologische Entwicklung eine merkwürdige „Fähigkeit, Kurs zu halten trotz der Myriaden von Wechselfällen, die einen sich entwickelnden Organismus unvermeidlich heimsuchen"[95]. Auch verlaufen bei einem zufälligen Zusammentreffen verschiedener Wirkursachen die daraus möglicherweise resultierenden chemischen, physikalischen oder biologischen Prozesse ihrerseits nicht „zufällig", sondern durchaus gesetzmäßig ab – nämlich unumkehrbar.

Schon vor 100 Jahren hat sich der französische Theologe und Paläontologe *Pierre Teilhard de Chardin* intensiv mit diesen „Regeln" der Evolution befasst. Er versuchte, das eigenartige „Streben nach Ordnung" zu deuten. Er glaubte, in den Dingen einen merkwürdigen „Drang" nach Einigung, nach Einssein beobachten zu können – einen Drang freilich, der es nicht eilig hat. Die Evolution zeigt unendlich viel Langmut, die Entwicklung des Chaos zum Kosmos verläuft in unvorstellbar großen Zeiträumen. Aber je weiter sie fortschreitet, desto deutlicher wird im ungeordneten Sein der Drang nach Einheit erkennbar. Innerhalb der geschaffenen Dinge ist das am weitesten fortgeschrittene Produkt der Evolution, der Mensch, stärker davon geprägt als die Pflanze, die Pflanze wiederum mehr als der Stein. Auf den ersten Blick erscheint es geradezu paradox: Je komplexer, je vielfältiger das Sein eines Seienden sich darstellt, desto mehr ist es in sich geeint. Höchste Einheit zeichnet sich aus durch höchste Vielfalt. Das höchste Sein ist zugleich das komplexeste und das geeinteste Sein.

Joachim Bauer erklärt diesen Prozess damit, dass sich im Genom jedes Lebewesens genetische „Werkzeuge" befinden, die normalerweise vom Organismus unter strikter Kontrolle gehalten werden. Fällt aus irgendwelchen Gründen die Kontrolle aus, beginnen sie das eigene Erbgut umzubauen. Zum einen werden Gene von einer Stelle an eine andere umgesetzt. Zum anderen – und das ist bedeutender – werden Gene dupliziert, wobei die Kopien wieder ins Genom eingebaut werden. „Wenn Zellen einen Umbauschub anwerfen und Gene duplizieren, dann werden die Original-Gene, die als Vorlage für die Duplikation dienten, im weiteren Verlauf vor Mutationen aktiv geschützt, die Zelle konserviert also ihren ‚eisernen Bestand'. Dies ist der Grund, warum Menschen in ihrem Erbgut Hunderte von Genen haben, die sich bereits bei einzelligen Lebewesen finden lassen. Im Gegensatz dazu werden die Gen-Duplikate aktiv für Mutationen freigegeben, sodass hier durch zufällige Veränderungen etwas Neues entstehen kann. Zellen können also Einfluss darauf nehmen, wo sie dem Zufall Raum geben. Die Evolution folgt einer Art Standbein-Spielbein-Strategie: Aktive Bewahrung und gleichzeitig aktiv geförderte selektive Variation. ... Das ist der Grund, warum die Evolution systematisch in Richtung immer höherer Komplexität verlief."[96]

Das fundamentale Prinzip der Informationsübertragung aller Organismen ist in Nukleinsäuren (DNA und RNA) kodiert, und zwar in einem Alphabet, das selbst für die exotischsten Lebewesen in den Tiefen der Ozeane, in den Savannen Afrikas oder in den Eisregionen an den Polen fast gleich ist. Auch der Mechanismus des Ablesens und Kopierens dieser in den Genen enthaltenen Information ist universell. Es ist höchst erstaunlich, „dass die gleiche genetische Regulationssprache auch von evolutionär unsagbar weit entfernten Organismen gesprochen wird. ... Es gehört zu den unerwarteten Paradoxien, dass der so grundverschiedene Entwicklungsprozess von Insekten von den weithin gleichen, zumindest artverwandten Steuermolekülen und Steuersignalwegen geregelt wird wie bei Säugetieren", sagt der Molekularbiologe *Jens Reich*.[97]

Der Berliner Philosoph *Holm Tetens* greift zur Untermauerung der Vermutung einer im Letzten planvollen, vernünftigen und zielgerichteten Evolution auf zwei Thesen von *Wolfgang Stegmüller* und *Vittorio Hösle* zurück, „nämlich die STT-These, wie der ehemalige Münchener Philosoph und Wissenschaftstheoretiker *Wolfgang Stegmüller* sie genannt hat, STT = eine semantische Trivialität über Teleologie: Wenn sich etwas auf ein Ziel hin entwickelt, muss es ein mit Verstand und Willen ausgestattetes Wesen geben, das die Entwicklung auf das Ziel hin plant und steuert. Die zweite Prämisse ist das Verum-Factum-Prinzip, wie *Vittorio Hösle* es nennt und als wichtiges Prinzip neuzeitlicher Metaphysik und Erkenntnistheorie identifiziert hat: Etwas kann von einem Erkenntnissubjekt nur insoweit vernünftig erkannt und begriffen werden, als das Erkenntnissubjekt es nach einem vernünftigen Plan selber geschaffen hat."[98]

Anthropisches Prinzip

Die Physiker *John D. Barrow* und *Frank J. Tipler* veröffentlichten 1986 ein Buch mit dem Titel „The Anthropic Cosmological Principle". Sie wiesen darin auf die vielen Vorgegebenheiten hin („höchst merkwürdige Zufälle", wie sie es nennen), die zum Werden des Menschen in einem Universum führten, das perfekt auf unsere Existenz eingestellt zu sein scheint. Offenbar gab es im frühen Universum so etwas wie einen „evolutionären Pfeil" und eine „Feinabstimmung" der fundamentalen Naturkonstanten. Die enorme Vielzahl der Naturgesetze und Naturkonstanten im Universum ist exakt so aufeinander abgestimmt, dass sie Leben ermöglichen. Nur eine winzige Veränderung hätte ausgereicht, um das Universum unbewohnbar für jede Form von Leben zu machen. Dazu kommt, dass dies alles nicht nur einfach vorhanden ist, sondern dass wir nicht blind sind, sondern alles beobachten und wahrnehmen können. Wir haben Augen zum Sehen und das Universum ist nicht hinter einem undurchdringlichen Schleier verborgen, sondern es liegt offen vor unseren Blicken. Wären diese Eigenschaften auch nur geringfügig anders gewesen, hätte sich kein Leben und erst recht kein menschliches Leben entwickeln können.

Die beiden Physiker vertreten die Ansicht, dass alle evolutiven Prozesse im Universum und hier im Besonderen auf unserer Erde exakt auf das Werden des Menschen abgestimmt seien. Sie sehen darin ein „anthropisches Prinzip" (auf den Menschen bezogen; von dem griechischen Wort *ánthropos*, das bedeutet Mensch). Die Bezeichnung „anthropisch" ist allerdings nicht ganz korrekt, denn das Prinzip bezieht sich nicht allein auf menschliches Leben. Man sollte es eher „biotropisches" oder „biophiles" Prinzip nennen.[99]

Bei der Feinabstimmung der Naturgesetze und Naturkonstanten scheint es sich offenbar nicht um Ergebnisse einer „kosmischen Evolution" aus Zufall und Notwendigkeit zu handeln, sondern um feststellbare, für uns (noch) nicht tiefer begründete und begründbare Voraussetzungen für Leben.[100] Der Astrophysiker und Wissenschaftsjournalist *Reinhard Breuer* benennt diese entscheidenden Voraussetzungen:

„Auf der Erde gibt es eine Lebensform mit Bewusstsein, eine beobachtende Intelligenz. Wie muss das dazugehörige Universum aussehen? Diese Frage kann nicht beantwortet werden ohne die folgenden logischen Schritte:

• Bewusstsein setzt voraus, dass es Leben gibt;
• Leben braucht als Grundlage seines Entstehens chemische Elemente, vor allem auch solche, die schwerer sind als Wasserstoff und Helium[101];
• Schwere Elemente entstehen aber nur durch thermonukleare Verbrennung der leichten Elemente, also durch Atomkernverschmelzung;
• Atomkernverschmelzungen laufen jedoch nur im Innern der Sterne ab und benötigen wenigstens einige Milliarden Jahre, um größere Mengen an schweren Elementen zu produzieren;
• Eine Zeitspanne von mehreren Milliarden Jahren steht aber nur in einem Universum zur Verfügung, das selbst wenigstens einige Milliarden Jahre alt und damit einige Milliarden Lichtjahre ausgedehnt ist. ...

Daher kann die Antwort auf die Frage, warum das heute von uns beobachtete Universum so alt und so groß ist, nur lauten: Weil sonst die Menschheit gar nicht hier wäre."[102]

Mit dieser Einschätzung steht er längst nicht mehr allein. Der mehrfach ausgezeichnete amerikanische Physiker und Mathematiker *Freeman Dyson* kommt aufgrund seiner langjährigen Beobachtungen zu dem Ergebnis: „Wenn wir ins Universum hinausblicken und erkennen, wie viele Zufälle zu unserem Wohle zusammengearbeitet haben, dann scheint es fast, als habe das Universum in gewissem Sinn gewusst, dass wir kommen."[103] Auch der Paläobiologe *Simon Conway Morris*, der sich als „bekennender Darwinist" bezeichnet, weist darauf hin, wie viele Physiker von der Tatsache beeindruckt sind, dass das Universum genauso konstruiert zu sein scheint, dass darin Leben überhaupt möglich ist. „In gleicher Weise bin ich beeindruckt von dem, was ich die Inhärenz der Natur nenne, also die innere Notwendigkeit, mit der sich alle evolutionäre Entwicklung vollzieht. Ich kann mir nicht vorstellen, dass es sich dabei um nichts als um einen Unfall handeln soll."[104]

Sicher, das Anthropische Prinzip kann nichts erklären. Es sagt weder etwas darüber aus, wie die beobachteten Feinabstimmungen im Universum zustande gekommen sind, noch warum wir diese und überhaupt irgendetwas beobachten können. Es kann uns aber die Augen dafür öffnen, dass manche Eigenschaften unseres Universums gar nicht so selbstverständlich sind, wie wir annehmen und wie manche Wissenschaftler meinen, behaupten zu müssen. Das Prinzip drückt „das akzidentelle Residuum des menschlichen Wissens über die Natur aus. In dieser Funktion, die nichts mit dem epistemischen Idealismus oder mit dem Wiederaufleben von teleologischem Denken zu tun hat, könnte es auch weiterhin von bleibendem Nutzen sein.“[105]

Evolutionäre Ethik

Nach derzeitigem Wissensstand scheinen sich die kulturellen Leistungen beim Menschen parallel zu biologischen Entwicklungen herausgebildet zu haben. Unser moralisches Verhalten und Handeln – oder, was wir jeweils dafür halten – ist nicht im luftleeren Raum entstanden, sondern besitzt eine natürliche, evolutionsgeschichtliche Grundlage. Bereits vor dem Entstehen der menschlichen Zivilisation lassen sich moralähnliche Entwicklungen im Tierreich beobachten. Der Kognitionsbiologe *Ludwig Huber* glaubt, dass unsere moralischen Empfindungen auf originär „nicht-exklusiv-menschlichen" Verhaltensweisen beruhen: „Fürsorge, Entwicklung sozialer Spielregeln, Strategien ihrer Durchsetzung, Befähigung zu Bindung und Freundschaft, Konfliktlösung und gegenseitige Hilfe, aber auch ... Fähigkeit zur Manipulation anderer, schließlich Empathie. ... Im Laufe der Evolution haben sich Verhaltensweisen durchgesetzt, die zu gemeinsamen Zielen beitragen, indem allgemein akzeptierte soziale Regeln eingehalten werden. Sozialer Druck, ... Konformismus und Streitschlichtung durch unbeteiligte Ranghöhere sind hier zu nennen. Bei Schimpansen wurde auch soziale Kontrolle durch hochrangige Männer beobachtet. Daher ist wohl dem Evolutionsbiologen *Stephen Jay Gould* Recht zu geben, wenn er fragt: ‚Warum sollte unsere Bösartigkeit das Gepäck einer äffischen Vergangenheit und unsere Gutartigkeit etwas exklusiv Menschliches sein? Warum

sollten wir nicht auch hinsichtlich unserer ‚edlen' Eigenschaften
nach Kontinuität mit anderen Tieren suchen?'"[106]

Die sogenannte evolutionäre Ethik versucht, jene Prozesse zu beschreiben und zu rekonstruieren, die zur menschlichen Moral geführt haben:

* „Moral ist in der Evolution entstanden, weil sie maßgeblich zur
  Stabilisierung von Sozietäten beiträgt.

* Moral ist die Summe aller Wertvorstellungen und Normen innerhalb einer bestimmten Sozietät, die dem Aufrechterhalten dieser
  Sozietät dienen.

* In der Evolution des Menschen waren jene Gruppen im Vorteil,
  deren Mitglieder durch ein stabiles Band gemeinsamer Wertvorstellungen und Normen zusammengehalten wurden.

* Das Prinzip der Reziprozität (‚Wie du mir, so ich dir') ist eine
  starke Antriebskraft für moralisches Handeln.

* Eine entscheidende Voraussetzung für die Entwicklung moralischen Verhaltens war die Fähigkeit zur Ausbildung positiver
  Emotionen für andere (Mitgefühl, Sympathie)."[107]

Der britische Wissenschaftsphilosoph *Philip Kitcher* ist sich sicher:
„Ethik entsteht aus der Lebenspraxis unserer Vorfahren, den ‚Lebens-
experimenten' einer Reihe zielloser und sich ablösender Veränderungen." Die Frage, ob es „ethischen Fortschritt" gibt, beantwortet *Kitcher* mit einem klaren Ja, die Frage, ob es eine „ethische Wahrheit"
gibt – trotz der Existenz einer Anzahl „stabiler Sätze" – mit einem
klaren Nein. Die Mehrheit unseres Wissens ist gelernt, durch Erziehung und kulturelle Standards.[108]

Befürworter einer evolutionären Ethik weisen darauf hin, dass
Moral beim Menschen zwar *universell* ist, dass ihre Inhalte aber
von einer Kultur zur anderen und auch innerhalb einer Kultur von
Jahrhundert zu Jahrhundert durchaus variieren. Als Beispiele seien
nur der Wandel in der moralischen Wertung des Sexualverhaltens
oder der Todesstrafe genannt. Das heißt: Es gibt kein universelles
Werte- beziehungsweise Normensystem.

Dieser ethische Relativismus mag unbefriedigend oder gar bedenklich erscheinen. Gerade die gegenwärtige politische Situation
zeigt aber, dass es zu größten Komplikationen führen kann, wenn
versucht wird, allen Kulturen die gleichen Moralprinzipien („west-

liche Demokratiewerte") aufzwingen zu wollen. Was als moralisch gut oder schlecht gilt, ergibt sich oftmals aus der jeweils spezifischen soziokulturellen Tradition und den jeweiligen Lebensbedingungen der Menschen in einem Kulturraum.

Menschenwürde evolutionär begründbar?

Die Biologie kennt zwar eine (quantitative) Entwicklung zu immer komplexeren Strukturen und zum *„Survival of the fittest"*. Aber sie kennt keine Entwicklung hin zu einem *qualitativ* höheren und überlegenen Ziel. Eine qualitative Höherwertung des Menschen, eine besondere „Würde", kann aus der biologischen Evolution nicht abgeleitet werden. Eher das Gegenteil ist der Fall. Wenn dem am besten angepassten Lebewesen aufgrund seiner gelungenen Anpassungsstrategie eine „Würde" zukommen sollte, dann besäßen die Ameisen, deren Alter auf 100 Millionen Jahre geschätzt wird, eine viel höhere „Würde" als der Mensch, dessen bis heute ältestes gefundenes Fossil ein 2,4 Millionen Jahre alter bezahnter Unterkiefer ist. Und vermutlich werden die Ameisen auch den Menschen überleben. Der Theologe *Patrick Becker* vertritt die Ansicht: „Wenn im Evolutionismus das Menschenbild alleine auf eine biologische Basis gestellt wird, kann keine Würde begründet und aufrechterhalten werden. Die biologische – wie insgesamt naturwissenschaftliche – Herangehensweise besteht in der funktionalen Analyse von Vorgängen. Damit kann sie die gerade im Gegensatz zur Funktion definierte Würde nicht einholen. ... Sozialsysteme, Behinderteneinrichtungen und Obdachlosenküchen passen nicht in diese Logik ... Wer die Welt alleine biologisch beziehungsweise naturwissenschaftlich zu erklären versucht, muss die Ethik und die Menschenwürde (zumindest im aktuell vorherrschenden Verständnis) aufgeben. Wem dieser Preis zu hoch ist, der muss eine andere Quelle zu ihrer Begründung suchen."[109]

Ob in der Evolution der verborgene Plan eines ordnenden Prinzips (Gott) vorhanden ist, nach dem letztlich die Prozesse ablaufen oder ob sich doch alles „nur" durch „Zufall und Notwendigkeit" entwickelt, ist streng wissenschaftlich-empirisch nicht zu entscheiden. Die Frage bleibt offen. Mehr als eine dunkle, aber nicht unbegründete und unbegründbare Ahnung, dass in und „hinter" allen Prozessen vielleicht doch etwas mehr als blinder Zufall und pure Willkür stehen könnten, ist kaum zu erwarten.

Bei einem Vortrag „Wie das Neue in die Welt kommt" in der Katholischen Akademie Bayern in München bemerkte der Philosoph und Wissenschaftstheoretiker *Klaus Mainzer*, dass „heutige Wissenschaft die Jahrhunderte alte Vorstellung widerlegt, dass es zur Erklärung der Entstehung von immer komplexeren Ordnungen bis hin zu menschlichen Gehirnen mit Bewusstsein eines vorher festgelegten Plans bedürfe, der von einer überlegenen Intelligenz nach der Art eines göttlichen Handwerkers oder Ingenieurs vorher festgelegt werden müsste. Das sind nur Bilder aus einer vergangenen Berufs- und Alltagswelt, die in früheren Jahrhunderten zur Deutung des eigenen Lebens verwendet wurden. ... Weder bestätigt heutige empirische Wissenschaft einen Gott als Lenker der Evolution und Menschheitsgeschichte, noch widerlegt sie seine Existenz. Auch das gilt festzuhalten, da einige Evolutionsbiologen (z. B. *Richard Dawkins*) im Eifer des Gefechts Darwins Evolutionstheorie als Bestätigung ihres Atheismus auffassen. ... Mit Wissenschaft hat das ebenso wenig zu tun wie Kreationismus und ‚Intelligent Design'."[110]

Zeit – exakt vermessbares Nichts

Die Zeit ist tief in unserem Alltag verankert, ohne dass wir uns dessen immer bewusst sind. Sie begegnet uns auf Kalendern und Uhren, auf Terminplanern und Briefköpfen, auf Rechnungen und Computerscreens, so dass man sie fortwährend bei sich zu haben meint. Sie ist fast allgegenwärtig, analog oder digital, allzeit sichtbar und für Menschen auf unserer Entwicklungsstufe unmittelbar verständlich und klar strukturiert – in Sekunden, Minuten, Stunden. Wir können ohne nachzudenken mit diesem Symbol etwas anfangen. Der Soziologe *Norbert Elias* meinte: „Man denkt über die Zeit nach, aber weiß nicht recht, mit welcher Art von Gegenstand man es eigentlich zu tun hat. Ist Zeit ein Naturgegenstand? Ein Aspekt von Naturvorgängen? Ist sie ein Kulturobjekt? Oder täuscht die substantivische Form des Wortes ‚Zeit' vielleicht nur einen Gegenstandscharakter vor? Was zeigen die Uhren eigentlich, wenn wir sagen, sie zeigen die Zeit an?"[111]

Schaut man in ein etymologisches Wörterbuch, so lässt sich eine interessante Beobachtung machen. Im gesamten indogermanischen Sprachraum gehört der Wortstamm um „Zeit" zu der Wurzel für *dai*, das für „teilen, zerschneiden, zerreißen" steht. Das griechische *„daíesthai"* bedeutet „(ver)teilen". Auch das Wort „Dämon", (griechisch *„daímon"*, das heißt „Verteiler, Zuteiler des Schicksals)", gehört hierher.[112] Im Hinblick auf das lateinische Wort für Zeit, *„tempus"*, bedeuten „die Grundworte *tempus, templum* nichts anderes als Schneidung, Kreuzung: zwei sich schneidende Dachsparren bilden noch im Mund der späteren Zimmerleute nichts anderes als ein *templum"*[113].

Was ist überhaupt die Zeit? Bereits Bischof *Augustinus* stellte sich um 400 nach Christus diese Frage und gab eine berühmt gewordene Antwort: „Wenn niemand mich fragt, so weiß ich es; will ich dem Fragenden es auseinandersetzen, weiß ich es nicht: gleichwohl sagt' ich zuversichtlich, ich wisse, es gäbe keine Vergangenheit, wenn nichts vorüberginge, und wenn nichts käme, gäbe es keine Zukunft, und wenn nichts wäre, gäbe es keine Gegenwart."[114]

Merkwürdiges

Wir sagen, wir dürften „keine Zeit verlieren"; wir fragen uns aber nicht, wie das gehen soll. Wo haben wir die Zeit, die wir verlieren könnten, eigentlich versteckt? Und was geschieht mit der Zeit, die wir „verlieren"? Kann sie jemand finden? Beim Sport sprechen wir von „Zeitabnahme", die Zeit kann „gestoppt" werden. Kann man die Zeit überhaupt „stoppen"? Sie „läuft" seelenruhig weiter, auch wenn sie „gestoppt" wurde. „Die Zeiten ändern sich" – ändern sich wirklich die Zeiten? Oder ändern sich nicht vielmehr bestimmte Verhaltensweisen, Gewohnheiten, Dinge, Gegenstände, wir selbst? Zeit, so meinen wir, könne man „sich nehmen" oder „schenken", etwas könne Zeit „kosten", Zeit lasse sich „aufschieben", „gewinnen", „erinnern", „sparen" usw. Diese Redensarten ließen sich noch eine Weile fortsetzen.

Wir merken dabei gar nicht, dass sie, genau genommen, allesamt völlig unsinnig sind. Man braucht nur einmal etwas innezuhalten und solche Sätze überdenken, um zu merken, dass wir hier meinen, über etwas verfügen zu können, was wir gar nicht besitzen. Zeit kommt auf uns zu – unaufhaltsam, und sie geht wieder davon – unaufhaltsam. Wir können sie uns nicht „nehmen", auch wenn wir das manchmal sagen. Und wenn wir – wie in Goethes „Faust" – zum Augenblicke sagen möchten: „Verweile doch, du bist so schön", können wir sie trotzdem nicht festhalten, sie entgleitet uns genauso, wie wir sie nicht herbeirufen können. Wir „haben" gar keine Zeit, obwohl wir das sagen. Meistens behaupten wir freilich das Gegenteil (keine Zeit zu haben), aber das stimmt genauso wenig. Zeit ist uns (vor-)gegeben, wir können nicht über sie verfügen.

Wir können zwar die Zeit messen. Wie wir einen Raum vermessen. Mit den entsprechenden Geräten sogar ganz genau in Bruchteilen von Hundertstelsekunden. Aber die Zeit ist nicht ein „Etwas", wir können sie nicht „greifen", sie „ist" eigentlich nicht. „Zeit an sich" gibt es gar nicht. Sie ist nur erfahrbar in Bezug auf „etwas". Wir erleben sie als vorübergehenden Augenblick von etwas, als etwas, das keinen Raum füllt und keine Ausdehnung hat. Wir können sie aber unmittelbar nicht als „sie selbst" erleben.

Merkwürdig: Wir können etwas auf das Genaueste vermessen, was wir nicht greifen können, was gar nicht „ist". Gewiss, die Gravitation ist auch nicht greifbar, sie „ist" auch nicht ein Etwas. Aber wir spüren ihre Wirkung, wenn wir einen Gegenstand loslassen, den wir in der Hand halten. Doch was bewirkt die Zeit? Dass wir älter werden, könnte man sagen. Aber ist das eine Wirkung der Zeit? Ist die Zeit dafür verantwortlich?

Zeitenfluss

Wir empfinden die Zeit ähnlich einem Fluss von Ereignissen, die kommen und gehen und in die wir gleichsam eingetaucht sind. Gerade dieser ständige Wechsel, dieses fortdauernde Kommen und Gehen weckt die Frage nach dem Wesen der Zeit. Doch bisher ist es der Neurowissenschaft noch nicht gelungen zu erklären, warum wir die Zeit als eine Abfolge von Ereignissen im Rahmen von Ursache und Wirkung, also im Rahmen des Kausalitätsprinzips empfinden. Wir wissen letztendlich nicht, warum in unserem Empfinden die Ursache eines Ereignisses seiner Wirkung immer vorausgeht. Doch ohne dieses in uns verankerte „Grundwissen" könnten wir die Abfolge von Ereignissen nicht bestimmten Gesetzmäßigkeiten zuordnen.

Ohne das Prinzip der Kausalität wäre ein Überleben undenkbar. Wäre dem nicht so, kämen wir gar nicht auf die Idee, uns Gedanken über die Zeit zu machen. Ohne diese Grundordnung wäre es unmöglich, sinnvolle Entscheidungen zu treffen. Wir könnten uns ohne die Existenz eines zeitlich geordneten Ablaufs der Dinge nicht an Vergangenes erinnern. Jegliches Erleben und Erfahren wären ausgeschlossen.

Zeit und Raum

Ein Raum besteht aus mindestens drei Dimensionen, die wir genau vermessen können: Länge, Breite und Höhe. Das ist relativ einfach zu besorgen. Schwieriger wird es bei einem Blatt Papier. Länge und Breite sind schnell bestimmt. Aber die exakte Vermessung der Höhe bereitet Schwierigkeiten, weil sie extrem winzig, geradezu unmessbar ist. Doch wenn das Papier überhaupt keine messbare Höhe hätte, würde es nicht existieren. Dann wäre es eine zweidimensionale Fläche, die wir vielleicht auf ein Stück Papier gezeichnet hätten. Aber es wäre eben selbst kein Papier.

Das Blatt Papier würde aber auch nicht existieren, wenn man es nie hergestellt hätte. Für diese Herstellung wurde eine gewisse Zeit benötigt. Hätte es diese Zeit nicht gegeben, würde dieses Stück Papier nicht existieren. Genauso wenig wie alles andere, was vorhanden ist. Auch das muss irgendwann in einer bestimmten Zeit geworden sein. Ohne die Zeit als *eine* ursächliche Voraussetzung (neben Rohstoffen, Maschinen für die Herstellung usw.) gäbe es keine Wirkung (Blatt Papier), da jeder Wirkung eine Ursache vorausgeht und der Begriff „vorausgehen" ohne die Zeit seine Bedeutung verlieren würde.

Darum wird die Zeit auch als vierte Dimension bezeichnet. In

Einsteins Relativitätstheorie sind Raum und Zeit zu einer vier-dimensionalen Raumzeit vereinigt, zu einem „4-D-Raum". Gäbe es diese vierte Dimension, die Raumzeit, nicht, wäre auch keine der anderen drei Dimensionen (Höhe, Breite, Länge) möglich.

Und damit wäre auch die Wahrnehmung von „Raum" nicht möglich. Wir könnten uns nicht durch den Raum bewegen, um ihn uns anzusehen, noch nicht einmal unsere Augen bewegen, da jede Bewegung das Vorhandensein von Zeit erfordert. Wo keine Zeit existiert, ist die Existenz eines Raumes weder wahrnehmbar noch beweisbar, noch stünde sie in irgendeiner Form überhaupt zur Debatte.

Andersherum verhält es sich genauso: Ohne den Raum gäbe es keine Zeit. Denn ohne Zeit gäbe es keine Veränderung. Jede Veränderung setzt jedoch das Vorhandensein von Raum voraus, denn wo sich etwas verändert oder bewegt, muss auch Raum dafür vorhanden sein.

Der Augenblick

Etwas höchst Merkwürdiges ist auch der Augenblick, die unmittelbare Gegenwart. Wissenschaftler haben herausgefunden, dass wir alles, was uns begegnet und was wir sehen, hören und fühlen, mit einer minimal kurzen Verzögerung wahrnehmen. In diesem winzigen Augenblick – für uns gar nicht spürbar – muss das Gehirn entscheiden, welche Informationen es aus der gigantischen Flut von Eindrücken, die uns unsere Sinne fortwährend vermitteln, an unser Bewusstsein weiterleiten soll. Wir bekommen durch diesen vorgeschalteten Filter gar nicht alles zu sehen und zu hören, was unsere Augen und Ohren an Eindrücken und Geräuschen aufnehmen. Aus der riesigen Masse von Informationen, die unsere Sinne „anliefern", sortiert unser Gehirn Dinge heraus, die seiner „Meinung" nach weniger relevant für uns sind. Nur das, was es als besonders wichtig einstuft, erreicht unser Bewusstsein. Ob eine Wahrnehmung als wichtig eingestuft wird, hängt vorwiegend davon ab, ob wir eine ähnliche Situation bereits erlebt haben und ob wir sie hier und jetzt „brauchen" – etwa beim Überqueren einer Straße, beim Besuch eines Supermarktes, im Straßenverkehr. Oder ob wir sie (aufgrund der bisherigen Erfahrungen) „mögen", ob sie unseren (bisher gezeigten) Interessen entspricht.

Besonders wichtig sind jene Informationen, die uns (bzw. unserem Gehirn) „neuartig" erscheinen. Das fordert uns heraus, möglichst schnell zu lernen. Wenn etwas Neues, bisher noch nicht Dagewesenes wichtiger ist als Altbekanntes, und wenn (unserem Gehirn) unwichtig Erscheinendes unser Bewusstsein nicht erreicht, so werden wir unweigerlich mit jeder neuen Erfahrung zukünftig weniger „altbekannte" und mehr „neue" Dinge bewusst erleben. Denn unser Gehirn verfügt prinzipiell über keine begrenzte Aufnahmekapazität.

Aber unser Gehirn leistet noch mehr. Aus der unvorstellbar großen Flut an Einzelinformationen entscheidet es schließlich auch noch, welche davon im Ultrakurzzeitgedächtnis, welche im Kurzzeit- und welche im Langzeitgedächtnis abgelegt werden. Denn diese Gedächtnisse besitzen unterschiedliche Funktionsweisen.

Wir nehmen unsere Realität stets verzögert wahr – wenn auch nur in minimalem Ausmaß. Wann findet dann aber Gegenwart statt? Gibt es objektiv überhaupt eine Gegenwart? Oder ist die Gegenwart etwas rein Subjektives? Kaum ist sie da, scheint sie auch schon Vergangenheit geworden zu sein. Allerdings gibt es auch (in bestimmten Situationen) Augenblicke, gibt es manchmal eine Gegenwart, die nicht zu enden scheint. Lässt sich dann eigentlich von Gegenwart sprechen, wenn niemand weiß, wie lange sie dauert und wann sie wirklich stattfindet? Sehen wir die Gegenwart vereinfacht als einen Punkt auf unserer Zeitlinie, der sich in Richtung Zukunft bewegt und sich exakt zwischen Vergangenheit und Zukunft befindet?

Daraus ergibt sich ein weiteres Problem: Was ist eigentlich Vergangenheit? Weder Vergangenheit noch Zukunft sind ja zu irgendeinem erlebten Zeitpunkt existent. Um sie zu erleben, müssen wir sie erst wieder „vergegenwärtigen". Vergangenheit muss wieder Gegenwart werden. Aber nicht mehr „objektiv", sondern „subjektiv", gefiltert, vorsortiert durch unser Gehirn. Vergangenheit muss *erinnert* werden. Sie ist nichts anderes als eine Ansammlung von Informationen in unserem Kopf, die sich aus der bereits erlebten Gegenwart ergibt. Die Zukunft ist ohnehin offen.

Das intensive Tätigwerden des Gehirns zeigt, dass wir die Welt gar nicht „objektiv", so wie sie wirklich ist, wahrnehmen, sondern „subjektiv", nur so wie sie nach unserer Meinung, nach unserer gesammelten Erfahrung zu sein hat. Tiere erleben eine andere Welt. Wir erleben *unsere* Welt, aber nicht *die* Welt. Jede Erinnerung an Vergangenes unterliegt dieser Ordnung. Erinnerung ist ein Kompromiss aus Regeln und Erlebtem. Wenn mehrere Personen den Hergang eines Autounfalls berichten, erzählt jeder Zeuge seine Geschichte so, wie sie ihm sein Gehirn herausgefiltert und subjektiv aufbereitet hat. Er meint aber, dass sich die Dinge „objektiv", so und nicht anders, ereignet haben. Tatsächlich wird die Wirklichkeit aber nur so gesehen und gewertet, wie sie nach einer in unserem Gehirn funktionierenden je eigenen, individuellen Theorie erscheint. Insofern ist Wahrnehmung nur eine Hypothese über die „wirkliche" Wirklichkeit. Nicht mehr. Wahrnehmung ist subjektiv. Jeder Mensch nimmt seine Umgebung anders wahr. Jeder lebt sozusagen in „seiner Welt", hat andere Ansichten und Vorstellungen von dem, was richtig, falsch, wahr und unwahr ist.

Zeitempfinden

Jeder Mensch erlebt „seine" Zeit. Menschliches Zeitempfinden ist ein altersabhängiges Phänomen. Im Alter kommt uns die Zeit kürzer vor als in jungen Jahren. Denn die biologische „innere Uhr" des Menschen läuft mit zunehmendem Alter langsamer. Es passiert wenig Neues. Rückblickend erscheint daher die Zeit verkürzt. Anders in der Kindheit und Jugend. Hier passiert dauernd etwas Neues, noch nie Dagewesenes. Deshalb muss der Mensch laufend neue Eindrücke verarbeiten. Das Gehirn muss in aktiven Phasen deutlich mehr Informationen aufnehmen als in passiven Phasen. Die jeweiligen Zeiträume werden daher im Nachhinein als lang empfunden. Die Psychologen bezeichnen das als „Zeitparadoxon".

Auch unser Gemütszustand beeinflusst das Zeitempfinden. Sind wir nervös oder aufgeregt, tickt die Uhr schneller als gewöhnlich. Immer wieder wird davon berichtet, dass die Zeit, wenn man in eine lebensbedrohliche Notsituation gerät, fast stehen zu bleiben scheint. Später, wenn wir uns irgendwann an dieses Erlebnis wieder erinnern, ist es dann genau umgekehrt: Jene Augenblicke, die uns nur kurz, aber intensiv beeindruckten, kommen uns viel länger und anhaltender vor als jene, die wir als „lang" erlebten.

„Thermodynamischer Zeitpfeil"

Während man einen Raum von jeder beliebigen Seite ausgehend vermessen kann, ist das beim Vermessen der Zeit nicht möglich. Sie „fließt" nur in eine Richtung. Die Physiker sprechen hier vom „thermodynamischen Zeitpfeil". Diese Bezeichnung steht für die Vorstellung einer eindeutigen und gerichteten Verbindung zwischen Vergangenheit und Zukunft. Er wurde zuerst von *Arthur Stanley Eddington* im Jahre 1927 geprägt.[115] Das Universum hat mit dem Urknall begonnen und dehnt sich seither aus. Ob es sich immer ausdehnen wird, ist nicht bekannt. Nach den derzeit vorherrschenden Berechnungen und Theorien sieht es so aus. Sollte sich aber das Universum wieder zusammenziehen, sähe dieser sich zusammenziehende oder vielleicht auch zusammenstürzende Kosmos anders aus als der vorausgegangene, sich ausdehnende, expandierende Kosmos. Denn er würde „Weltraumschrott", Sternenstaub, ausgebrannte Sterne und manche anderen „Verschmutzungen" enthalten.

Dieser Prozess ist unumkehrbar. Ein Beispiel mag das verdeutlichen: Man stelle sich eine Sandkiste vor, in der sich in der einen Hälfte weißer, in der anderen Hälfte schwarzer Sand befindet. Ein Kind läuft nun hunderte Male im Uhrzeigersinn durch die Sandkiste, bis der Sand vermischt und dessen Gesamteindruck grau ist. Nun läuft das Kind im Gegenuhrzeigersinn, wodurch der Ausgangszustand aber nicht mehr erreicht werden kann, sondern der graue Farbton nur noch gleichmäßiger wird. „Das Fortschreiten der Zeit bedeutet also, dass der Grad der Unordnung stetig und unumkehrbar zunimmt. Somit ist Entropie[116] die womöglich stärkste aller ‚Mächte', die es gibt. Jedes autarke System ist davon betroffen. Die Verschmutzung unserer Natur, Feinstaub, möglicherweise auch die Klimaerwärmung ist darauf zurückzuführen. Fast jeder Vorgang, der unsere Welt verändert, ist Teil der Entropie. Natürlich ist jeder davon betroffen. Und so müssen wir unbeholfen mit ansehen, wie unsere Leiden im Alter nicht gerade weniger werden und unsere Haut nicht straffer."[117]

Zeit und Ewigkeit

Alles Materielle oder Geschaffene ist dem Werden und Vergehen, und damit der Zeit unterworfen. Wir wissen, dass das Universum irgendwann einen Anfang gehabt hat, dass es „geworden" ist und dass es irgendwann ein Ende haben wird. Und wir fragen: Ist dann alles vorbei? Wird das „Etwas" in „Nichts" zerfallen? Gibt es eine „Zeit" *nach* der Zeit, die aber anders, ganz anders sein müsste als die „Zeit" *in* der Zeit?

Auch der Physiker und Mathematiker *Stephen W. Hawking* hat sich die Frage nach dem Über-die-Zeit-Hinausgehenden gestellt. Er sucht eine Antwort in der Annahme, dass es eine „imaginäre Zeit" geben könnte, die ohne Grenze, ohne Anfang und Ende ist. Es gäbe „keinen Raumzeitrand, an dem man sich auf Gott oder irgendein neues Gesetz berufen müsste, um die Grenzbedingungen der Raumzeit festzulegen. Man könnte einfach sagen: ‚Die Grenzbedingung des Universums ist, dass es keine Grenze hat.' Das Universum wäre völlig in sich abgeschlossen und keinerlei äußeren Einflüssen unterworfen. Es wäre weder erschaffen noch zerstörbar. Es würde einfach *sein*."[118]

Ist das eine befriedigende Lösung? Was meint *Hawking* überhaupt mit dem „einfach *sein*"? Versteht er es im Sinn von *Martin Heidegger*? Der sieht im *Sein* den Verständnishorizont, auf dessen Grundlage erst die Dinge in der Welt, das „Seiende", begegnen können. Wird das Sein zum Beispiel im Rahmen der christlichen Theologie aufgefasst, dann erscheint vor diesem Hintergrund alles Seiende als von Gott geschaffen. *Thomas von Aquin* sieht Gott als „das Sein selbst. ... Jedes andere Seiende ist ein Seiendes durch Teilnahme."[119]

Wenn Sein so interpretiert wird, kommt es einem Gedanken des Sozialphilosophen *Max Horkheimer* entgegen. *Horkheimer* war Jude und musste 1934 vor den Nazis in die Vereinigten Staaten fliehen. 1949 kehrte er nach Deutschland zurück. Er gilt als Mitbegründer der sogenannten Frankfurter Schule, einer philosophischen Gruppierung, die sich in den 30er Jahren des letzten Jahrhunderts zusammenschloss. *Horkheimer* fordert Gerechtigkeit gegenüber den Opfern ungerechter Gewalt. Die aber wird in der Geschichte niemals ganz verwirklicht werden können: Selbst in einer besseren Gesellschaftsordnung wird das nicht möglich sein. Vergangenes Elend kann nicht wiedergutgemacht werden. Es gibt eine „Sehnsucht nach vollendeter Gerechtigkeit, die es auf dieser Welt nicht gibt, die es auf dieser Welt nicht geben kann. Deshalb muss sie transzendent sein, die Welt übersteigen, im ganz ‚Anderen' ihre Heimat haben. ... eine Sehnsucht danach, dass der Mörder nicht über das unschuldige Opfer triumphieren möge." Die Religion, so der Atheist *Horkheimer,* könne dem Menschen bewusst machen, „dass er ein endliches Wesen ist, dass er leiden und sterben muss; dass aber über dem Leid und dem Tod die Sehnsucht steht, dieses irdische Dasein möge nicht absolut, nicht das Letzte sein, ... die Sehnsucht nach vollendeter Gerechtigkeit."[120]

Die „Sehnsucht nach vollendeter Gerechtigkeit, nach dem ganz ‚Anderen'" sehen christliche Theologen in der „Zeit" nach der Zeit, in der Ewigkeit. Damit aber stellt sich die Frage: Was ist Ewigkeit? Sie kann nicht eine „Welt"-Zeit sein, die über das Ende der Zeit hinaus ins Unendliche verlängert wird. Was Ewigkeit sein könnte, ist erkennbar aus den „einfachen Dingen". Diese Ansicht vertritt jedenfalls *Thomas von Aquin*: „Wie wir zur Erkenntnis der einfachen Dinge nur auf dem Wege über die zusammengesetzten (d. h. konkreten) gelangen, so kommen wir zur Erkenntnis der Ewigkeit nur durch die Erkenntnis der Zeit."[121] „Ewigkeit" kann keinem Werden und Vergehen, keiner Vergangenheit und Zukunft unterworfen sein. „Ewigkeit" ist somit eine Gegenwart, die nicht in Vergangenheit übergeht, ein „nunc stans", eine „ruhende Gegenwart".[122] „Die Idee der Ewigkeit geht auf die Unveränderlichkeit zurück, wie die Zeit auf Veränderung zurückgeht."[123] Ewigkeit ist gleichzeitig aller Zeit. Ewigkeit verhält sich sowohl zur Vergangenheit wie zur Zukunft in gleicher Weise gegenwärtig. Jeder Augenblick der Zeit ist der Ewigkeit gleich weit entfernt oder gleich nahe.

Vielleicht lässt sich das Verhältnis von Zeit zu Ewigkeit am ehesten vorstellen, wenn ich „Ewigkeit" mit dem Mittelpunkt eines Kreises vergleiche, der von der Peripherie, auf der die „Zeit" läuft, stets gleich weit entfernt ist. Ich mag auf dem Kreisbogen ansetzen, wo ich will, immer bin ich dem Zentrum gleich nahe. Das *„nunc stans"* (zeitlose Jetzt) ist aller Zeit gleich nahe. Alle Zeit ist „jetzt".

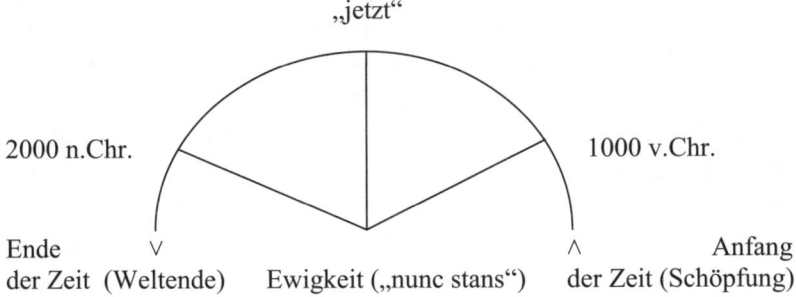

Der spätmittelalterliche Theologe und Philosoph *Meister Eckhart* beschreibt es so: „Das Nun, darin Gott den ersten Menschen schuf, und das Nun, darin der letzte Mensch vergehen wird, und das Nun, darin ich spreche, die sind gleich ... und sind nichts als ein Nun. ... darum ist in ihm (dem Menschen, der in der Gegenwart lebt) weder Leiden, noch Zeitfolge, sondern eine gleichbleibende Ewigkeit."[124]

Nikolaus von Kues sieht es ähnlich: „Du bewegst Dich mit allem, das sich bewegt, und stehst mit allem, das steht; und da es Dinge gibt, welche sich bewegen, während andere stille stehen, stehst Du, Herr, zugleich und bewegst Dich, schreitest fort und ruhst zugleich. Da sich Bewegen und Ruhen in Verschiedenem zur selben Zeit verschränkt findet, und nichts außerhalb Deiner zu sein vermag, so gibt es weder Bewegung noch Ruhe außerhalb Deiner. Allen diesen Dingen bist Du zu ein und derselben Zeit gänzlich gegenwärtig. Und dennoch bewegst Du Dich nicht und ruhst nicht."[125]

Sub specie aeternitatis

Zeit und erst recht „Ewigkeit" sind etwas höchst Rätselhaftes, Geheimnisvolles. Sie entziehen sich aller messbaren Leistung und begreifbaren Effizienz, aller Anschauung und Fasslichkeit. Zeit ist etwas uns (Vor-)Gegebenes. Eine Gabe, die unserem Zugriff entzogen ist und die wir letztlich wieder aus den Händen geben müssen. Zeit kommt auf uns zu. Sie ist etwas „An-künftiges" oder auch – aus menschlicher Perspektive betrachtet – etwas „Zu-künftiges". Sie ist etwas Vergängliches und etwas Werdendes. Oder auch umgekehrt: Sie ist weder Zukunft, noch Vergangenheit, noch Gegenwart. Sie *ist*. Oder *ist* sie vielleicht gar *nicht*? Ist sie etwas Veränderliches? Oder vielleicht doch etwas Unveränderliches? Etwas Vergängliches oder vielleicht doch etwas Unvergängliches? Etwas „Ewiges"?

Der Philosoph *Baruch Spinoza* forderte, menschliches Leben müsse geschehen *„sub specie aeternitatis"* – unter dem Blickwinkel der Ewigkeit. Der Ausdruck steht in seinem auf Lateinisch geschriebenen Hauptwerk „Ethica, more geometrico demonstrata". *Spinoza* verwendet das Wort, um die spezifische Sichtweise des Philosophen zu charakterisieren: Der philosophische Geist sieht die Dinge der Natur nicht in ihren vielfältigen äußeren und vielfach trügerischen Erscheinungsformen, sondern als die eine und einzige, unendliche und ewige Substanz, die *Spinoza* „Gott oder Natur" nennt (*deus sive natura*). Da *species* auch „Gestalt" bedeuten kann, übersetze ich *„sub specie aeternitatis"* etwas freier: „in der Gestalt der ewigen Substanz, als Gestalt Gottes".

Bewusstsein – Synapsengestöber im Hirn

Mit keinem Phänomen im Universum sind wir so innig verbunden wie mit unserem eigenen Bewusstsein. Unser Menschsein, unsere jeweilige Individualität als Person, unsere komplexen Interaktionen mit unserer Umwelt wären ohne Bewusstsein undenkbar. Doch trotzdem ist das Bewusstsein nach wie vor ein kaum gelöstes Rätsel der Wissenschaft. *Was* das Bewusstsein genau ist, *wie* es mit dem Gehirn zusammenhängt und *ob* es sich jemals neurobiologisch ganz erklären lässt, ist ungewiss und umstritten.

Die Hirnforscher sind sich weitestgehend einig, dass Wahrnehmen im Wesentlichen darauf beruht, dass ein ungeheurer Schatz von Vorwissen über die Beschaffenheit der Welt und des Lebens mit dem Wenigen verglichen wird, was über unsere fünf Sinne ins Gehirn gelangt. Erst durch diesen Vergleich werden die Inhalte der Wahrnehmung berechnet. Wenn wir etwas sehen, das aus der Erde herauskommt, einen breiten Stamm hat und sich danach vielfach verzweigt, sucht unser Gehirn nach ähnlichen Gestalten, die es gespeichert hat, vergleicht diese Wahrnehmung damit und kommt in Bruchteilen von Sekunden zu dem Schluss: Das ist ein Baum. Es handelt sich bei jeder Wahrnehmung also nicht um einen bloßen Abbildungsprozess, sondern um einen höchst komplizierten, synthetischen Akt, der sich auf eine unübersehbare, uns selbst gar nicht bewusste Fülle an Vorwissen stützt. „Gehirne sind Maschinen, die von der Evolution so erzogen wurden, dass sie bestimmte Leistungen erbringen in der Interaktion mit ihrer Umwelt."[126]

Grundsätzlich stehen sich beim Versuch, die Bewusstseinsvorgänge zu begreifen, zwei Positionen gegenüber: eine rein „materielle" und eine „nicht materielle", „spirituelle" Sichtweise.

Die materielle Sichtweise

Das materialistische Weltbild versucht, die den Menschen umgebende Welt und die in ihr ablaufenden Prozesse ohne geistige bzw. immaterielle Elemente zu erklären. In der Gegenwartsphilosophie wird für diese Weise des Denkens auch der Begriff „Physikalismus" verwendet.

In Bezug auf das Bewusstsein stellt sich also die Frage, ob es prinzipiell möglich sein kann, dass unser Bewusstsein aus einer bestimmten Anordnung und Dynamik von Materie entsteht. Lassen sich aus dem Wissen über die *physikalischen* Eigenschaften eines Systems verlässliche Aussagen über das Bewusstsein ableiten? Ist das Bewusstsein nichts anderes als ein Ausdruck neuronaler Schaltvorgänge des Gehirns? Lässt sich durch eine lückenlose Aufklärung sämtlicher physiologischer Gehirnprozesse die Frage nach dem Wesen und Funktionieren des Bewusstseins beantworten? Gesetzt den Fall, dass zwei verschiedene Lebewesen A und B sich in exakt dem gleichen neurophysiologischen funktionalen Zustand befinden (was mit naturwissenschaftlichen Methoden gemessen und überprüft werden kann), müssen dann A und B auch das exakt gleiche Bewusstsein haben? Müssen sie überhaupt beide ein Bewusstsein haben? Wäre es denkbar, dass A ein Bewusstsein besitzt und B nicht? Gäbe es dann Menschen ohne Bewusstsein, die haargenau so funktionieren, wie sie es jetzt tun, ohne dass es ihnen bewusst ist? Könnte sich dann eine genau nach diesem Funktionsmuster konstruierte und arbeitende Maschine (ein Computer, ein Roboter) genauso verhalten wie ein Mensch, ohne dass man dieser Konstruktion Bewusstsein zuschreiben würde?

Allein die Vorstellbarkeit derartiger Situationen zeigt, dass das Phänomen des Bewusstseins aus rein materieller Sichtweise kaum verstehbar erscheint. Eine vor vielen Jahren Aufsehen erregende Untersuchung kann das deutlich zeigen. Im Januar 1925 erhielt der Berliner Hirnforscher *Oskar Vogt* den brisanten Auftrag, das Gehirn des kurz zuvor verstorbenen Revolutionsführers *Wladimir Iljitsch Lenin* zu untersuchen. *Vogt* galt damals als einer der führenden Gehirnforscher. Er betrachtete psychische Erkrankungen, aber auch hervorstechende Begabungen vor allem als Krankheiten bzw. als besondere Konstellationen des Gehirns. Ziel seiner Studien war es, die physiologischen Grundlagen dieser Krankheiten ausfindig zu machen. Zusammen mit seiner Frau sammelte er dafür Gehirne von Verstorbenen samt deren Krankenakten und stellte Vergleiche an. Besonders interessiert waren die beiden an „Extremtypen". Ihr Plan war, eine umfangreiche Sammlung von Elite- und Verbrechergehirnen zusammenzutragen, um dem Sitz von Genialität oder kriminellen Handlungen auf die Spur zu kommen.

Bei der Obduktion der Leiche *Lenins* hatten die sowjetischen Ärzte das nach mehreren Schlaganfällen schwer in Mitleidenschaft gezogene Gehirn entnommen und in Formalin konserviert. Eine detaillierte Gehirnanalyse sollte nun ans Licht bringen, was sich hinter *Lenins* herausragendem Intellekt verbarg. *Vogt* konnte feststellen: Die dritte Rindenschicht offenbarte eine enorme Zahl von außergewöhnlich großen Pyramidenzellen (Nervenzellen, die nur in der Großhirnrinde des Menschen vorkommen). Damit habe *Lenins* Gehirn eine „bei weitem reichere Basis" als das eines Normalsterblichen. *Lenin* sei ein „Assoziationsathlet" – so *Vogt* – gewesen, ein Mensch mit ungewöhnlich ausgeprägter Assoziationsfähigkeit.

Die Sowjetregierung war zufrieden. Die Parteizeitung Prawda fand, der Befund sei „ein bedeutender Beitrag zur materialistischen Erklärung des Psychischen überhaupt"[127].

Heute wissen wir, dass die Hirnstruktur nichts über Begabungen, Charaktereigenschaften oder den Hang zum Verbrechertum verrät – genauso wenig, wie sich der Intellekt eines Menschen aus der Größe oder Architektur seines Denkorgans ablesen lässt. „Die fast neunzig Jahre alten Schnitte von Lenins Hirn befinden sich noch immer im Moskauer Institut für Hirnforschung, fein säuberlich beschriftet und durch mehrere Sicherheitstüren von der Außenwelt getrennt. Auch das Gehirn des Physikers, Dissidenten und Friedensnobelpreisträgers Andrei Dmitrijewitsch Sacharow wird dort scheibchenweise aufbewahrt. Damit ruhen die Denkorgane des Gründers der Sowjetunion und des Systemkritikers Seite an Seite. Trotzdem wird die Hirnforschung nicht herausfinden, wer von beiden der größere Geist war"[128]. Bis heute ist völlig ungeklärt, anhand welcher Kriterien eine Lösung des Problems überhaupt als solche erkennbar sein könnte.

Das Problem der „Bindung"

Einen hartnäckigen Stolperstein auf dem Weg zur Entschlüsselung unseres Bewusstseins stellt das sogenannte Bindungsproblem dar (der Begriff entstammt dem englischen Wort *„binding"*). Wie schafft es das Gehirn, aus einzelnen Nervenimpulsen ganzheitliche szenische Wahrnehmungen und Vorstellungen zu erzeugen?

Bei einem Vortrag „Philosophische Implikationen der Hirnforschung" brachte der bekannte Hirnforscher *Wolf Singer* folgendes Beispiel: „Wenn Sie einen bellenden Hund vor sich sehen und sein Fell streicheln, dann sind in Ihrem Gehirn fast alle sensorischen Areale gleichzeitig aktiv. Sie decodieren die Textur des Felles, die Samtheit, Sie decodieren das Gebell, Sie erkennen das Ganze als Hund über das Sehsystem, und dann haben Sie noch Areale des limbischen Systems, die emotionale Koalitionen hinzufügen, die signalisieren, dass der Hund sehr gutmütig ist und man keine Angst vor ihm haben muss etc. Nirgendwo im Gehirn ist ein singulärer Ort, an dem dieses Perzept des bellenden, samtigen, friedfertigen Hundes repräsentiert wäre."[129]

Der Mensch hat etwa 120 verschiedene Hirnrindenareale und diese arbeiten alle an verschiedenen Aufgaben. Allein 30 Areale befassen sich mit dem Sehprozess, mit den Farben, Formen, Bewegungen, mit dem Raum, dem Licht, der „Stimmung". Diese Fülle von Arealen hat jeweils unterschiedliche Funktionen. Und alles wird gleichzeitig getan und ist eng miteinander vernetzt. Wer oder was steuert das alles? Wie schafft es das Gehirn, aus einzelnen Nervenimpulsen, die das Sehen, Hören, Riechen, Fühlen, Schmecken etc. betreffen, eine ganzheitliche szenische Wahrnehmung und Vorstellung zu erzeugen? Und das alles in Bruchteilen von Sekunden!

Als Lösung für das Bindungsproblem wurde zunächst diskutiert, ob es vielleicht im Gehirn einen Bereich gibt, der ausschließlich für die bewusste Wahrnehmung zuständig ist. Doch trotz intensiver Suche konnte ein solcher Hirnbereich, der sozusagen das Bewusstsein repräsentieren oder zumindest steuern würde, bisher nicht gefunden werden. Es gibt keinen Flughafentower, der die Bewegungen der „Flugzeuge" lenkt und koordiniert. Und trotzdem das Erstaunliche: Es gibt bei der Wahrnehmung keine „Warteschleifen", keinen Stau. Alles verläuft scheinbar in einem einzigen Augenblick.

Zudem gäbe es dabei ein weiteres Problem: Zu der schier unendlichen Zahl an möglichen Sinneseindrücken (Hören, Sehen, Tasten, Riechen usw.) und für jede mögliche Kombination aus diesen Eindrücken müsste es mindestens eine Zelle geben, die diese Aufgabe übernimmt. Das aber ist selbst mit Milliarden von Hirnzellen nicht machbar.

Völlig unklar ist auch, auf welche Weise Informationen im Hirn überhaupt gespeichert werden, wenn gar kein Zentrum auszumachen ist, in dem Informationen zur Bewertung des „Inputs" zusammengeführt werden. Wer oder was entscheidet, was gespeichert werden soll, was nicht? Bei der Wahrnehmung eines vorbeifliegenden Vogels wird nur der Vogel gespeichert, nicht aber die Bäume, durch die er fliegt. Oder umgekehrt: Wenn ich gerade an den Bäumen Interesse habe, nehme ich die in ihnen umherflatternden Vögel gar nicht wahr.

Erstaunlich ist ebenso, in welch unerklärbar rasantem Tempo wir über unser Nichtwissen Bescheid bekommen. Meist können wir, wenn wir gefragt werden, sofort sagen, ob wir dies oder jenes wissen oder nicht. Warum wissen wir so schnell, dass wir etwas nicht wissen?

Ein weiteres rätselhaftes Phänomen ist das sogenannte „hyperthymestische Syndrom". Menschen mit diesem Syndrom können sich an so gut wie alles in ihrem Leben erinnern – jeder einzelne Tag, wie das Wetter war, wo sie gewesen sind, welche Kleidung sie trugen, was sie mit wem geredet haben. In den meisten Fällen scheint sich das enorme Gedächtnis vor allem auf autobiografische Begebenheiten zu begrenzen, also solche Dinge, welche die Person selbst erlebt hat. Das spiegelt sich auch in der Art des Erinnerns. So beschreibt eine mit diesem Syndrom begabte (oder darunter leidende) Frau, die Amerikanerin *Marilu Henner*, sie „reise" quasi innerlich an das entsprechende Datum zurück und sehe die Situation dann so, wie sie sich damals abgespielt hat – aus ihren eigenen Augen. *Henner* erinnert sich auf diese Weise sogar an Dinge, die sie mit nur 18 Monaten erlebt hat – ein Rätsel für die Hirnforschung, für die Erinnerungen vor dem zweiten Lebensjahr als sehr unwahrscheinlich gelten.[130] Manche Neuropsychologen meinen daher, das Gehirn dieser Frau sei funktionsgestört, weil ihm die Fähigkeit fehlt, Wichtiges von Unwichtigem zu unterscheiden und zu vergessen.[131]

Aber vielleicht vergessen wir gar nichts für immer, auch nicht das scheinbar Unwichtige. Vielleicht behält unser Gehirn tatsächlich alles im Gedächtnis – wie bei *Marilu Henner*. Es wird nur nicht abgerufen. Jeder hat es schon erlebt, dass, stimuliert durch irgendeinen Anlass oder durch eine bestimmte Situation, plötzlich längst vergessen geglaubte, manchmal sogar höchst unwichtige und banale Erinnerungen ins Bewusstsein gerufen werden. Gibt es also so etwas wie ein hyperthymestisches Syndrom bei allen Menschen? Wenn auch vielleicht nur ein „partielles" oder lediglich temporär aktives?

Religiöse Erlebnisse im Gehirn?

Das Gehirn besteht aus etwa achtzig Milliarden Nervenzellen, von denen jede einzelne Zelle mit zigtausenden anderen verbunden ist. Über das Funktionieren der Billiarden von Vernetzungen, die hier möglich sind, wissen wir so gut wie nichts. Wir wissen allerdings, dass (materielle) Hirnleistungen als Basis unseres Fühlens, Denkens und Handelns funktionieren. Mit den entsprechenden Apparaten lässt sich feststellen, in welchen Regionen des Gehirns sich diese oder jene Erlebnisse vornehmlich abspielen. Es lassen sich neuronale Aktivitäten oder Zustände finden, die direkt mit Bewusstseinsprozessen einhergehen.

Naturgemäß haben auch religiöse Vorstellungen die Wissenschaftler interessiert. Vor allem amerikanische Neurowissenschaftler haben Untersuchungen darüber durchgeführt, wo und wie sich religiöse Erlebnisse im Gehirn darstellen. Manche von ihnen werden daher gelegentlich etwas spöttisch als „Neuro-Theologen" apostrophiert. So konnte der kanadische Neurobiologe *Michael A. Persinger* durch Stimulationen des Schläfenlappens intensive religiöse Erlebnisse erzeugen.[132] Er deutete dies als Beweis dafür, dass alle Inhalte religiöser Erlebnisse nur „Hirnprodukte" und Illusionen seien. Allerdings geht *Persinger* von der „Projektionstheorie" der psychologischen Religionskritik aus, wonach Menschen nur deshalb an einen allwissenden und allmächtigen Gott glauben, weil sie als Säuglinge und Kleinkinder ihre Mütter als allwissend und allmächtig erlebt hätten. Wenn die „Existenz" Gottes von vornherein geleugnet wird, ist es nur allzu verständlich, dass man die Ergebnisse so deuten muss, wie *Persinger* es tut. Hinzu kommt: Die Probanden erlebten bei gleicher Stimulation ganz Unterschiedliches. So hatten die einen Gotteserscheinungen, andere die Erscheinung von Außerirdischen durch Ufos. Die Erlebnisse wurden offenbar mit Inhalten gefüllt, die bereits im Gehirn gespeichert waren und die kulturell bedingt sind. Würde man solche Stimulationen an Gehirnen vornehmen, die „leer" sind, in denen also noch keine kulturell vermittelten Gedächtnisinhalte vorhanden sind, könnten die Erlebnisse nicht „gefüllt" und gedeutet werden.

Andere Neurophysiologen mit anderem weltanschaulichen Hintergrund deuten ihre Experimente gänzlich anders und vertreten die Meinung, dass das Gehirn zur Wahrnehmung von Realitäten fähig ist, die jenseits einer empirischen Aufweisbarkeit liegen. So vertreten *Andrew Newberg* und *Eugene D'Aquili* die Ansicht, dass im Gehirn eine „transzendente Wirklichkeit" wahrgenommen werden könne.[133] Die Autoren sehen sich in ihrer Deutung vor allem in östlichen Religionen (Buddhismus, Hinduismus u. a.) und in den dort hauptsächlich durch Meditation erworbenen Transzendenzerfahrungen bestätigt, in denen die Differenz zwischen Subjekt (Ich, Bewusstsein) und Objekt (Körper, Welt), Geist und Gehirn (Materie), „Innen" und „Außen" in eine „höhere Einheit" (Nirwana u. a.) aufgehoben werde. Sie nehmen daher an, dass im Gehirn „Anlagen" entwickelt seien, die ein „Fenster" zur transzendenten Wirklichkeit, ja zum „Göttlichen" eröffnen. Die Evolution habe diese Fähigkeit des Gehirns nicht nur deswegen herausgebildet, weil damit die metaphysischen Probleme, welche die Erfahrung von Krankheit, Leid und Tod aufwerfen, rein subjektiv bearbeitet werden können, sondern weil es diese transzendente Wirklichkeit des „Göttlichen" tatsächlich gibt.

Doch mit alldem wird noch keine Erklärung für das grundsätzliche Zustandekommen solcher Prozesse geliefert. Wir erleben ja in uns selbst keine neuronalen Prozesse, sondern wir erleben Bewusstsein. Aber das Denken und Empfinden ist als Erlebtes etwas anderes als das, was sich in neurophysiologischer Perspektive zeigt. Ob es der Neurowissenschaft jemals gelingen wird, auf rein biologischer und damit letztlich physikalischer Ebene zu erklären, was Bewusstsein ist und wie es funktioniert, darf bezweifelt werden.

Nahtoderfahrung

Die materielle Sichtweise des Gehirns wird neuerdings ausgerechnet von einem renommierten Hirnforscher und Neurochirurgen, *Eben Alexander*, in Frage gestellt, der vormals eine eher materialistische Sichtweise des Gehirns vertrat. 2008 lag er sieben Tage lang im Koma.[134] Die Messgeräte, an die er angeschlossen war, zeigten keine Aktivität mehr an. Deshalb, so schreibt er, könnten seine Erinnerungen nicht auf Fehlfunktionen seines träumenden Unterbewusstseins beruhen. „Ich machte Bekanntschaft mit der Realität einer Bewusstseinswelt, die völlig frei von den Beschränkungen meines physischen Gehirns existierte. Meine Erfahrungen haben mir gezeigt, dass der Tod des Körpers und des Hirns nicht das Ende des Bewusstseins sind." Nach materialistischer Sicht des Gehirns sind Denken und Erleben in einem derartigen Zustand unmöglich. Sind aber vielleicht Gehirn und Bewusstsein doch zwei sehr verschiedene Dinge? „So ungemein kompliziert und mysteriös die tatsächliche Mechanik der im Gehirn ablaufenden Prozesse auch sein mag, im Prinzip ist es einfach: Wenn man den Stecker zieht, geht der Fernseher aus. Die Vorstellung ist zu Ende, wie sehr sie Ihnen auch gefallen haben mag. So oder ähnlich hätte ich es Ihnen erklärt, bevor mein eigenes Gehirn abstürzte."[135] Aufgrund seiner an sich selbst erlebten Erfahrungen vertritt *Eben Alexander* die Ansicht, sein Fall belege eindeutig, dass ichbewusste Erfahrungen nicht zwingend an die Funktion des Gehirns gebunden sind und es anders geartete Existenzbereiche gibt, die außerhalb der natürlichen Wahrnehmungen liegen. Welche das sein könnten, verrät er allerdings nicht.

Alexanders Deutung wird nicht von allen Wissenschaftlern geteilt. Die unterschiedliche Interpretation der Nahtoderfahrungen ist in hohem Maß von den kulturellen und weltanschaulichen Prägungen des Menschen bestimmt. Im Wesentlichen lassen sich zwei unterschiedliche Positionen bei den Erklärungsansätzen unterscheiden: eine ontologische und eine skeptische. Vertreter der ontologischen Position sind der Ansicht, dass es eine jenseitige Wirklichkeit gibt, die Menschen mit einer Nahtoderfahrung erleben können. Skeptiker sind der Ursache derartiger Erfahrungen allein in neurologischen Prozessen wie Sauerstoffmangel, gesteigerte Temporallappenaktivität und Veränderungen von Botenstoffen im Gehirn. Die Vermutung liegt nahe, dass sich das Gehirn die Zutaten für die Nahtoderlebnisse – ähnlich wie beim Traum – aus der Erfahrungswelt des Einzelnen zusammensucht. Erst wenn die Symbolsprache der Bilder entschlüsselt und übersetzt werden kann, können die Betroffenen das Erlebte besser verstehen und verarbeiten. Für einen „Gottesbeweis" sind die Nahtoderfahrungen jedenfalls nicht zu vereinnahmen. Objektivierbare Einblicke in ein angeblich kulturübergreifendes, paradiesähnliches Jenseits kann die moderne Hirnforschung nicht liefern.[136]

Die spirituelle Sichtweise

Bei einem Gespräch mit dem Tübinger Philosophen *Manfred Frank* stellte dieser sich die Frage: „Was soll denn das heißen, dass die Natur geistige Prozesse ‚verursacht‘? Wie könnte eine vernünftige Leib-Seele-Theorie aussehen? Warum ist uns bei manchen mentalen Zuständen irgendwie ‚zumute‘ und bei anderen nicht?"[137] Und er fuhr fort: „Die bloße Tatsache, dass von vielen Neurowissenschaftlern das Problem der sogenannten Erklärungslücke (die Unerklärbarkeit bewusster mentaler Prozesse aus unbewussten physischen Prozessen) wissenschaftlich ernst genommen wird, zeigt: Die Neurowissenschaften sind mit dem unter Philosophen verbreiteten Zweifel (an einer rein materiellen Erklärung des Bewusstseins, Anm. d. A.) gut vertraut. Dieser Zweifel entzündet sich daran, dass es den Neurowissenschaftlern nicht aus Gründen des Forschungsstands, sondern aus ganz prinzipiellen Gründen nie gelingen werde, Geist oder Seele auf neuronale Prozesse zurückzuführen." *Frank* schreibt dem Geistigen, dem Subjekt und seiner Subjektivität, ein Eigenleben zu. Das wirft das Problem auf: Woher kommt es? Er vertritt die Ansicht, dass „das ‚Ich‘ des Selbstwissens nicht reduzierbar ist auf das, worauf wir mit Namenwörtern oder mit Kennzeichnungen (‚ist ein soundso‘) Bezug nehmen. Wir können nicht das Wissen über uns selbst durch objektives Wissen über die Welt ersetzen, das geht einfach nicht. Dadurch fällt die Subjektivität eben aus der Welt heraus. ... Selbstbewusstsein ist eine einzigartige, nämlich eine reflexive Kenntnis, in der sich eine Person bewusst auf sich selbst richtet, aber auf sich selbst in gegenständlicher Position. Wie könnte sie aber dies Objekt-Ich als sich selbst – als das Subjekt, das sie ist – begreifen, wenn sie nicht vor dieser objektiven Präsentation schon ein ungegenständliches Bewusstsein von sich gehabt hätte? ... Alles Wesentliche, das wir mit den Gedanken der Menschheit verbinden, verknüpfen wir doch mit dem Gedanken der Subjektivität und nicht mit unserer Vorstellung vom Gehirn. Es sind immer noch Personen, Subjekte, die wir als Schöpfer von Literatur, Kultur oder Religion betrachten, und es sind Subjekte, die Einsicht haben in die Missbrauchbarkeit und Gebrechlichkeit von Subjektivität, wie sie in den – naturwissenschaftlich nicht ableitbaren – Menschenrechten kodifiziert ist. Wir sind voller Hochachtung vor der Komplexität des Gehirns. Aber wir haben Hirne und sind Iche. Das ist doch ein Unterschied, den wir im täglichen Leben ganz selbstverständlich machen."[138]

Auch der amerikanische Philosoph *Thomas Nagel* hat mit seinem Buch „Geist und Kosmos" einen scharfen Angriff auf den Alleinvertretungsanspruch der Naturwissenschaften für die Erklärung der Welt unternommen. Biologie, Chemie und Physik seien unfähig zu erklären, wie aus toter Materie Leben entstand und aus dummen Bakterien „Geist" und „Bewusstsein" wurde, so *Nagel*. Je mehr Einzelheiten wir über die chemische Basis des Lebens und die Vertracktheit des genetischen Codes erfahren, desto unglaubwürdiger werde die ganze Theorie. Damit diese eklatante Erklärungslücke nicht auffällt, flüchteten sich viele Naturwissenschaftler in einen materialistischen Reduktionismus. „Die großen Fortschritte in den physikalischen und biologischen Wissenschaften wurden durch den Ausschluss des Geistes möglich gemacht." Subjektivität zum Beispiel, das innere Selbsterleben des Menschen, werde auf einen neuronalen Juckreiz reduziert, auf ein „Synapsengestöber im Hirn" – Denken und Gefühle sind alles Moleküle.

Die Naturwissenschaften schauen nur von außen auf das Subjekt, während ihnen die mentale Innenwelt, das geheimnisvolle Universum des Selbstempfindens, unbegreiflich bleibt. Sie sind blind dafür, dass „wir große, komplizierte Fälle von etwas sind, das objektiv physikalisch von außen und subjektiv mental von innen ist". Eine künftige Naturwissenschaft, so fordert *Nagel*, müsse ihren Materialismus aufgeben, sie müsse die intelligible Evolution als etwas verstehen, das von Anfang an fähig ist, Geist hervorzubringen. Der Geist sei eben kein rätselhafter Nebeneffekt physikalischer Gesetzmäßigkeiten; keine nette Zusatzausstattung, die eines Tages „im Menü der Evolution" auftaucht – der Geist sei von Anfang an als Möglichkeit, als „Disposition" im Kosmos vorhanden und müsse deshalb als zentrales Faktum behandelt werden. Wenn Bewusstsein, Wahrnehmung, Wünsche, Absichten „eine natürliche Erklärung haben, dann waren die Möglichkeiten dazu dem Universum inhärent, lange bevor es Leben gab". Neurophysiologische Prozesse können kaum die einzige und alleinige Ursache des Denkens und Empfindens sein. Dass der Mensch „Geist" hat, ist einzigartig und grenzt an ein Wunder.[139]

Ein wie auch immer geartetes religiöses Erklärungsmodell für einen absichtsvollen Schöpfer, der alles aus dem Nichts erschaffen hat, lehnt *Nagel* jedoch ab. Ein „höherer Schöpfungsplan" sei keine „wirkliche Option". Es bleibt ihm dann nur noch als Alternative, die Materie aufzuwerten, indem er ihr Eigenschaften zuschreibt, die in einem theistisch-religiösen Modell als Eigenschaften Gottes genannt werden: Geist, Lebendigkeit und Zielgerichtetheit. *Nagel* favorisiert damit ein Modell, nach dem sich die Materie auf ein einziges Grundprinzip zurückführen lässt, sich auf bestimmte Zwecke hin orientiert und sich zur Erreichung dieser Zwecke selbst organisiert. Dieses Grundprinzip durchdringt die Welt, und die Identität des Menschen ist seine konkrete Ausgestaltung.

Der soziale Aspekt

Unserem Gehirn haben wir es zu verdanken, dass wir uns als Subjekt fühlen, dass wir „Ich" sprechen können. Doch dazu braucht es ein Gegenüber, einen Ansprechpartner, ein Objekt. Der Mensch ist (nach heutigem Kenntnisstand) das einzige Wesen, das ein ausdrückliches Ichbewusstsein entwickelt hat. Mit dem „Ich" umfasst der Mensch sein Selbst und bezieht sein Handeln und Denken, sein Fühlen und Wollen, sein Empfinden und Erleben auf einen einheitlichen Hintergrund. Erst der zum Selbstbewusstsein gelangte Mensch kann „Ich" sprechen. Zum Ichbewusstsein gelangt er durch die Erfahrung des Angenommen-Seins durch andere Menschen, durch Bezugspersonen. Ein ein- bis zweijähriges Kind spricht von sich selbst in der dritten Person. Es lebt noch in einer symbiotischen, undifferenzierten Einheit mit der es umgebenden Welt. Etwa ab dem dritten Lebensjahr, manchmal auch schon früher, fängt das Kind an, von sich selbst mit „Ich" zu reden. Ungefähr gleichzeitig beginnt es auch, seine Mitmenschen, zu denen es in näherer Beziehung steht, mit „Du" anzusprechen. Diese psychologisch und anthropologisch höchst interessante Tatsache macht deutlich, dass der Mensch seiner selbst als „Ich" in dem Augenblick bewusst zu werden beginnt, wo er auch der besonderen Beziehung zu einem anderen Menschen, zu einem „Du", innewird. Im Angenommen-Sein durch ein zweites „Ich" erkennt er sich selbst als „Ich". In der liebenden Zuwendung einer anderen Person erfährt er sich selbst als Person. „Ich werde am Du; Ich werdend spreche ich Du. ... Der Mensch wird am Du zum Ich", so formulierte es *Martin Buber*.[140] Das Baby entdeckt die Subjektivität am anderen, und im Prozess der sozialen Spiegelung hat es dann Gelegenheit, die Ergebnisse eigener Handlungen am anderen wahrzunehmen und sich auf diese Weise als jemand zu verstehen, der genauso ist wie die anderen. Kann das Kind die personale Beziehung zu einem Du nicht aufbauen, erleidet es seelischen Schaden. Denn ein Ich und noch ein Ich können auch beziehungslos nebeneinander und aneinander vorbei existieren. Die bloße kontaktlose Begegnung von einem Ich und einem zweiten Ich ohne jegliche Interaktion schafft noch keine Ich-Du-Beziehung.

Der Tübinger Psychologe *Wolfgang Prinz*, der nach einer Operation in einem Altenheim in Tübingen lebt, weist darauf hin, man habe schon in den achtziger Jahren des letzten Jahrhunderts herausgefunden, dass dieses „Selbstkonzept" in asiatischen Kulturen anders funktioniert als in westlichen. „Individuen in westlichen Kulturen empfinden sich überwiegend als autonome und unabhängige Subjekte; Individuen in asiatischen Kulturen dagegen mehr als Glieder in sozialen Netzen, die in wechselseitiger Abhängigkeit handeln. Mittlerweile hat die Forschung auch innerhalb von Kulturkreisen Unterschiede gefunden. Und was noch sonderbarer ist: Inzwischen wissen wir, dass man dieses Selbstverständnis sogar in Experimenten beeinflussen kann."[141]

Das Unbewusste

Noch wesentlich schwieriger wird das Ganze, wenn man den Fragenkomplex des Unbewussten hinzunimmt. *Sigmund Freud*, der „Entdecker" des Unbewussten, sah hierin das „eigentlich reale Psychische"[142], und er versuchte, unermüdlich aufzuzeigen, dass es psychische Vorgänge gibt, „die sich aktiv benehmen und doch nicht zum Bewusstsein gelangen"[143]. *Freud* konstatierte, dass alles Neue menschlicher Geistestätigkeit „einfallsartig gegeben ist".[144] Das menschliche Handeln, Denken und Fühlen wird von derartigen Prozessen entscheidend beeinflusst. Die genaue Herkunft dieser Einfälle kennen wir aber nicht. Wir verfügen über Denkresultate, deren Entstehung uns unbekannt bleibt. Wir erleben die Symptome, die Ursachen sind uns unbekannt. Umgangssprachlich sprechen wir häufig von einem großartigen *Einfall*, einer tollen Idee, einer wundervollen *Eingebung*, einer Erleuchtung, einer Inspiration (wörtlich *Eingeistung* oder *Einhauchung*). Und wir verbinden damit – unausgesprochen – die Vorstellung, dass dem oder der Betreffenden etwas widerfahren ist, dass ihm oder ihr etwas gegeben oder geschenkt wurde. Woher? Von wem? Warum? Gab es dafür irgendeinen Anlass?

Auch *Sigmund Freud* mag sich diese oder ähnliche Fragen gestellt haben. Und er kam zu der Annahme, dass jeder psychische Akt als unbewusster Akt beginnt. Von diesem Unbewussten wissen wir aber nur dann etwas, wenn es ins Bewusstsein gelangt ist. Unbewusste Vorgänge bleiben unbemerkt, solange sie sich nicht in irgendeiner Form „äußern" und uns zu Bewusstsein kommen. Um etwas über das Unbewusste zu erfahren, muss also methodisch der Weg des Rückschlusses vom Bewusstseinseffekt zum unbewusst-psychischen Ursprung gegangen werden. *Freud* wollte genau diesen Weg gehen und Einsicht gewinnen „in die Zusammensetzung dieses allerwunderbarsten und allergeheimnisvollsten Instruments" des Unbewussten, das dem Bewusstsein entzogen bleibt und unser Erleben und Verhalten trotzdem maßgeblich bestimmt. Und er wollte das Kräftespiel kennen lernen, in dem die Systeme des Bewussten und des Unbewussten miteinander agieren.

Dabei fiel ihm auf, dass im Unbewussten eine Denkstruktur herrscht, die unserem bewussten Denken weithin fremd geworden ist – Träume, freie Einfallsketten, Fehlleistungen. Wir kennen sie aber auch aus Mythen, Märchen, Sagen, Sprichwörtern und Witzen der Volksüberlieferung. Sie zeichnet sich dadurch aus, dass in ihr logische Denkgesetze nicht gelten und dass keine Beziehung zu Zeit und Zahl besteht. Es ist ein höchst komplizierter und leider auch mit vielen Fehlschlüssen und folgenreichen Fehlurteilen bestückter Weg, den Psychoanalytiker und Psychotherapeuten zu gehen haben, um aus bestimmten, mehr oder minder bewusst gegebenen, oft völlig verfremdet zu Tage tretenden Anzeichen des Analysanden auf das in seinem Unbewussten Vorhandene schließen und es richtig deuten zu können. Und sie sind hier nur auf ihre Erfahrungen und auf mehr oder minder gut begründete Annahmen verwiesen. Eine empirisch stringente Beweisführung können sie nicht erbringen.

Auch der Schlaf ist eine Erscheinungsform des Unbewussten. Von *Leonardo da Vinci* wird dazu ein Rätselspruch überliefert: „Was ist das? Der Mensch wünscht es sich herbei, und wenn er es endlich hat, lernt er es nicht kennen." Der Schlaf ist etwas Geheimnisvolles. Bis heute sind die Funktionen des Schlafs nur bruchstückhaft aufgeklärt. Sicher ist nur so viel, dass Menschen und die meisten Tiere schlafen müssen, um zu überleben. Der genaue Grund dafür ist jedoch noch unbekannt. Zur Erklärung gibt es eine Reihe von Hypothesen, die alle etwas Richtiges sehen: evolutionäre Erfordernis wie Anpassung an die Licht- und Temperaturverhältnisse; Entwicklungsbiologische Notwendigkeit für die Entwicklung des jungen Organismus; Regeneration des Grundumsatzes im Körper; Ordnung, Aussortierung und Festigung von Erinnerungen; Problemlösungen während des Schlafes.

Im Zusammenhang mit den Überlegungen zum Phänomen „Bewusstsein" stellt sich die Frage, wie Schlaf und Bewusstsein miteinander korrelieren. Die einen sehen im Schlaf einen Zustand der Bewusstlosigkeit: „Nehmen wir an, dass unser Gehirn in bestimmten Schlafphasen, während einer Bewusstlosigkeit, in der Narkose oder im tiefen Koma keinerlei Bewusstsein hervorbringt, so existieren wir für die Dauer dieser vollständigen Bewusstseinslosigkeit genau dann nicht, wenn zutrifft, dass wir essentiell das von unserem Gehirn realisierte Bewusstsein sind."[145] Andere vertreten genau das Gegenteil: „Das menschliche Bewusstsein ist nicht nur am Tage, sondern auch in der Nacht aktiv. Im Zustand des Schlafs arbeitet unser Gehirn mit nahezu gleicher Energie wie im Wachzustand. Das gilt auch für den sogenannten Tiefschlaf, den man lange Zeit einer Bewusstlosigkeit gleichsetzte."[146]

Jede der beiden Meinungen sieht etwas Richtiges. Der amerikanische Psychiater *Allan Hobson* versucht einen Kompromiss. In einem Gespräch mit dem Wissenschaftsjournalisten *Stefan Klein* vertritt er die Theorie: „Es gibt so etwas wie einen Kern unseres Bewusstseins. Er verarbeitet Sinneseindrücke und das Gefühl für Bewegung. Nachts begegnen wir diesem Protobewusstsein. Denn im Traum erfindet sich das Gehirn eine virtuelle Welt, in der es das Protobewusstsein trainiert. Wir üben darin, Sinneseindrücke und Körperbewegungen aneinanderzukoppeln." *Klein* ergänzt: „Sie behaupten also, unser Bewusstsein ähnele einer Zwiebel: Bewegung und Sinneswahrnehmung sind der Kern. Um den herum legen sich Gefühle, Gedächtnis, Gedanken in Schichten. Und im Traum kehren wir in den Kern der Zwiebel zurück." Und *Hobson* bestätigt: „Ein schönes Bild."[147]

Das menschliche Bewusstsein ist im Schlaf nicht völlig ausgeschaltet. Wir träumen, und an die Träume können wir uns am nächsten Morgen oft sehr deutlich erinnern. Manchmal sind die Träume auch derart stark, dass sie uns aufwecken, dass sie uns „zu Bewusstsein bringen". Schließlich *erleben* wir etwas im Traum, unser Gehirn ist aktiv. Wir befinden uns in einer Welt, die wir zwar nicht mit unseren fünf Sinnen erfahren, wohl aber – um es vorsichtig auszudrücken – mit dem gleichen Organ, das auch die Sinneswahrnehmung verarbeitet.

Sicher, diese Erfahrung ist höchst subjektiv und sie scheint häufig mit der „wirklichen Welt" überhaupt nicht übereinzustimmen. Doch auch die Erfahrung unseres Wachbewusstseins, von der wir meinen, sie sei „objektiv", ist eine Konstruktion unseres Gehirns. In einem Menschen mit einem „finsteren" Gesichtsausdruck sehen wir eher einen „Verbrecher" als in einem mit fröhlichem, „offenen" Gesicht.

Was ist das Bewusstsein?

Das Bewusstsein ist eines der rätselhaftesten Phänomene im Kosmos, „weil zwischen dem Nervensystem und seiner Innenansicht, den subjektiven Empfindungen, die es erzeugt, eine scheinbar unüberbrückbare Kluft besteht. Auf der einen Seite befindet sich das Gehirn, das komplexeste Objekt des bekannten Universums, ein materielles Ding, das den Gesetzen der Physik gehorcht. Auf der anderen Seite befindet sich die Welt der Bewusstheit, die Welt dessen,

was wir sehen und hören, der Furcht und des Zorns, der Lust, der
Liebe und der Langeweile", so urteilt der amerikanische Hirnforscher *Christof Koch*.[148]

Mit dem Bewusstsein hängt das Gedächtnis zusammen, in dem
vergangene, mehr oder weniger weit zurückliegende, aber jederzeit
abrufbare Erinnerungen gespeichert sind. Bis heute ist nicht geklärt, wie das Gedächtnis funktioniert, wo und wie die Informationen gespeichert sind und wie sie wieder abgerufen werden. Zwar
hat die Hirnforschung herausgefunden, wo bestimmte Informationen „im Gehirn gespeichert" sein könnten. Sie konnte auch beobachten, wie Synapsen sich verstärken, wenn Informationen „abge-
speichert" werden. Beim Abrufen einer Erinnerung werden exakt
jene Neuronen tätig, die auch beim tatsächlichen Erleben einer Situation aktiv waren. Das Gehirn bildet also die Erfahrung so ab, wie
sie erlebt wurde. Dabei hat sich auch gezeigt, dass einzelne Neuronen sehr komplexe Dinge abspeichern. Aber es bleiben Fragen: Wie
kann eine einzelne Nervenzelle durch einige wenige chemische Bo-
tenstoffe komplexe Informationen abspeichern? Was genau macht
das Gehirn da? Wie hängen die Synapsen mit der Erinnerung zusammen? In welcher Form sind Erinnerungen gespeichert? Warum
vergessen wir Dinge und wie funktioniert das? Und wie können wir
sie aus der Vergessenheit allein durch unseren Willen wieder ins
Bewusstsein rufen? Auf all diese Fragen gibt es bisher keine eindeu-
tige Antwort.

Wie schon beschrieben, gibt es Menschen, die sich an nahezu
alles in ihrem Leben erinnern können – an jeden einzelnen Tag, in
allen Details. Das wirft die Frage auf, ob das Gedächtnis wirklich so
funktioniert, wie wir es derzeit annehmen. Nach der gängigen Theorie verläuft das Gedächtnis in Stufen: Eine Erinnerung wird zunächst im Kurzzeitgedächtnis gespeichert – wo und was immer das
ist – und verschwindet wieder, wenn sie nicht regelmäßig aktiviert
wird. Wird sie jedoch regelmäßig abgerufen, verstärkt sich die Verbindung der beteiligten Neuronen. Die Erinnerung ist nun im Langzeitgedächtnis gespeichert, lässt sich leicht abrufen und verblasst
nur noch sehr langsam. Ob etwas in dieses Langzeitgedächtnis
übernommen wird, hängt davon ab, ob das Erlebnis von starken
Emotionen begleitet ist – sowohl stark positive als auch negative

Emotionen scheinen der Indikator zu sein, ob eine Information als relevant eingestuft wird.

Menschen mit einem Gedächtnis, das nichts zu vergessen scheint, stellen diese Theorie jedoch infrage. Denn Kurzzeit- und Langzeitgedächtnis sind offenbar eins, und das Langzeitgedächtnis scheint unbegrenzt zu sein. „Dieser Zustand ist atemberaubend. Wenn eine Frau in ihren 40ern oder 50ern jeden einzelnen Tag ihres Lebens erinnern kann, dann ist die Kapazität unseres Gedächtnisses quasi unendlich. Und das legt nahe, dass es da noch eine Menge herauszufinden gilt", sagt die Professorin *Giuliana Mazzoni* von der Hull University in England.[149]

Sollte das Gedächtnis tatsächlich solche enormen Datenmengen speichern, so wäre weiter zu klären, wie dies in einem Organ wie dem Gehirn möglich sein soll. Vielleicht ist der Sitz des Gedächtnisses gar nicht im Gehirn zu suchen, sondern irgendwo im ganzen Körper verteilt oder in einem eigenen Informations- und Energiefeld, aus dem die Informationen dann vom Gehirn nur herausgelesen werden?

Ein interessantes Beispiel in diesem Zusammenhang ist der Fall der amerikanischen Lehrerin *Pam Reynolds*. Bei ihr wurde ein Aneurysma von der Größe eines Tennisballs diagnostiziert. Bei dieser Größe blieb den Chirurgen keine andere Wahl, als bei der Operation die Methode des hypothermischen Herzstillstands anzuwenden – die Körpertemperatur des Patienten wird auf 15,5° C abgesenkt, Herzschlag und Atmung kommen dadurch zum Erliegen und selbst die Gehirnströme können nicht mehr fließen. Aus rein medizinischer Sicht ist ein Gehirn in diesem Zustand tot. Die Operation war erfolgreich. *Pam Reynolds* erzählte nach der Operation, dass sie, während die Ärzte ihr Leben retteten, ihren Körper verließ. Sie selbst beschrieb dies in einer Reportage des Fernsehsenders BBC als eine Art Sog, der sie aus ihrem Körper herauszog. Dann verfolgte sie das Geschehen am Operationstisch. Die anfängliche Skepsis gegenüber ihren Erzählungen verschwand, als Pam detailgetreu über den Verlauf ihrer Operation berichtete. Sie konnte sogar die medizinischen Geräte beschreiben und wusste auch, was in den benachbarten Operationssälen geschehen war. Für den Neuropsychiater *Peter Fenwick* ist der Fall *Pam Reynolds* kein Einzelfall. „Wenn solche

Phänomene stattfinden, dann heißt das in der Tat, dass Bewusstsein und Gehirn nicht zwangsläufig dasselbe sind."[150]

Die moderne Hirnforschung ist sich durchaus bewusst, dass sie beim Verständnis des Gehirns und des Bewusstseins noch am Anfang steht. „Wir sind gerade mal an den Ausläufern eines gewaltigen Gebirges angelangt", beschreibt Medizin-Nobelpreisträger *Eric Kandel* die aktuelle Situation der Gedächtnis-Forschung.[151] Bislang dominiert die materialistische Sicht, die versucht, das Bewusstsein rein mechanisch aus den physikalisch-chemischen Vorgängen des Gehirns zu erklären. Etwas anderes bleibt einer naturwissenschaftlichen Vorgehensweise (zunächst) auch gar nicht übrig. Aber „die Hirnforschung verändert in dramatischer Weise unser Menschenbild und damit die Grundlage unserer Kultur, die Basis unserer ethischen wie politischen Entscheidungen".[152] Einige Forscher haben die Hoffnung, dass mittels der Quantenphysik vielleicht eines Tages eine wissenschaftliche Sicht auf das Bewusstsein möglich werden könnte. Wir werden vielleicht ganz neue und schockierende Einsichten in unsere Fragilität und unsere Materialität gewinnen.

Es wird die Aufgabe der Wissenschaft sein, „dieses neue Wissen über den Menschen verantwortungsvoll zu vermitteln". Die Folge könnte sein, „dass wir unser Leben mit sehr viel mehr Demut gestalten und uns gegenseitig nachsichtiger behandeln. Diese Utopie der Demut, diese Kultur der Solidarität untereinander könnte das Maß der bisherigen, mythologisch verbrämten Utopien an Humanität weit übertreffen. ... Jeder von uns wird in Zukunft verstärkt die individuelle Verantwortung für seine psychischen Bewusstseinszustände und seinen Gehirnzustand übernehmen müssen – aber auch für den seiner Mitmenschen", so fordern der Hirnforscher *Wolf Singer* und der Philosoph *Thomas Metzinger* in einem Gespräch.[153]

Die Frage, ob das Bewusstsein allein mit physikalisch-chemischen Prozessen zu erklären ist oder ob auch andere nicht-materielle Faktoren maßgeblich oder vielleicht sogar ausschließlich eine Rolle spielen, wird sich wohl nicht so rasch – wenn überhaupt – beantworten lassen. Wird das Bewusstsein auf ein Produkt der Hirnfunktionen verkürzt, dann existieren der Mensch und die ihn umgebende Welt sowie Gott lediglich als neuronale Prozesse. Wird das Gehirn dagegen als das Organ beschrieben, das unsere Beziehun-

gen mit der dinglichen Welt, den Mitmenschen und uns selbst vermittelt, umfasst das Bewusstsein den ganzen Menschen. Vielleicht
lässt sich das Gehirn mit einem Musikinstrument vergleichen, das
nicht selbst die Musik hervorbringt, es aber dem Musiker ermöglicht, zu musizieren. Existiert das Bewusstsein aber auch unabhängig vom sterblichen Körper, also über den Tod hinaus? Berichte von
Nahtoderfahrungen und ihre wissenschaftliche Untersuchung stellen die These infrage, das Gehirn produziere das Bewusstsein und
der Hirntod sei das definitive Ende. Mit den bisherigen Forschungs-
ergebnissen lässt sich allerdings nicht belegen, ob es sich bei den
Erlebnissen klinisch toter Patienten um eine, uns bisher unbekannte
Reaktion des sterbenden Gehirns handelt oder ob diese Erlebnisse
unabhängig von den Hirnfunktionen gemacht wurden. Dies würde
die Vermutung eines außerhalb des Körpers und des Gehirns wei-
terexistierenden Bewusstseins, einer „Seele", zumindest stärken.

Aber: „Vielleicht gibt es doch subjektive Tatsachen, Löcher im
naturwissenschaftlichen Weltbild?", so fragt *Thomas Metzinger*. „Es
könnte sich aber auch herausstellen, dass unsere naturwissenschaftliche Sprache versagt, sobald wir über uns selbst sprechen."

II.
Ansätze bei der Theologie

Glaube – Ungewissheit und Wagnis

Der Glaube mancher Menschen gerät bedenklich ins Wanken, wenn sie sich Rechenschaft über die unbewussten Hintergründe ihrer Glaubenspraxis geben oder wenn sie auf die in ihrem Glaubensvollzug zutage tretenden Regungen und Strebungen des Unbewussten aufmerksam gemacht werden. Gläubige Menschen, die sich einer Analyse unterzogen haben, berichten, dass sie dabei in eine tiefe Krise stürzten; es war ihnen, als ob sie aus einem Traum erwachten, als ob man sie aus einer Illusion herausrisse, als ob sie unsanft und unerbittlich auf den harten Boden der Wirklichkeit gestoßen worden wären. Ihr Glaube, der ihnen vermeintlich Schutz und Sicherheit gegeben hatte, entpuppte sich als Wunschdenken, als infantile Regression, als ideologieverdächtige Fixierung. Und nicht selten warfen sie in einem Anfall von Verzweiflung diesen „Glauben" wie überflüssigen Ballast über Bord. All das, was ihnen von Kindheit an vertraut war, erschien ihnen wie leerer Plunder, der ihnen nur den Blick für die Wirklichkeit getrübt oder gar versperrt hatte.

Glaube und Zweifel

Christlicher Glaube ist, nach einem Wort des Philosophen *Peter Wust*, „Ungewissheit und Wagnis"[1]. Jede Ungewissheit ist mit Zweifeln verbunden. Zweifeln ist geradezu kennzeichnend für das Wesen des

Menschen. Der Mensch solle sich „einmal im Leben entschließen, an allem zu zweifeln, worin man auch nur den geringsten Verdacht der Ungewissheit trifft", so *René Descartes*[2].

Der Zweifel hat eine heilsame Funktion. Er kann unkritischen Enthusiasmus enttäuschen, kann desillusionieren, kann Irrungen aufzeigen. Solche Zweifel muss der (christliche) Glaube aushalten. Wenn er skeptische Anfragen nicht erträgt, wenn jedes kritische Nachdenken ihn als Hirngespinst zu entlarven scheint, wenn er nur „Gefühl, Schall und Rauch" ist, nichts aber mit Intellekt und Vernunft zu tun hat, dann stimmt etwas nicht mit diesem Glauben.

Der Zweifel ist kein Feind des Glaubens, sondern sein Schutz:

- Er schützt davor, Geltungsansprüche oder Heilsversprechungen zu schnell und kritiklos zu akzeptieren.
- Er schützt davor, Aussagen ungeprüft zu übernehmen und bloße Behauptungen mit Argumenten zu verwechseln.
- Er schützt vor allzu selbstsicherem Auftreten und vor übertriebener (Schein-)Gewissheit, denn er lehrt, dass sich dahinter nicht selten Unsicherheit oder gar gähnende Leere verbergen.

Der Zweifel muss ein Hausrecht beanspruchen dürfen in den Institutionen der Glaubensüberlieferung, in den Gemeinden, bei jedem Glaubenden. *Friedrich Nietzsche* darf mit seinem Vorwurf nicht Recht behalten: „Das Christentum hat ... schon den Zweifel für Sünde erklärt. Man soll ohne Vernunft, durch ein Wunder, in den Glauben hineingeworfen werden und nun in ihm wie im hellsten und unzweideutigsten Elemente schwimmen. ... Man merke doch, daß damit die Begründung des Glaubens und alles Nachdenken über seine Herkunft ebenfalls schon als sündhaft ausgeschlossen sind. Man will Blindheit und Taumel und einen ewigen Gesang über den Wellen, in denen die Vernunft ertrunken ist!"[3] Der Zweifel darf nicht ausgesperrt werden, weil er unbequem erscheint, weil er geeignet ist, Selbstgewissheiten zu durchkreuzen, Scheinsicherheiten zu entlarven und ungedeckte Aussagen zu demontieren. Freilich muss sich dabei auch der Zweifel wieder dem Zweifel unterwerfen.

Glaube und Vernunft

An allem zu zweifeln war für *Descartes* der Ausgangspunkt seines Philosophierens. Wenn wir auch an allem zweifeln, können wir nicht daran zweifeln, dass wir zweifeln – sonst würden wir nicht zweifeln. „Indem wir so alles nur irgend Zweifelhafte zurückweisen und für falsch gelten lassen, können wir leicht annehmen, dass es keinen Gott, keinen Himmel, keinen Körper gibt; dass wir selbst weder Hände noch Füße, überhaupt keinen Körper haben; aber wir können nicht annehmen, dass wir, die wir solches denken, nichts sind; denn es ist ein Widerspruch, dass das, was denkt, in dem Zeitpunkt, wo es denkt, nicht bestehe. Deshalb ist die Erkenntnis: ‚Ich denke, also bin ich' (auf Latein: *ego cogito, ergo sum*) von allen die erste und gewisseste, welche bei einem ordnungsmäßigen Philosophieren hervortritt."[4]

Zweifeln bedeutet Denken. Und deshalb ist jeder Glaubenszweifel ein Beweis für ein Denken über den Glauben. Christlicher Glaube, dem Denken und Vernunft fehlen, „steht in Gefahr, kein universales Angebot mehr zu sein. Es ist illusorisch zu meinen, angesichts einer schwachen Vernunft besitze der Glaube größere Überzeugungskraft; im Gegenteil, er gerät in die ernsthafte Gefahr, auf Mythos bzw. Aberglaube verkürzt zu werden."[5] Mit dieser Warnung erinnerte *Papst Johannes Paul II.* die Theologie an eine selbst in kirchlichen Kreisen allzu gern verdrängte Aufgabe, nämlich Glaube und Denken zusammenzubringen. Auch *Papst Benedikt XVI.* hat vehement immer wieder die Forderung erhoben, dass der Glaube etwas mit Denken zu tun haben muss, dass er vernünftig sein muss.

In der Praxis sieht das freilich manchmal anders aus. Da werden die Ergebnisse der historisch-kritischen Erforschung der Bibel und der christlichen Dogmen dann doch nicht akzeptiert, mögen sie noch so vernünftig sein. An der traditionellen Auslegung der Bibel wird festgehalten – allenfalls vielleicht in ein scheinbar intellektuelles Gewand gekleidet. Ein Beispiel dafür sind die Jesusbücher von *Joseph Ratzinger* bzw. *Benedikt XVI.*[6] Nicht anders steht es mit den tradierten Dogmen. Kaum jemand wagt sich an ein neues, zeitgemäßes und dem modernen Denken entsprechendes Gott-Denken.

Und kirchliche Strukturen, die sich schon längst nicht mehr mit Vernunft und Rationalität begründen lassen, bleiben unangetastet. Was mit wohlfeilen Worten betont wird, erweist sich in der Praxis nicht selten als leere Worthülse. Anspruch und Wirklichkeit stimmen nicht überein.

Glaube und Fundamentalismus

Alle Religionen, die sich von einer „Offenbarung" herleiten, stehen vor einem Dilemma: Einerseits fühlen sie sich dazu verpflichtet, das, was ihnen als „Offenbarung" zuteil geworden ist, über die Jahrhunderte hinweg möglichst „unversehrt" als Glaubensgut zu bewahren und ihren jeweiligen Anhängern vorzulegen („Sachtreue"). Andererseits darf das Tradierte nicht ohne Berücksichtigung der jeweiligen Zeitumstände und der Verfasstheit ihrer gegenwärtigen Adressaten dargelegt werden. Die Vermittlung der „Offenbarung" muss stets so erfolgen, dass das Individuum in seiner einmaligen Kontextualität hier und heute erreicht wird („Zeitgerechtigkeit").

Das Spannungsverhältnis zwischen Sachtreue und Zeitgerechtigkeit ist schwer auflösbar. Wie sieht Sachtreue aus, wenn die Sache durch zeitbedingte Veränderungen der Wortbedeutung unverständlich und damit unattraktiv geworden ist? Und wie soll Zeitgerechtigkeit gelingen, wenn eine, durch die Zeitumstände unumgänglich geforderte, verkürzte oder unveränderte Vorlage des Glaubensgutes nicht erlaubt erscheint? Entweder wiegt die Sache so schwer, dass im Konfliktfall die Bewahrung des unangetastet belassenen Glaubensgutes auf Kosten der Plausibilität geht. Oder es besteht die Gefahr oder auch nur die Befürchtung, im Hinblick auf die Zeitgerechtigkeit eine Verkürzung der Sache und des Inhalts zu praktizieren.

Wenn die Verbindlichkeit der Sachtreue so weit geht, dass die „reine Lehre" über die Jahrhunderte hinweg verpflichtend ohne jeden Abstrich kompromisslos festgehalten und ohne Rücksicht auf veränderte Zeitumstände durchgesetzt wird und dabei auch mögliche Missverständnisse und Ungleichzeitigkeiten in Kauf genommen werden, dann offenbart sich darin eine fundamentalistische oder auch ideologische Einstellung. Unter dem Vorwand, die ur-

sprünglichen Quellen der eigenen Tradition rein zu erhalten und sie
vor den Verfälschungen ihrer historischen Entwicklung zu schützen, die zumeist als ein Degenerationsprozess verunglimpft wird,
unterbleiben jegliches *„Aggiornamento"*, also jegliche Anpassung an
heutige Verhältnisse, und jede echte Reform. Die tradierte Glau-
bensgrundlage wird mit Zähnen und Klauen verteidigt, obwohl es
sich genau genommen nur um die zur damaligen Zeit erforderliche
und passende Einkleidung dessen handelt, um was es eigentlich
geht. Zu einer anderen Zeit, in einem anderen Kulturkreis hätte das
Ganze eine andere Form erhalten.[7]

Eine fundamentalistische Einstellung weigert sich, Zeitbedingtes
in der Überlieferung von zeitlos Gültigem zu trennen, den Inhalt
von der Form zu unterscheiden. Jede Anfrage, wie es zu diesem
Glauben gekommen ist, wird abgewehrt und als tendenziell ungläu-
big verunglimpft. Die eigene Auffassung wird erhoben zu einer „Es-
senzialisierung der eigenen Tradition, die den Anspruch erhebt, das
wahre Wesen der eigenen Religion freigelegt zu haben."[8] Viel be-
quemer erscheint es, sich auf scheinbar „absolut gesicherte, ewig
gültige Wahrheiten" berufen zu können. Das führt schließlich zu
einer „Verarmung des Bewusstseins".[9] Weil eine fundamentalistische Glaubensform bereit ist, das Prinzip über die Realität zu setzen
(„weil nicht sein kann, was nicht sein darf"), neigt sie meist auch zu
Intoleranz und Aggressivität gegenüber Andersdenkenden.

Auch die den Glauben tradierende Institution (Kirche) bzw. ihre
maßgebenden Repräsentanten stehen in der Versuchung zu funda-
mentalistischem Denken. Nicht selten tragen sie dazu bei, totalitäre
Tendenzen zu verstärken und fundamentalistische Einstellungen
zu fördern. In der gut gemeinten Absicht, ihre Klientel vor vermeintlich schädlichen Einflüssen zu schützen und sie in ihrem
Glauben zu stärken, statten sich oberste Entscheidungsgremien wie
der Papst und die Bischöfe mit Vollmachten aus, die ihnen den
Charakter des Unangreifbaren und über alle Zweifel Erhabenen verleihen. Häufig sind es bestimmte historische Gegebenheiten – Not-
zeiten, Verfolgungen, Krisensituationen –, die der Institution eine
außerordentliche Machtposition zufließen lassen. Die Integrations-
und Stabilisierungskraft der Institution wird umso stärker und
nachhaltiger, je gefährlicher und heimtückischer der Feind darge-

stellt wird, der den Bestand der Institution wirklich oder vermeintlich bedroht. Die angewandten Praktiken reichen von einseitiger
Information und Indoktrination, von Abschirmung gegenüber alternativen Anschauungen und Glaubensauffassungen bis hin zum
übersteigerten Autoritätsanspruch und zum Personenkult der Füh-
rungshierarchie. Wenn die Gefahren vorüber sind, so wird der aus
Not geborene Machtzuwachs meist nicht wieder abgebaut, sondern
bleibt erhalten. Er wird häufig noch verstärkt, ideologisch untermauert und auf weitere Instanzen ausgedehnt.[10]

Erich Fromm vertritt die Ansicht, dass die sogenannte westliche
Welt kaum wirklich christlich geworden sei. Er ist der Meinung,
„dass man höchstens von einer zeitlich begrenzten Bekehrung zwischen dem 12. und dem 16. Jahrhundert sprechen könne und dass in
den Jahrhunderten davor und danach die Religion im Großen und
Ganzen eine Ideologie blieb, begleitet von einer mehr oder weniger
weitgehenden Unterwerfung unter die Kirche; und dass sie nicht
mit einem Wandel des Herzens, d. h. mit einer Veränderung des
Charakters, einherging".[11]

Glaube und Persönlichkeitsreife

Ein Kind neigt dazu, sich gern vor Erwachsenen zu „produzieren". Es
weist auf Dinge hin, die es vollbracht hat, es zeigt seine Leistungen
vor in der Erwartung, dass die Erwachsenen ihm Beifall spenden. Es
ist auf diese Rückmeldung angewiesen, weil es noch in der Entwicklung seiner Persönlichkeit begriffen ist, weil es also noch sein eigenes
Ich sucht und weil sein Selbstwertgefühl erst entwickelt werden
muss. Es muss „Theater" spielen, um aus dem Beifall oder den Miss-
fallenskundgebungen der anderen zu erfahren, was es tun und lassen
darf und wie es bei anderen „ankommt".

Leider zeigen auch kirchliche Amtsträger gar nicht so selten ein
unreifes, kindisches Verhalten. Sie leiden an retardierter Persönlich-
keitsentwicklung und Ich-Schwäche. Für sie können sich das Amt,
das sie bekleiden, die Liturgie, die sie feiern, das Haus, das sie be-
wohnen, als willkommene Gelegenheiten anbieten, um sich öffentlich „darzustellen" und „jemand zu sein". Ein trauriges Beispiel bot

in jüngster Vergangenheit der Limburger Bischof *Franz-Peter Tebartz-van Elst*. Sicher, ganz frei von Eitelkeit bleibt niemand. Was aber im Einzelfall noch halbwegs zu entschuldigen ist, weil es eben den Einzelnen komisch erscheinen lässt und ihn allenfalls der Lächerlichkeit preisgibt, wird dort zur Tragikomödie, wenn es auch noch institutionell abgesichert und sanktioniert ist.

Glaube und Identifikationsmodelle

In engem Zusammenhang damit steht die Identifikationsproblematik, ein Vorgang, bei dem sich der Mensch mehr oder weniger an etwas Vorgegebenes angleicht, sei es an einen anderen Menschen, sei es an eine Idee oder an einen „Wert". Das kann so weit gehen, dass er mit dem erwählten Modell in einer Art seelischer Symbiose lebt.

Für das Kind und den Heranwachsenden ist ein gewisses Maß an Identifikation notwendig. Es wird jemand gebraucht, der ins Leben einführt, der erste Orientierungsdaten setzt, der zeigt, wie man in dieser oder jener Situation mit dem Leben fertig werden kann. Ein Kind, dem die Identifikationsmuster fehlen, wird sich nur schwer im Leben zurechtfinden können. Mit zunehmender Reife muss aber die Gegenbewegung einsetzen: die Lockerung der Identifikation mit dem Modell und eine wachsende, starke Ich-Identifikation und Selbstständigkeit.

Auch der Glaube braucht im Reifungsprozess Identifikationsmodelle. Aber es darf nicht zu einer Überidentifikation mit kirchlichen Autoritäten und der Institution Kirche kommen. Reifer Glaube ist gekennzeichnet von einer Ausgewogenheit zwischen Distanz und Nähe.

Glaube – reif und lebendig

Das Zweite Vatikanische Konzil verlangt darum zu Recht, dass „nicht nur die theologischen Prinzipien, sondern auch die Ergebnisse der profanen Wissenschaften, vor allem der Psychologie und der Soziologie, wirklich beachtet und angewendet werden, so dass auch die Laien zu einem reineren und reiferen Glauben kommen"[12]. Bei der einschränkenden Hervorhebung „auch die Laien" muss man sich allerdings fragen, ob das Konzil annahm, dass alle „Kleriker" diesen „reineren und reiferen Glauben" besitzen. Immerhin: Als „Heilmittel gegen den Atheismus" wird nicht Abkapselung oder Einigelung genannt, sondern „das Zeugnis eines lebendigen und gereiften Glaubens, der so weit herangebildet ist, dass er die Schwierigkeiten klar zu durchschauen und sie zu überwinden vermag"[13].

Kriterien für einen solchen „reineren, lebendigen und reiferen Glauben" sind:

• *Mündigkeit*

Christlicher Glaube muss mündig sein. Mündig ist ein Mensch, der gelernt hat, sich selbstverantwortlich seines Verstandes zu bedienen. Das bedeutet – nach *Immanuel Kant* – der „Ausgang des Menschen aus seiner selbstverschuldeten Unmündigkeit. Unmündigkeit ist das Unvermögen, sich seines Verstandes ohne Leitung eines anderen zu bedienen. Selbstverschuldet ist diese Unmündigkeit, wenn die Ursache derselben nicht am Mangel des Verstandes, sondern der Entschließung und des Mutes liegt, sich seiner ohne Leitung eines anderen zu bedienen."[14]

Wer nicht den Philosophen, sondern lieber der Etymologie folgen möchte, erfährt, dass „mündig" abgeleitet ist von dem mittel- und althochdeutschen Wort „munt", das so viel bedeutet wie „(Rechts-) Schutz, Schirm". Das Wort hat allerdings bald seine Bedeutung zu „Macht" gewandelt. „Bevormunden" heißt dann so viel wie „jemanden an der freien Willensentscheidung hindern, gängeln"[15]. Mündigkeit besagt demnach: sich von niemand gängeln lassen und sich frei und eigenverantwortet entscheiden.

Es ließe sich noch ein drittes Verständnis von Mündigkeit nennen, das etymologisch zwar nicht korrekt, aber vom Wortklang her eingängig und für die Praxis durchaus wichtig ist. Mündigkeit heißt: den Mund gebrauchen können, sich zu Wort melden, nicht alles schweigend hinnehmen.

• *Individualität*

Lebensbejahung, Selbstfindung und Selbstverwirklichung sind Ziele der Persönlichkeitsentfaltung und auch der Entwicklung der individuellen Form des Glaubens. Risikobereitschaft, Mut zum Wagnis und zur Übernahme von Verantwortung, offenes, weites Denken und Bereitschaft zum Aufbruch an neue Ufer kennzeichnen einen psychisch gesunden, reifen Glaubensvollzug. Nicht „es" glaubt, auch nicht nur „wir" glauben, sondern „ich" glaube.

• *Harmonische Beziehungen mit anderen*

Gesunder Glaube ist nie ein Glaube allein-für-mich; auch nicht ein Glaube allein-für-andere, sondern ein Glaube-für-mich-und-für-die-anderen. Selbstannahme und Fremdannahme müssen in einem ausgewogenen Verhältnis zueinander stehen. Das Maß der Nächstenliebe, so lehrt es die Bibel, ist die Selbstliebe: „Du sollst den Nächsten lieben *wie dich selbst*" (Mk 12,31). Diese Selbstliebe ist von Egoismus und Narzissmus ebenso weit entfernt wie von Selbstverachtung und Selbsthass. Sie ist die ruhige und nüchterne Annahme des eigenen Ich mit seinen Stärken und Schwächen, seinen Licht- und Schattenseiten, seinen Fähigkeiten und Fehlern. Sie weiß um die Verdanktheit des menschlichen Daseins und um die vielfältige Verflochtenheit und Abhängigkeit, in die alle hineingegeben sind. Sie kennt die Höhen und Tiefen des eigenen Ich; sie ist ebenso fähig, daran zu leiden wie darüber dankbare Freude zu empfinden. Unter diesem Blickwinkel kann der sich selbst liebende Mensch auch dem Nächsten begegnen. Seine Nächstenliebe wird nicht von Augenblicksstimmungen getragen, von momentanen Gefühlen der Zuneigung und des Mitleids, die nur zu bald ins Gegenteil umschlagen können. Er stülpt dem anderen nicht ein Ideal-Ich über und ist zutiefst enttäuscht, wenn der andere seine hochgesteckten Erwartungen nicht erfüllt.

• *Dialogfähigkeit*

Das freie Wort, die offene Rede, Ehrlichkeit und Offenheit im Umgang miteinander haben dem Christentum noch nie geschadet, sondern sich stets als hilfreich und heilsam erwiesen. Schon Paulus rühmt sich, er sei „mit großem Freimut" aufgetreten (1 Thess 2,2; 2 Kor 3,12) und der Epheserbrief verlangt diesen Freimut auch von allen Verkündern des Evangeliums (Eph 6,19). Dialogfähigkeit nimmt den Gesprächspartner ernst, geht auf ihn zu, hört seine Argumente an, prüft sie unvoreingenommen. So kann sich eine vorurteilsfreie Beziehung aufbauen und es können für beide Seiten befriedigende und konstruktive Lösungen miteinander ausgehandelt werden.

Das gilt in besonderer Weise für innerkirchliche Auseinandersetzungen zwischen „Konservativen" und „Progressiven". Das Zweite Vatikanische Konzil ermahnt die Mitglieder der Kirche: „Niemand [also auch nicht die Kirchenführer N.S.] hat das Recht, die Autorität der Kirche ausschließlich für sich und seine eigene Meinung in Anspruch zu nehmen. Immer sollen sie in einem offenen Dialog sich gegenseitig zur Klärung der Frage zu helfen suchen; dabei sollen sie die gegenseitige Liebe bewahren und vor allem auf das Gemeinwohl bedacht sein."[16]

• *Konfliktfähigkeit*

Konflikte gehören zur menschlichen Existenz. Sie können sich im Individuum selbst abspielen, ohne dass es nach außen immer in Erscheinung treten muss. Sie können in vielfältigen Formen und Gestalten nach außen wahrnehmbar werden und sich im gesellschaftlichen Bereich manifestieren.

Der psychisch gesunde Mensch ist konfliktfähig; er ist in der Lage, sowohl individuelle als auch soziale Konflikte rational und mit der nötigen Geduld und Umsicht zu ertragen und zu lösen. Er flieht nicht infolge seiner Ich-Schwäche die Auseinandersetzung; er hat genügend Selbstbewusstsein und Ich-Festigkeit, um Spannungen auszuhalten und zu gegebener Zeit einer Lösung zuzuführen.

Den christlichen Kirchen wird nicht selten zum Vorwurf gemacht, dass sie nicht hinreichend konfliktfähig sind, dass ihnen eine Streitkultur fehlt. Einerseits werden innerkirchliche Auseinandersetzungen, vor allem bei den Leitungsgremien, gern verdrängt aus der falschen Meinung heraus, dass sie ein Zeichen von mangelnder Einheit im kirchlichen Leben und in der kirchlichen Lehre seien. Andererseits werden Konflikte in einer polarisierenden Schärfe ausgetragen, die nur allzu deutlich verrät, dass damit die eigene Unsicherheit und die Angst vor allem Neuen und Ungewohnten verdeckt werden sollen. Dadurch kommt es zu einer bedauerlichen Verhärtung der eigenen Standpunkte, die eine sachliche Auseinandersetzung unmöglich macht. Anstelle des offenen Gesprächs treten lieblose Kritik, persönliche Anfeindung und gegenseitige Verketzerung. Kein Geringerer als der Apostel Paulus hat für diese Konfliktbereitschaft und Konfliktfähigkeit ein gutes Beispiel gegeben. Als es wegen der eucharistischen Tischgemeinschaft, der gemeinsamen Eucharistiefeier von getauften Juden und getauften Heiden, zu Unstimmigkeiten mit dem „Erstapostel" Petrus und dem Herrenbruder Jakobus kam, scheute sich Paulus nicht, dem Petrus „ins Angesicht zu widerstehen" und ihm in aller Öffentlichkeit „Heuchelei" vorzuwerfen (Gal 2,11–21).

Psychisch gesunder Glaube kann mit gelassener Leidenschaft agieren und reagieren. Ihm sind ängstliches Nicht-wahrhaben-Wollen und Vogel-Strauß-Politik ebenso fern wie blindwütiges Drauflosschlagen. Er weiß, dass Gott seine Sonne aufgehen lässt über Bösen und Guten (Mt 5,45).

Die Kirchenleitungen täten gut daran, von erwachsenen Menschen nicht „Gehorsam des Willens und des Verstandes"[17], sondern mündigen und reflektierten Gehorsam zu erwarten und darum die Erziehung zu angstfreier Konfliktfähigkeit zu fordern und eine faire Streitkultur zu fördern. Christlicher Gehorsam setzt den Menschen in seine eigentliche Freiheit und Mündigkeit ein, weil er ihn dazu anleitet, auf die Stimme des eigenen Gewissens mehr zu hören als auf Worte und Weisungen von Menschen.

„Glaube" in verschiedenen Sprachen

Nicht uninteressant ist ein Blick in die Sprachwissenschaft. Das deutsche Wort „glauben" und auch das englische „*to believe*" (dieses nur mit anderer Vorsilbe: be- statt g-) gehen zurück auf das germanische *ga-laubjan* – „für lieb halten, gutheißen". Es gehört damit zu der weit verzweigten Wortgruppe von „lieb". Schon bei den noch nicht christianisierten Germanen bezog sich „glauben" auf das freundschaftliche Vertrauen eines Menschen zur Gottheit.

In der lateinischen Sprache wird für „glauben" das Wort „*credere*" verwendet, das wahrscheinlich abgeleitet ist von „*cor dare*", was so viel bedeutet wie „das Herz geben". Im griechischen „*pisteuein*" schließlich steckt das indogermanische „*pasto*", was „fest" bedeutet. „Glauben" hat hier die ursprüngliche Bedeutung „(sich) fest machen".

Addiert man die Bedeutungsvarianten aller drei Sprachen zusammen, so ergeben sich interessante und aufschlussreiche Hinweise für das, was mit „glauben" gemeint ist: Wer glaubt, der *gibt sein Herz* an etwas, das er *für liebenswert hält* und zu dem er deshalb *fest* und treu steht.

Gottesbilder – alles Projektionen

Ein und dieselbe Person kann von zwei Menschen unterschiedlich beurteilt werden. Der eine sagt: Diese Person ist mir sympathisch; sie ist freundlich, zurückhaltend und höflich. Der andere sagt: Diese Person ist mir unsympathisch; hinter ihrem freundlichen Wesen verbirgt sich Anbiederung und Heuchelei, ihre Zurückhaltung ist in Wirklichkeit Kontaktscheu, und ihre Höflichkeit bezeugt, dass sie kein Rückgrat hat und es mit niemand verderben möchte.

Was hier geschieht, bezeichnet die Psychoanalyse als „Projektion" (von lateinisch *proicere*, was „davor hinwerfen, überwerfen" bedeutet). Man stülpt die eigene Vorstellung dem Gegenstand über, ohne sich dessen bewusst zu sein. Die eigenen Gedanken, Gefühle und Empfindungen werden auf das Objekt projiziert, so wie man ein Dia mit dem Projektor auf eine weiße Leinwand projiziert, die dadurch ein farbiges Aussehen erhält. Der Schweizer Psychiater und Begründer der analytischen Psychologie *Carl Gustav Jung* definiert die Projektion als eine unbewusste, d. h. nicht wahrgenommene und unabsichtlich geschehene Hinausverlegung eines subjektiven seelischen Tatbestandes in ein äußeres Objekt.[18] Meist ist an dem Objekt „etwas" vorhanden, an dem die Projektion „aufgehängt" werden kann. *Jung* spricht deshalb von einem „Haken" am Objekt, an dem der Projizierende seine Projektion wie einen Mantel an einem Kleiderhaken aufhängen kann.

Projektionen im Alltag

Wir haben es täglich mit Projektionen zu tun. Oft ist die Art und Weise dieser Projektionen abhängig von unserer augenblicklichen Gestimmtheit, von Launen und Gefühlen, Strebungen und Neigun-

gen. Alle unsere zwischenmenschlichen Beziehungen werden weitgehend von Vorurteilen, Voreinstellungen und Vorprägungen beeinflusst. Die Art und Weise, wie ich einem Menschen begegne,
kann entscheidend dafür sein, wie er seinerseits mir begegnet. Und
nicht nur mir, sondern darüber hinaus vielen anderen, die mit ihm
zusammenkommen. Wer in einer Umwelt voller Misstrauen und
Neid, voller Angst und Hass aufwächst, der wird selber solche Voreinstellungen auf andere übertragen. Dabei kann einer den anderen
anstecken. Ganze Gruppen können Fehlprojektionen eines Einzelnen übernehmen. Es kommt zu kollektiven Ansteckungsphäno-
menen bis hin zu Wahnvorstellungen, gegen die weder Argumente
noch Fakten etwas auszurichten vermögen. Die Chancen, eine derartige kollektive Fehleinschätzung erfolgreich korrigieren zu können, werden dadurch erschwert, dass der Einzelne sich auf die breite
Masse berufen kann – die Fehlprojektion erhält „offiziellen" Charakter. Die Skala solcher Fehlprojektionen reicht von einer sich meist
noch verhältnismäßig harmlos auswirkenden „öffentlichen Meinung" bis hin zur Massenpsychose oder Massenhysterie. In Deutschland ist das am Aufkommen und an der rasanten Verbreitung des
Nationalsozialismus eindrucksvoll zu studieren.

Gottesbilder als Projektionen

Projektionen gibt es auch im Hinblick auf das Gottesbild. Denn auch
Gott ist ein Gegenüber, dem die Menschen mit bestimmten Vorstellungen und Prägungen begegnen. Der antike griechische Schriftsteller *Xenophanes* beschrieb diesen Vorgang so: „Wenn die Ochsen
(und Rosse) und Löwen Hände hätten oder malen könnten mit
ihren Händen und Werke bilden wie die Menschen, so würden die
Rosse rossähnliche, die Ochsen ochsenähnliche Göttergestalten
malen und solche Körper bilden, wie (jede Art) gerade selbst das
Aussehen hätte. Die Äthiopen (behaupten, ihre Götter) seien
schwarz und stumpfnasig, die Thraker, blauäugig und rothaarig."[19]
Dennoch war *Xenophanes* kein Atheist. Seine Aussagen gaben nur
zu bedenken, „dass alle einschlägigen Äußerungen nach Form und
Inhalt negativ sind, im Grunde also nichts anderes besagen, als dass

Gott im Rahmen menschlicher Anschauungen – und andere stehen nicht zur Verfügung – nicht zu beschreiben ist"[20]. Rund 100 Jahre später vertrat eine unbekannte Person mit dem Pseudonym *Dionysius Areopagita* ähnliche Ansichten: „All die göttlichen Dinge, auch jene, welche uns geoffenbart worden, werden nur aus Mitteilungen (der Gottheit) erkannt. Das Göttliche selbst aber, wie es in seinem eigenen Ursprung und Stand beschaffen ist, liegt über jedem Verstand und jeder Wesenheit und Erkenntnis."[21]

Mit dem Namen Gottes verbinden sich Hoffnungen und Wünsche, Ängste und Aggressionen, Erwartungen und Befürchtungen. Diese sind auch in den tradierten christlichen Gottesbildern zum Ausdruck gebracht – Gott als oberster Herrscher, unerbittlicher Strafrichter, penibler Aufpasser, pedantischer Buchhalter, kosmologischer Alleskönner, hilfreicher Lückenbüßer, weißbärtiger Himmelpapa.

Schon vor Jahren schilderte der Psychotherapeut *Rudolf Affemann* seine Beobachtungen, die er bei seiner therapeutischen Tätigkeit gemacht hatte: „Es wurde deutlich, dass der Glaube bei allen Christen ein aus sehr verschiedenen Ursachen und Absichten zusammengesetztes Gebilde ist. Es erwies sich bei diesen Christen, die an den ... Gott der Bibel glaubten, dass ihr Glaube eine – soweit man das als Psychologe sagen kann – überwiegend oder gar vollständig subjektive Angelegenheit war. Ich meine damit: der persönliche Gott außerhalb ihrer selbst erwies sich weitgehend als ein ideologischer Gedanke oder als eine unbewusste Projektion innerseelischer Wirklichkeit in einen Bereich jenseits ihrer selbst. Zum Teil schufen sich meine Partner ihren jenseitigen Gott unbewusst aus recht eigennützigen Absichten. Er sollte tatsächlich ihre Wünsche erfüllen. Seine Aufgabe war es, durch Projektion von Schuldgefühlen zu befreien. Er diente zur Angstabwehr – etwa im Glauben an die Auferstehung –, zur Vermeidung von Todesangst. Gottes Güte war dazu da, die unbewusste Selbstablehnung zu überdecken. Seine Liebe verlieh ein Wertgefühl, mit dem man Minderwertigkeitsgefühle vertrieb. Die Nähe Gottes wurde oft gebraucht, um kein Gefühl der Einsamkeit aufkommen zu lassen. Er verlieh einem richtungslosen Leben Sinn. Christlicher Glaube entpuppte sich oft als christliche Ideologie zum Ausfüllen innerer Leere. Häufig stellte es sich heraus, dass christlicher Glaube – ganz im Gegensatz zu seinem biblischen

Verständnis – als System der Versicherung allem Unsicheren im Innenleben, im Zusammenleben, vor allem aber Einwirkungen gegenüber verwendet wurde, die in das Leben eintreten und die zu dem führen, was man Schicksal heißt. Wenn es also einen Gott im Sinne der Bibel gibt, dann diente der Glaube dieser meiner Partner weitgehend zur Versicherung gegenüber dem Inbegriff des Unsicheren, Unbegreifbaren, Unberechenbaren, nämlich Gott."[22]

An dieser Situation hat sich bis heute nicht allzu viel geändert. Lediglich die neurotisierende Form des Gottesbildes, wie sie der Psychotherapeut *Tilmann Moser* in seinem 1976 erschienenen und viel gelesenen Buch „Gottesvergiftung" sehr eindringlich geschildert hat, scheint zurückgegangen zu sein. Ganz verschwunden ist sie nicht. Es gibt noch immer viele Freikirchen, Sekten und fundamentalistische Formen von „christlicher" Religion (andere Religionen sollen hier außer Acht gelassen werden), die derartige Gottesvorstellungen propagieren. Gerade bei Jugendlichen finden sie Zulauf. Und zwar offensichtlich in leider stark zunehmendem Maß. Das kann auch damit zusammenhängen, dass viele von ihnen zwar in ihrem Elternhaus nicht mehr viel von Religion hören, aber unter einem strengen Über-Ich leiden, sich von anderen unterdrückt oder im Stich gelassen fühlen oder wegen mangelnder Erfolgserlebnisse eine ausgeprägte Ich-Schwäche besitzen. Sie möchten aber stark sein und suchen deshalb nach Halt und Orientierung, nach einem mächtigen Ich im Hintergrund. Sie haben bereits eine neurotische Vorschädigung und versuchen diese mit einem übermächtigen, exklusiven Gottesbild zu begründen, das ihnen nicht selten von diesen Strömungen angeboten wird. Nicht die Gottesvorstellung macht die Menschen krank, sondern neurotische Menschen suchen sich selbst ein krankes Gottesbild, das ihnen andere, nicht minder neurotisierte Menschen anbieten.[23]

Gott – nichts anderes als eine Projektion?

Wenn schon viele Züge unseres Gottes*bildes* sich als Projektionen entlarven lassen, so liegt die Frage nahe, ob nicht auch *Gott selbst* eine Projektion sei. Diese Frage ist nicht neu; sie ist im Laufe der

Menschheitsgeschichte häufig gestellt und mit Ja beantwortet worden. Bekannt ist die These *Ludwig Feuerbachs*: „Das göttliche Wesen ... ist nichts anderes als das menschliche Wesen. ... Alle Bestimmungen des göttlichen Wesens sind darum Bestimmungen des menschlichen Wesens. ... Die Religion ist die Entzweiung des Menschen mit sich selbst: er setzt sich Gott als ein ihm entgegengesetztes Wesen gegenüber."[24] Und *Sigmund Freud* nennt den Gottesglauben eine Illusion, eine „Ableitung aus menschlichen Wünschen" und die Übertragung anthropomorpher Elemente auf Gott. Wenn diese Behauptungen zutreffen, wären nicht nur das Gottesbild, sondern Gott selbst erledigt.

In der Tat kann ein solcher Schluss durchaus naheliegen. Er entspricht dem Augenschein. Gott lässt sich nicht wahrnehmen, wie man eine materielle Wirklichkeit wahrnehmen kann. Wer behauptet, Gott gesehen zu haben, kann das schwerlich beweisen; er kann plausible Gründe dafür anbringen, er kann selbst als Persönlichkeit glaubhaft erscheinen, er kann für diese Überzeugung sein Leben aufs Spiel setzen – aber das alles sind keine Beweise im strengen Sinn. Man kann auch für ein Hirngespinst sein Leben hingeben.

Für manche zeitgenössischen Religionskritiker ist Gott schlichtweg eine „Erfindung und Schöpfung des menschlichen Geistes aufgrund tiefgreifender metaphysischer und persönlicher Bedürfnisse. Sofern ‚Gott' als existent betrachtet wird, ist ‚Gott' eine Projektion, also ein Phantasieprodukt, das aus dem Inneren des Menschen nach außen verlagert und dort als existent gewähnt wird."[25]

Diese Kritiker ignorieren dabei die Tatsache, dass sie mit ihrer nassforschen Behauptung auch renommierte Naturwissenschaftler wie *Albert Einstein, Max Planck* und *Werner Heisenberg* – um nur einige wenige zu nennen – unter den Generalverdacht stellen, einer „Erfindung ... menschlicher Bedürfnisse" aufgesessen zu sein. Immerhin schätzt sich selbst der derzeit bekannteste Religionskritiker *Richard Dawkins* (nur) als „de facto Atheist" ein: „... ich halte es für sehr unwahrscheinlich, dass Gott existiert, und führe mein Leben unter der Annahme, dass es ihn nicht gibt."[26]

Auf der anderen Seite hat der sicher nicht zu Phantastereien neigende Schweizer Theologe *Hans Küng* in einer Auseinandersetzung mit verschiedenen Strömungen des modernen Atheismus eine beachtliche Summe von Argumenten zusammengetragen, die samt und sonders eher für als gegen die Existenz Gottes sprechen und Küng zu der Hypothese führen: „Wenn Gott existierte, dann wäre eine grundsätzliche Lösung für das Rätsel der fraglich bleibenden Wirklichkeit angegeben: insofern dann eine grundsätzliche Antwort, die selbstverständlich entfaltet und gedeutet werden müsste, auf die Frage nach dem Vonwoher gefunden wäre." Freilich: „Dass Gott ist, kann nur in einem – in der Wirklichkeit selbst begründeten – Vertrauen angenommen werden. ... Wer Gott bejaht, weiß, warum er der Wirklichkeit vertrauen kann."[27]

Notwendigkeit von Bildern

Ein allgemein gültiges Gottes*bild* und eine allgemein verbindliche Gottes*vorstellung* können und wollen auch *Küngs* Ausführungen nicht geben: Gott bleibt unanschaulich und unvorstellbar, weil er per definitionem kein Gegenstand ist wie die Dinge und Gegenstände dieser Welt. Ist es dann also besser, sich überhaupt kein Gottesbild zu machen und sich jeglicher Vorstellung zu enthalten, um so wenigstens der Gefahr der Projektion und einer daraus resultierenden Täuschung zu entgehen? Wenn ich immer nur sagen kann „So ist Gott nicht" und „So ist er auch nicht", liegt es dann nicht nahe, sich jeglichen Redens von Gott zu enthalten?

Der Psychoanalytiker *Carl Gustav Jung* soll einmal gesagt haben: „Der Mensch kann über Gott weniger aussagen als eine Ameise über den Inhalt des Britischen Museums." Wir wissen weit besser zu sagen, was und wer Gott *nicht* ist, als was und wer er ist. Und dennoch ist es wohl nicht der Weisheit letzter Schluss, deshalb resignierend die Hände in den Schoß zu legen und alles Nachdenken über Gott bleiben zu lassen. Wenn der Glaube an Gott wirklich ein personaler Akt ist, dann gehen darin notwendigerweise meine persönliche Geschichte, mein Schicksal, mein Charakter, meine Erziehung, meine Lebenserfahrung mit ein. Ich bin in vielfacher Weise vorgeprägt in allen Bildern und Vorstellungen, die ich mir von Menschen, von der Welt und eben auch von „Gott" mache.

Vorstellungen und Bilder tragen unsere persönlichen Züge, geben unsere persönliche Färbung wieder. Kontur- und Farblosigkeit aber rauben menschlichem Tun und Reden – und damit auch dem Glauben – die persönliche Note. Ein Mensch bleibt mir so lange gleichgültig, wie ich in ihm nur ein blasses „Es" sehe, ein biophysisches Konglomerat, von denen es auf dieser Erde noch 7 Milliarden gibt. In dem Augenblick jedoch, wo ich beginne, mir von diesem Menschen ein persönliches Bild zu machen, wo ich anfange, mich über ihn „ins Bild zu setzen", wo ich vielleicht diesen oder jenen Zug an ihm wahrnehme (oder wahrzunehmen glaube, d. h. einbilde), wird dieses „Es" lebendig, geht es mich persönlich an, macht es mich betroffen. Rein sprachlich findet diese neue Beziehung im Deutschen nicht selten darin ihren Ausdruck, dass ich diesen Menschen nun nicht mehr mit „Sie" anrede, sondern mit „Du".

Die Bildersprache weckt die Kräfte des Unbewussten; sie reicht weiter, als der Intellekt umschreiben kann. Psychotherapeuten versuchen, über Bilder, die der Patient malt, den verborgenen Krankheitsherd einer Neurose aufzudecken. Auch Träume sind Bildersprache und eröffnen laut *Sigmund Freud* den „königlichen Weg ins Unbewusste". Was der Mensch in Worten nicht mehr sagen kann, vermag er oft noch in Bildern auszudrücken. „Der Mensch macht sich weder lächerlich noch schmutzig, wenn er mit dem Bild die Wahrheit sucht oder vermittelt. Ist einer trotzdem dieser Meinung, leidet er entweder an einem krankhaften rationalistischen Perfektionismus oder an einem ebensolchen Minderwertigkeitskomplex", so urteilt der Schweizer Psychotherapeut *Karl Guido Rey*.[28]

Ich soll und darf mir Bilder von Gott machen. Aber ich muss wissen, dass es eben *Bilder* sind. Bilder, die *ich mir* mache, Vorstellungen, die *meiner* Vorstellungskraft entspringen. Es gibt weder *das* Gottesbild noch *die* Gottesvorstellung. Ein Kampf um das „rechte" Gottesbild ist nicht ein Kampf um Gott, sondern ein Kampf um menschliche Ideen und Vorstellungen. Wer einen anderen wegen seines „falschen" Götterbildes verfolgt oder verachtet, der verfolgt und verachtet ihn im Grunde aus ideologischen, subjektiven Gründen, nicht aber aus theologischen und objektiven. „Kein Mensch kann behaupten, eine solche Kenntnis von Gott zu haben, dass er befugt wäre, kraft dessen seine Mitmenschen zu kritisieren oder zu verdammen oder zu behaupten, seine eigene Gottesvorstellung sei die einzig richtige", so *Erich Fromm.*[29]

Religiöse Intoleranz hatte und hat einen verheerenden Einfluss auf die religiöse Entwicklung. Sie hat zu einer neuen Form von Götzendienst geführt. Gottesbilder sagen mehr über den aus, der sie hat und von dem sie stammen, als über Gott selbst. Sie dürfen immer nur als vorläufig betrachtet werden. Es sind Entwürfe, aber keine endgültigen Definitionen; es sind analoge Bilder, aber keine adäquaten Entsprechungen. Meine Vorstellungen dürfen zwar meine bisherigen und gegenwärtigen Erfahrungen mit der letztlich doch unfassbaren Wirklichkeit „Gott" widerspiegeln, aber sie müssen offen bleiben für neue und andere, die die alten in Frage stellen und korrigieren.

Gott ist und bleibt das „absolute Geheimnis", wie *Karl Rahner* es nennt, der absolut Unverfügbare, Unerforschliche, Unaussprechliche. Wir können und dürfen uns von Gott ein *Bild* machen; aber wir müssen dieses Bild schon zu zerstören beginnen, bevor wir es eigentlich richtig fertig haben. „Es klingt zwar bedenklich, ist aber keineswegs verwerflich, zu sagen: Dass jeder Mensch sich einen Gott mache, ja nach moralischen Begriffen sich einen solchen selbst machen müsse, um an ihm den, der ihn gemacht hat, zu verehren", sagt der Philosoph *Volker Gerhardt.*[30] Wir können und dürfen den Versuch wagen, uns Gott zu „veranschaulichen", um den Gottesbegriff überhaupt mit Leben zu erfüllen („Begriffe ohne Anschauung sind blind", sagt *Immanuel Kant*); aber wir müssen diese Anschauung stets in Frage stellen und stellen lassen, weil Gott der schlechthin Unbegreifbare ist. Die Wirklichkeit ist immer größer als das Bild, das wir uns von ihr machen. Sie ist nicht selten auch „ganz anders".[31] Dennoch hat das Bild seine Berechtigung, weil es uns eine Vorstellung von der Wirklichkeit nahebringt und vertraut macht. Gott ist insofern eine Projektion, als in jede Wahrnehmung, die wir Menschen machen, ohne dass wir es wollen, Vorurteile und Vorerfahrungen, Gestimmtheiten und Affekte einfließen, die einen völlig „objektiven" Zugang zum Gegenstand der Wahrnehmung unmöglich machen.

Person – Maske oder Individuum

Der Mensch als Person

Das Wort „Person" kommt vermutlich vom etruskischen *„phersu"* und bedeutet Maske. Der Ursprung des Maskentragens dürfte darin zu suchen sein, dass die alten Jäger sich als Tiere verkleideten, um Beute anzulocken oder Feinde zu verscheuchen. Häufig wird – in späterer Zeit – die Maske zu Kulttänzen oder Dämonenaustreibungen verwendet. Sie identifiziert den Träger mit einem anderen (höheren) Wesen. Sie löscht die Existenz des Maskierten aus und lässt ihn zu dem werden, dessen Maske er trägt. Der Maskenträger spielt nicht, er wird verwandelt. Darum trugen in der antiken Tragödie die Mimen Masken vor dem Gesicht, durch deren Mundöffnung sie „hindurch-tönten". Von dieser Praxis wird häufig, aber etymologisch nicht zutreffend, das eingedeutschte Wort „Person" von dem lateinischen Wort *„per-sonare"*, was „hindurch-tönen" bedeutet, abgeleitet.

Das entsprechende griechische Wort für „Person" heißt *„prósopon"* (wörtlich übersetzt: das, dem man sich gegenübersieht). Es kann die Bedeutung Maske oder auch Gesicht, Anblickendes, Antlitz haben. Etwa im dritten Jahrhundert tritt im griechisch sprechenden Osten des Römischen Reiches an die Seite von *„prósopon"* ein anderer Begriff, der mehr das Statische, Grundsätzliche betont: *„hypóstasis"* (wörtlich bedeutet dieses Wort „das sich unterhalb Aufstellende"; lateinisch: *substantia*). Im klassischen Griechisch besagt das Wort nichts anderes als die Wirklichkeit im Unterschied zum Scheinbaren. Mehr und mehr nimmt dieser Begriff die Bedeutung an: „konkrete, individuelle, unabhängige Wirklichkeit".[32]

Nach rund 200 Jahren wandelte sich dieses Personverständnis. Die erste Definition des Personbegriffs, die wir besitzen und die weithin auch noch für das neuzeitliche Denken bestimmend ist, stammt von *Boëthius*: *„Persona est naturae rationalis individua substantia"* (Person ist die unteilbar-ganze Wirklichkeit einer geistbegabten Natur).[33]

Für die Neuzeit wurde jene Bestimmung des Personbegriffs maßgebend, die *Immanuel Kant* eingeführt hat: „Person ist dasjenige Subjekt, dessen Handlungen einer Zurechnung fähig sind."[34] Das macht
die Person zum unbedingten „Gegenstand der Achtung", zum „Zweck
an sich selbst", so dass *Immanuel Kant* seinen viel zitierten, individuell gefassten „kategorischen Imperativ" im Hinblick auf das Person-
Sein des Menschen zu der Forderung umformuliert: „Handle so, dass
du die Menschheit, in deiner Person als in der Person eines jeden anderen, jederzeit als Zweck und niemals bloß als Mittel gebrauchst."[35]
Person-Sein zeichnet sich aus durch Ichbewusstsein, Selbstbejahung
und freie Selbstbestimmung. Person ist das zu Selbstbewusstsein
und Selbstbestimmung fähige Wesen.[36]

„*Personae*" wurden im Mittellateinischen auch die kirchlichen
Würdenträger genannt. Offenbar wollte man damit zum Ausdruck
bringen, dass sie Jesus Christus, die Person schlechthin, repräsentieren. Ihre Funktion brachte ihnen den Titel „*persona*" ein. Sie waren
„Amtspersonen", Funktionäre eines Kollektivs.[37]

Der Begriffswandel – vom „zugewandten Angesicht" oder der „vor-
gehaltenen Maske" zur „unteilbar-ganzen Wirklichkeit einer geistbegabten Natur" und zum „zurechnungsfähigen Subjekt" bis hin zur
„Amtsperson", dem Repräsentanten eines Kollektivs – wirkte und
wirkt sich für die christliche Vorstellung von Gott als „Person" höchst
problematisch aus. Denn im kirchlichen Raum muss aufgrund der
dogmatischen Fixierung im Dogma und der damit postulierten
grundsätzlichen „Unwandelbarkeit" weiterhin das (längst in Vergessenheit geratene) antike Verständnis gelten. Das christlich-theolo-
gische Bekenntnis zu dem einen „persönlichen" Gott (in drei „Personen") meint also mit „Person" etwas gänzlich anderes als die heutige
umgangssprachliche Verwendung. *Karl Rahner* hat eindringlich auf
diese Gefahr hingewiesen: „Ich möchte unbefangen und ehrlich
sagen, dass mir der Begriff ‚Person' in der Trinitätslehre missver-
ständlich oder in Gefahr von Missverständnissen zu sein scheint."[38]
Um dieser Gefahr zu entgehen, kann nicht oft genug betont werden,
dass die Rede vom Personsein Gottes nur im analogen Sinne gilt –
vergleichbar, doch nicht übereinstimmend – und im Bewusstsein
größerer Unähnlichkeit als Ähnlichkeit. Und zwar im Hinblick auf
den antiken *und* auf den modernen Personbegriff.

Gott als Person

Dass Gott als „Person" bezeichnet wird, gehört zu den grundlegenden christlichen Aussagen über Gott. Aber sie macht dem heutigen
Menschen Schwierigkeiten. Denn viele meinen, das sei eine naive
anthropomorphe Projektion, sich analog zur Personalität der Menschen auch Gott als Person vorzustellen. Andere hingegen lehnen
eine solche Vorstellung ab. Deshalb ist die Frage, ob es heute noch
angebracht ist, von „Gott als Person" zu reden, nicht nur ein dring-
liches pastorales Problem, aber auch insgesamt ein schwieriges und
umstrittenes Thema zeitgenössischer Theologie.

Die „Maske" und das „Antlitz" Gottes

Wenn wir uns an den etymologischen Ursprung des Wortes
„Person" erinnern (*phersu*, etruskisch für Maske), so lässt sich
vielleicht daran denken, dass Gott sich hinter dem undurchdringlichen Mantel des Universums verbirgt. Der Kosmos ist die Maske
Gottes. Hinter den wahrnehmbaren Dingen bleibt er verborgen.
Er „tönt" aber durch diese Maske gleichsam „hindurch". Hinter jedem und in jedem Gewordenen – dem Atom, dem Molekül, dem
Stein, der Pflanze, dem Tier, dem Menschen – verbirgt sich ein
undurchdringliches Geheimnis. Es lässt sich nur ahnen, dass es
hinter dieser „Maske" noch etwas gibt, was für all unser exaktes
empirisches Forschen und Erkennen letztlich unerfahrbar und
unerfassbar bleibt. Jedoch bleibt das „wahre Gesicht" immer verborgen.

Der Astrophysiker *Gerhard Börner* äußerte erst unlängst in einem
Interview: „Es gibt viele Fragen, die in der Wissenschaft nicht beantwortet werden, zum Beispiel nach dem Sinn des Ganzen oder
der Bedeutung der Entstehung von Leben. Wenn man sagt, es ist
sinnlos, solche Fragen zu stellen, dann klammert man diesen Bereich eben aus. … Wenn man sieht, dass unsere Kategorien, also
Raum und Zeit, in der physikalischen Welt auch veränderbar sind,
zum Beispiel im Urknall, wo Zeit und Raum entstehen, oder in
Schwarzen Löchern, wo die Zeit wieder verschwindet, dann hat

man tatsächlich eine Ahnung davon, dass es etwas geben könnte, das über Raum und Zeit hinausgeht."[39]

Auch das griechische Wort *„prósopon"* für Angesicht, Antlitz, zeigt in eine ähnliche Richtung. Jemandem das Gesicht zuwenden ist Ausdruck der Kontaktaufnahme, der Beziehung und des Wohlwollens. Jemandem von Angesucht zu Angesicht begegnen heißt sich mit einer anderen Person unmittelbar konfrontiert sehen. Das Angesicht repräsentiert die gesamte Person.

In den Psalmen findet sich der Gebetsruf „Herr, lass dein Angesicht über uns leuchten" (Ps 4,7; 80,20). Menschen haben ein Verlangen nach dem Angesicht Gottes. Voll Sehnsucht zieht der Pilger nach Jerusalem hinauf und fragt: „Wann darf ich kommen und Gottes Antlitz schauen?" (Ps 42,3). Beim Einzug der Pilger in den Tempel werden die Beter aufgefordert: „Jauchzt vor dem Herrn, alle Länder der Erde. Dient dem Herrn mit Freude. Kommt vor sein Antlitz mit Jubel" (Ps 100,1 f.). Vor dem Angesicht dieses Gottes fällt man nieder und verharrt in tiefer Verneigung (vgl. Ps 95,3 ff.). Wer sich im Heiligtum Gott auf diese Weise nähert und auf sein Angesicht fällt, der begegnet Gott nicht buchstäblich von Angesicht zu Angesicht. „Vor das Angesicht Gottes treten" ist im alten Israel eine symbolische Rede, die etwas über die tiefe Beziehung zwischen Gott und Mensch aussagen möchte. Man scheute sich nicht, eine „Offenbarung" Gottes als „Begegnung von Angesicht zu Angesicht" zu nennen (Gen 32,31; Ri 6,22). Wenn Gott sein Angesicht verbirgt, dann bedeutet das Finsternis, Unheil, Hilflosigkeit.

Vermutlich ist dieses Hervorheben der Bedeutung des Antlitzes aus der Erfahrung bei der Begegnung von Menschen entnommen. Nicht selten genügt ein einziger Blick in das Angesicht, um dessen Charakter, ja seine gesamte Persönlichkeitsstruktur zu „durchschauen". Nicht nur das Auge gilt als Spiegelbild der Seele, auch die Mimik, die Kopfhaltung, die Lippen, die Mundwinkel erscheinen „vielsagend".

Personhafte Züge des Gottesbildes

Schon die Rede vom „Angesicht" Gottes deutet personhafte Züge des Gottesbildes an. Denn wir können „nur von ,personhaften' Zügen sprechen, weil die Bibel noch keine feste Vorstellung und erst recht keinen Begriff von Person hat. Solche personhaften Züge, die wir erkennen können, sind Sprachfähigkeit, ‚freier' Wille, Fähigkeit zu Liebe und Treue. Oder einfach gesagt: Je höher jemand in der biblischen Schöpfungs-Hierarchie steht, desto mehr und desto eindeutiger ist er Person, hat er Züge der menschlichen personhaften Ausstattung. Denn der Mensch ist hier der Maßstab. ... Wenn also der Mensch Ausgangspunkt und Maßstab für ‚Personhaftigkeit' ist, dann muss im Rahmen einer Wertehierarchie gelten, dass Gott mindestens so etwas wie eine Person ist. Da Gott jedenfalls nicht unter dem Menschen steht, ist er auf jeden Fall Person", so schreibt der Neutestamentler *Klaus Berger.*[40]

Wenn Gott als „Person" bezeichnet wird, so deshalb, weil kein anderes Wort geeigneter und angemessener erscheint, um in die richtige Richtung zu weisen, in der wir von Gott denken und uns seine Wirklichkeit bewusst machen können. Gott kann nicht weniger als Person sein. Ein apersonaler Gott, ein unpersönliches „Etwas" kann nicht Schöpfer eines personalen, geistbegabten Wesens sein. Doch in dem Maße, in dem ich das Göttliche im Kosmos insgesamt als eine mich ansprechende und angehende Macht glaube, wahrnehmen zu können, und ich mich selbst als Person begreife, darf ich diese geheimnisvolle Macht als „personales Gegenüber" denken, wenn auch in einer anderen, höheren, vollendeteren Weise, als ich es von menschlichen Personen kenne.

Wenn Gott der Ursprung und Urgrund des Universums ist und wenn alles Seiende, und somit auch der Mensch als Person, in irgendeiner Weise letztlich von ihm herkünftig und in ihm ganz umfasst ist, dann muss er in irgendeiner Weise auch „Person" im neuzeitlichen Verständnis des Begriffs sein:

- „... Subjekt, dessen Handlungen einer Zurechnung fähig sind", so *Kant*, muss ebenfalls für Gott gelten. Alles Bewundernswerte in der Schöpfung, alles Staunenswerte und Unbegreifliche des Universums können ihm „zugerechnet" werden. Er ist eine „Vielheit" in Einheit.

- „unteilbar-ganz" (*Boëthius*) – ein teilbarer und unvollständiger Gott ist unvorstellbar. Er wäre alles andere, nur nicht Gott.

Der Philosoph *Volker Gerhardt* spricht in seinem lohnenden Buch „Der Sinn des Lebens" gern von diesem „Ganzen". Für die Philosophen verbindet sich mit dem Begriff Gottes (*theos*, *deus*) das älteste philosophische Problem überhaupt, nämlich das der Einheit. Wir sind viele, und doch ist jeder eine Einheit für sich, die eben dies wiederum nur in einem Ganzen erfährt, das notwendig Vieles enthält. Woher alles kommt, woraus alles besteht, worin es endet und was es bedeutet, die Fragen setzen die Pluralität voraus und suchen nach einer Totalität, die alles – und somit Vieles – in Einem verbindet. Soll die Antwort die Sinnbedingungen der Frage nicht vernichten, kann sie nur im Aufweis einer Einheit bestehen, die das Einzelne umfasst, ohne es zu zerstören.

Nur wenn das „Ganze" der Welt und das „Ganze" des Daseins mit dem nach Einheit mit der Welt suchenden Ganzen des Individuums, der Person, zusammengedacht wird, ist „das Ganze des Menschen als das zugehörige Gegenüber des Ganzen der Welt" begreifbar. Ein alle erlebten und erdachten Ganzheiten umfassendes, ein allumfassendes Ganzes, gleichsam das unendliche, unbegrenzte Ganze aller endlichen und begrenzten Ganzheiten, darf von religiös aufgeschlossenen Menschen auch als persönliches Gegenüber gedacht werden.[41]

Gott-im-Werden

Ein weiterer Aspekt im Person-Sein ist das Werden. Denn „Person" ist nicht etwas Statisches, das im Lauf seines Lebens keinem Wandel unterworfen wäre. Jede menschliche Person beginnt ihre Existenz unentfaltet. Sie ist von Anfang an nicht „fertig und abgeschlossen", sondern Person-im-Werden, in der Entwicklung. Sie evolviert ihr Person-Sein erst allmählich aus dem Stadium des gänzlich unbewussten Existierens zum Ichbewusstsein. Einen mehr oder minder gewichtigen Rest von Unbewusstem schleppt jeder Mensch zeitlebens mit sich herum. Menschliches Person-Sein entfaltet sich langsam zur Selbstbejahung und zur freien Selbstbestimmung.

Menschliches Leben ist definiert durch lebenslanges Werden und Verändern. Die Kriterien des Personalen (Ichbewusstsein, Selbstbejahung und freie Selbstbestimmung) sind ebenso Abstraktionen wie „der" Mensch und „das" Leben, und sie werden in der Konkretheit der wirklichen Lebensverläufe keineswegs einheitlich realisiert – teils mehr, teils weniger, teils nur in bescheidenen Ansätzen (die für

Außenstehende gar nicht immer wahrnehmbar sein müssen), teils deutlich erkennbar. Es gibt im wirklichen Leben kaum je scharfe, für jedermann klar ersichtliche Einschnitte zwischen ihrem (Schon-) Vorhandensein und ihrem (Noch-)Nichtvorhandensein. Stets sind die Übergänge fließend, oder es handelt sich um Mischverhältnisse (ein Kriterium ist erkennbar, ein anderes nicht). Nicht wenige Personen leiden vorübergehend oder auf Dauer unter einem erheblichen Mangel oder unter starker Eingeschränktheit dieser Merkmale menschlichen Person-Seins. Es ist aber unzulässig, daraus die Folgerung zu ziehen: Wenn ein Wesen nicht in der Lage ist, alle Kriterien zu realisieren, die als Kennzeichen der menschlichen Personalität gelten, wenn es nicht imstande ist, die Indikatoren der Personalität aktiv zu vollziehen, dann kann ein solches Wesen nicht als menschliche Person bezeichnet werden.[42] Wenn also der Spezies „Mensch" das Person-Sein zeitlebens grundsätzlich eignet, dürfen Glieder dieser Spezies, denen die Kriterien des Person-Seins aus irgendwelchen äußeren oder inneren Gründen ganz oder teilweise, auf Dauer oder vorübergehend abgehen, nicht anders behandelt werden als jene Individuen, die die Kriterien aktiviert haben und sie aktualisieren (können). Sonst wären allein schon ein Schlafender oder ein Ohnmächtiger im Hinblick auf sein Person-Sein anders zu behandeln als ein Wacher und seiner Sinne Mächtiger.

Darf ich, analog zur menschlichen „Person-im-Werden", auch von Gott als einem „Gott-im-Werden" sprechen?

Der hebräische Gottesname *„Jahwe"* deutet in diese Richtung. *Erich Fromm* meint dazu: „Die entsprechendste Übersetzung ... wäre: ... ‚mein Name ist Namenlos'."[43] Und an anderer Stelle schreibt er: „In diesem Namen steckt eine tiefsinnige Ironie. Er drückt weit eher den Prozess des Werdens aus als etwas Begrenztes, das man benennen kann wie ein Ding."[44]

Ähnlich sieht es der Vater der sogenannten Prozesstheologie *Alfred North Whitehead.* Für ihn ist „Gott" ein nicht-zeitliches, universales Ereignis, dessen Vorhandensein den Grund für alles geschöpfliche Werden und Entstehen, für Ordnungsstrukturen und den bleibenden Eigenwert des Gewordenen schafft. In seinem Buch „Wie entsteht Religion?" legt er einige Umschreibungsversuche dessen vor, was sich für ihn mit dem Begriff „Gott" verbindet:

- „Gott ist jene nichtzeitliche Wirklichkeit, die in jeder schöpferischen Phase berücksichtigt werden muss, ... die der Welt ein geordnetes Gleichgewicht auferlegt. ...
- Gott ist also ein wirkliches Einzelwesen, das in jede kreative Phase eingeht und doch nicht dem Wandel unterliegt. ... Da Gott wirklich ist, muss er in sich eine Synthese des gesamten Universums einschließen. ...
- Die Zweckbestimmung Gottes ist das Erreichen von Wert in der zeitlichen Welt." Alle Ordnung „ist von der Immanenz Gottes abgeleitet".
- „Gott ist die eine systematische, vollendete Tatsache, die den vorausgehenden Grund bildet, der jeden schöpferischen Akt bedingt."
- „Ohne Gott gibt es keine wirkliche Welt; und ohne die wirkliche Welt mit ihrer Kreativität gäbe es keine rationale Erklärung der ideellen Vision, die Gott konstituiert. ... Gott ist in der Welt die unablässige Vision des Weges, der zu den tieferen Realitäten führt."[45]
- Gott ist „die unbegrenzte begriffliche Realisierung des absoluten Reichtums an Potentialitäten. Unter diesem Aspekt ist er nicht vor, sondern mit aller Schöpfung."[46]

Whitehead sieht Gott selbst in den Prozess einer werdenden Welt hineingezogen: „Gott ... und die Welt stehen in ständiger Wechselwirkung miteinander. So wie die Welt nicht wirklich werden könnte ohne Gottes uranfängliche Bereitstellung der Möglichkeiten, so könnte Gott nicht wirklich werden, ohne dass sich die Welt in ihm objektivierte. Indem die Welt die verfügbaren Möglichkeiten verwirklicht, verwirklicht Gott sich letztlich selbst, da alles wirklich gewordene im Moment seines Wirklichwerdens von ihm erfasst und so zu einem Element in seinem Werden wird."[47]

In jüngster Zeit hat auch der amerikanische Philosoph *Charles Hartshorne* den Gedanken von einem „Gott-im-Werden" aufgegriffen und weitergeführt.[48] Zu seinem Hauptanliegen gehört die Überwindung der klassischen Vorstellung Gottes als eines „unbewegten Bewegers" zugunsten der Idee eines *„best and most moved movers"*, eines „höchsten Wesens, welches sich durch größtmögliche Flexibilität auszeichnet".[49] Die damit formulierte Wandelbarkeit, das Werden Gottes mit Blick auf Welt und Geschichte, zielt darauf, eine Beziehung zwischen Gott und Mensch zu denken, die für „beide Seiten von Relevanz" ist, das heißt die eine echte beidseitige Beziehung darstellt, in der Gott vom Verhalten des Menschen nicht unberührt bleibt. „Gott ist in der Prozesstheologie kein weitabgewandtes, starres Gegenüber, sondern ein lebendiges, liebendes Wesen, das im Netzwerk der Beziehungen aller Entitäten interagiert. Eine so verstandene – neoklassische – Gottheit bringt die klassische Rede von Gott in Bewegung, nimmt sie mit in den Prozess des Werdens. ... Aus prozesstheologischer Sicht bedeutet ‚zu sein', eigene Macht zu haben. Jedes Geschöpf ist dadurch Mit-schöpfer und Mit-schöpferin im kontinuierlichen und offenen Schöpfungsprozess. Gottes Macht ist insofern größtmöglich, als es kein Wesen gibt, das Gott übersteigt; sie ist allerdings eine Macht im Zusammenspiel unendlich vieler Mächte. Daraus folgt, dass es für Gott unmöglich ist, ein Ereignis unilateral zu bewirken. Alle Geschehen sind Ergebnisse eines zumindest bilateralen, wenn nicht sogar multi-lateralen Prozesses. Die göttliche Flexibilität, die Fähigkeit auf jedes Ereignis bestmöglich zu reagieren, ist es, die Gottes Verlässlichkeit und Stabilität ausmacht. Denn Gott ist das einzige Wesen, das aufgrund des göttlichen Überblicks und der göttlichen Weitsicht vermag, auf alle Ereignisse in je adäquater Weise zu reagieren: Gott ist omnikompetent."[50]

Von diesem Gedanken fühlt sich auch der Astrophysiker *Gerhard Börner* angesprochen: „Eine Vorstellung, die mir sehr sympathisch ist, ist, dass Gott auch nicht von Anfang an allwissend und allmächtig ist, dass ihm das auch nicht ganz klar ist, was sich da alles Interessantes ereignen kann. Warum schafft er sonst überhaupt irgendwas? Wenn er schon vollkommen und allmächtig ist, könnte er ja zufrieden sein mit sich selber."[51]

„Soziale Dimension"

Zu menschlichem Person-Sein gehört die soziale Dimension. Die Entfaltung menschlicher Personalität geschieht nicht im Vakuum, sondern in einem raum-zeitlich gebundenen, geschichtlich wie gesellschaftlich bestimmten Kulturraum, der den Menschen prägt, den er aber auch seinerseits wieder mitgestaltet. Der Mensch ist ein *„animal sociale"*, ein Gemeinschaftswesen. Und er ist als solches hineingestellt in die gesamte Vergangenheit der Menschheit und ihrer Geschichte. Er trägt die Spuren der Evolution an seinem Leib. Und er ist erst recht geprägt von seiner Umwelt (Familie, Schule, Arbeitswelt, Milieu, Kultur, Religion, Staat). Er findet sich vor in einem bestimmten Denk- und Sprachraum, der seinerseits wieder sein Denken und Sprechen maßgebend beeinflusst. Er ist hineingeboren in ein Volk mit einer bestimmten Geschichte, mit einem historischen Erbe, mit bestimmten gewachsenen oder auch über Nacht von außen aufgezwungenen gesellschaftlichen Strukturen. Zur Entfaltung seines Person-Seins bedarf er der Mitmenschen. Die Eltern, insbesondere die Mutter, sind sein „Schicksal" und können sein gesamtes späteres Leben weitgehend vorprägen und vorbestimmen.

Es mag merkwürdig erscheinen, Gott als „Person" auch eine „soziale Dimension" zuschreiben zu wollen. Jedes Geschöpf, je komplexer desto stärker, ist auf Kommunikation angelegt: Atome schließen sich zu Molekülen zusammen, Moleküle gehen auf „Partnersuche", Lebewesen bilden Gemeinschaften, neues Leben entsteht durch Zusammenschluss. In der gesamten Natur ist eine gewisse Art von „sozialem Drang" festzustellen – vom Alleinsein zum Mehrsein, vom Einfachen hin zum Komplexen. Sollte dieser „Drang" nicht auch dort vorhanden sein, wo der Ursprung allen Seins schlechthin liegt, bei Gott?

Der Grundgedanke, der im christlichen Bekenntnis zu einem sich selbst mitteilenden. sich offenbarenden Gott seinen Ausdruck gefunden hat, liegt in der Überzeugung, dass Gott keine in sich geschlossene, zu keiner Kommunikation fähige, „fensterlose Monade" sein kann, wenn er Menschen geschaffen hat, die sich als Gemeinschaftswesen erkennen und verstehen. „Gott ist ein kommunikatives Wesen."[52] Er teilt sich mit, er offenbart sich – im Schöpfungshandeln, in der Geschichte, im Geschehen der Menschwerdung, im Leben von Menschen, auf vielfältige Art und Weise. „Gott ist ein Gott, der von sich aus auf Beziehung, auf Kommunikation, auf Ausweitung seiner Gemeinschaft ins Nichtgöttliche hinein angelegt ist. ... (Jesus von Nazaret ist) Höhepunkt der Selbstmitteilung Gottes."[53] Im Heiligen Geist wird seine Selbstmitteilung bleibend unter den Menschen kommuniziert und wird in ihnen selbst lebendig. Dennoch bleibt Gott in seiner Selbstmitteilung „das unbegreifliche und nicht verfügbare Geheimnis und unbedingt frei"[54].

Person-Sein Gottes als Metapher für Beziehungen

Egal ob man das antike oder das moderne Verständnis von „Person" zugrunde legt, es geht letztlich immer um den Aufbau einer Beziehung. Hinter einer „Maske" verborgen stellt ein Subjekt eine Beziehung zu einem Objekt her, indem es dieses anspricht. Und das angesprochene Objekt kann antworten, indem es zwar direkt nur die Maske anredet, aber das dahinter verborgene Sprechende, Anredende meint.

Schon beim zwischenmenschlichen Gespräch, bei dem zwei Personen miteinander in Dialog treten, können sich Sprechender und Angesprochener zwar mit ihren fünf Sinnen äußerlich wahrnehmen, aber das Innere bleibt ihnen doch weitgehend verborgen. Was der eine beim Sprechen fühlt, kann der andere beim Hören nicht erkennen. Allenfalls kann er Nuancen beim Sprechton, beim Rhythmus, beim Redefluss ausmachen. Aber ins tiefste Innere des anderen kann er nicht eindringen. Es bleibt immer ein unaufgeklärter Rest, ein Geheimnis. Das gilt übrigens auch für den Angesprochenen. Auch er bleibt sich selbst in mancher Hinsicht ein Geheimnis.

Bei Gott gilt das in noch weit stärkerem Maß. Gott ist das „absolute Geheimnis". Zu allen Zeiten aber scheinen die Menschen geahnt zu haben, dass dieses geheimnisvoll Verborgene, von dem sie sich angesprochen und in Anspruch genommen fühlen, etwas Besonderes, Unvergleichliches, Undurchdringliches, Unbegreifliches ist.

Jesus – Mensch unter Menschen

„Jesus war lange verstellt von Christus, eingeborenem Sohn, empfangen vom Heiligen Geist, geboren aus der Jungfrau. ... Jesus war verstellt von Christus, mythologischer Figur.

Heute ist Jesus für mich der Mann aus Nazareth, Bruder der Menschen, der einzige, den sie je gehabt haben, mein Bruder. Der die Unwissenden lehrte, die Kranken heilte, der die Scharen befreite zur Freiheit vom Gesetz, vom tödlichen Buchstaben. Der mit allen zu Tische saß, die von den Mächtigen verachtet werden. Der sich essen ließ und starb wie ein Lamm, als die Stunde kam.

Ich bin in Bann geschlagen von der Erkenntnis, dass seine Lehre, so wie er sie in der Bergpredigt verkündete, die Bedingungen für unsere Zukunft enthält, für ein zukünftiges Zusammenleben der Menschen. Wir werden entweder leben müssen, wie er es vorschlug, oder wir werden nicht mehr leben. Wir werden seine Friedensordnung uns zu Eigen machen müssen, oder wir werden zugrunde gehen. Dass er uns als Zeichen dieser Friedensordnung hinterließ, gemeinsam das Mahl zu halten, erfüllt mich immer wieder mit Freude. Dass Jesus von Nazareth Gottes Sohn ist, gezeugt, nicht geschaffen, eines Wesens mit dem Vater usw., kann ich wohl nicht mehr glauben. ... Aber ich hoffe ... auf seine Wiederkunft, mit der er die Welt, uns alle und mich selber, in ein neues Leben holen wird", schrieb 1971 die Journalistin *Vilma Sturm.*[55]

Jesus – verstellt von Christus

Menschen, die Jesus begegnet waren, mögen gespürt haben: Dieser junge Mann aus Nazaret mit seinem ausgeprägten Sendungsbewusstsein und seiner auffällig engen Verbundenheit mit Gott, den er „*Abba*" nannte, war etwas Besonderes, etwas Außergewöhnliches.[56] Alle Evangelien stimmen darin überein, dass von Jesus eine unwiderstehliche Anziehungskraft auf viele seiner Zeitgenossen ausgegangen sein muss. Er formulierte klar und treffsicher, kam ohne Umschweife zur Sache, besaß scharfe Beobachtungsgabe und ungekünstelte Wirklichkeitsnähe. Vor allem sein Wort scheint die Menschen fasziniert zu haben.

Grundanliegen seiner Botschaft

Das Grundanliegen seiner Botschaft fasst der Evangelist Markus so zusammen: „Die Zeit ist erfüllt, das Reich Gottes ist nahe. Wagt ein Umdenken und vertraut euch meiner froh machenden Botschaft an!" (Mk 1,15). Gebt euch nicht mit dem „bewährten Alten", mit der „geheiligten Tradition" zufrieden! Hinterfragt das angeblich Selbstverständliche! Aus dem Um-*Denken* muss ein Um-*Kehren* werden. Jesus fordert die Abkehr von egozentrischem Verhalten und Handeln. Er verlangt die Hinwendung zu rücksichtvollem Tun besonders gegenüber Schwachen, Armen und Bedrängten. Macht eine radikale Kehrtwende um 180 Grad! Schlagt eine neue Richtung eures Denkens und Handelns ein! Wandelt euch in eurem ganzen Menschsein, im Denken *und* Fühlen, im Reden *und* Tun!

Gleichnisse

Jesus redet nicht abstrakt und formelhaft, sondern konkret und allgemeinverständlich. Deshalb bevorzugt er Gleichnisse. Die provozieren zu eigenem Entdecken und zum Transfer auf das eigene Leben und die eigene Situation. Sie laden zum Mit- und Weiterdenken ein. Sie sind an Suchende und Hörende gerichtet. Sie bringen die keineswegs alltägliche Wirklichkeit der Gottesherrschaft in die oft allzu alltägliche Wirklichkeit der Adressaten hinein. Ihre vornehmlichen Themen sind Gott und sein Handeln, der Mensch, sein Verhalten, sein Ziel, das Volk Gottes, Satan, Sünde, Tod und Gericht, Auferstehung und Heil. Die Gleichnisse erzählen von Gott und seiner Gerechtigkeit, indem sie von Menschen und ihrer Gerechtigkeit (oder auch Ungerechtigkeit) sprechen. Sie öffnen die Augen für die Welt Gottes, indem sie den Blick auf den Alltag und die Umwelt des Menschen richten. Sie verweisen auf die Güte und Barmherzigkeit, die Liebe und Treue Gottes, indem sie das Augenmerk auf die Güte und Barmherzigkeit, die Liebe und Treue der Menschen lenken oder auch das exakt gegenteilige Verhalten der Menschen aufdecken. Gott und Welt, Schöpfer und Geschöpf werden in eine Wechselbeziehung gebracht.

Einige Gleichnisse gehören geradezu zum Weltkulturerbe der Menschheit und haben ihren Widerhall selbst im profanen Bereich erfahren. So die Strafandrohung bei unterlassener Hilfeleistung nach § 323c BGB, der Arbeiter-Samariter-Bund – zu finden im Gleichnis vom Barmherzigen Samariter (Lk 10,25–37).

Dem Gott Jesu begegnet man unerwartet überall im Alltag. Ihn erfährt man unverhofft und überraschend in Erfahrungen von Liebe und Geborgenheit, von Zuwendung und Angenommensein.

Der Gott Jesu geht nicht im theologischen Begriff auf und lässt sich nicht in menschliche Berechnungen einbringen. Die Gleichnisse machen deutlich, dass die Gestalt, die Art und Weise der Gotteserfahrung oft völlig verschieden ist von der Erwartung der Menschen, auch jener, die meinen, die Wege Gottes und sein innerstes Wesen zu kennen.

Bergpredigt

In der Bergpredigt setzt er schon im ersten Satz einen Kontrapunkt zu gemein-menschlichem Denken: „Selig seid ihr Armen!" (Lk 6,20). Das erschien schon der Gemeinde des Evangelisten Matthäus unerträglich; darum korrigierte er: „Selig die Armen im Geiste!" (Mt 5,3), und gab damit auch den Reichen wenigstens eine Chance. „Kein Text steht so quer zum vermeintlich wirklichen Leben – und trotzdem lässt er die Menschen nicht los."[57] Die provokanten Thesen der Bergpredigt (Mt 5–7) widersprechen allen plausiblen menschlichen Erfahrungen und Praktiken. Insbesondere die sogenannten Seligpreisungen (Mt 5,1–12; Lk 6,17–23) und die „Antithesen" (Versöhnung statt Morden, Selbstüberwindung statt Ehebrechen, Festhalten an der Ehe statt Scheidung, Wahrhaftigkeit statt Schwören, Gewaltverzicht statt Vergeltung, Feindesliebe statt Feindeshass; Mt 5,21–48) sind eine einzige Herausforderung, eine das normale menschliche Maß übersteigende Zumutung (im Wortsinn: Das mute ich euch zu!). Die Bergpredigt erscheint wie eine ungeheure Provokation. Sie sitzt wie ein „Stachel im Fleisch" für alle Menschen, für Christen und Nicht-Christen. Selbst ihre nur ansatzweise Verwirklichung erfordert eine ethische Kraft, die über die übliche Tugendhaftigkeit weit hinausgeht.

Und damit werden Gleichnisse und Bergpredigt zu einer neuen Rede von Gott: Was für Menschen groß erscheint, ist für Gott klein. Was für Menschen in der Rangstufung „oben" ist, ist für Gott „unten". Die „Untergebenen" sind die eigentlich „Oberen", die „im Schatten" stehen „im Licht". Was für Menschen als erstrebenswert gilt, ist für Gott nichtig. Menschliche Macht entlarvt sich für Gott als Ohnmacht. Nicht das Herrschen und Beherrschen ist etwas Göttliches, sondern das Dienen und Bedienen.

Wundertaten

Die in den Evangelien von Jesus berichteten Wundertaten mögen auf tatsächliche Heilungen zurückgehen, die im Zusammenhang der Begegnung Jesu mit kranken Menschen geschahen und die vielleicht auch auf den „Zauber" seiner Persönlichkeit zurückzuführen sind. Kranke und Elende, Ausgestoßene und gesellschaftlich Geächtete fassten neuen Mut, wenn sie mit ihm zusammentrafen. Die Berührung mit seiner Hand richtete Gebeugte und Gekrümmte auf. Jesus selbst deutet diese Ereignisse als Zeichen für den Anbruch der von ihm verkündeten und mit ihm jetzt anbrechenden Gott-bewirkten Heilszeit, für das „Reich Gottes". Sie sind „Illustrationen seiner Botschaft" (*Rudolf Pesch*), „Realisation der endzeitlichen Erlösung" (*G. H. Twelftree*).

Die Erzählungen in den Evangelien dürfen (und sollen) daher auch gelesen werden als Aufruf zur „Mitarbeit am Heilswirken Gottes" bei der Befreiung aus vielfältigen religiös, individuell und gesellschaftlich bedingten Zwängen. „Blinde", die ihre Verblendung nicht einsehen wollen oder können, sollen aufgeklärt werden. „Gelähmte", die in vielfacher Weise belastet und gebeugt sind, sollen den aufrechten Gang wagen. „Gekrümmte", die unterdrückt und gedemütigt werden, sollen sich emanzipieren und aufstehen zum Widerstand. „Taubstumme", die sich nicht getrauen, ihre Stimme zu erheben, sollen den Mund aufmachen. „Besessene", die von den Dämonen des Machtstrebens, der Geltungssucht oder des Besitzes gefangen gehalten werden, sollen sich davon frei machen. Wer für „tot" gehalten wird oder sich selbst als „tot" ansieht, weil er von der Gesellschaft abgeschrieben ist, soll Anerkennung finden und ein neues Leben beginnen.

Tischgemeinschaft

Wiederholt erzählen die Evangelien, dass Jesus mit Menschen unterschiedlicher sozialer Schichten und Gruppierungen die Tischgemeinschaft sucht – mit seinen engsten Freunden und Vertrauten, mit Leuten, die ihm voll Misstrauen begegnen, mit Ausgestoßenen und Verachteten, mit Orientierung Suchenden und Outcasts. Jeder ist eingeladen. Menschen begegnen einander auf Augenhöhe. Jesus deutet diese gemeinsamen Mahlzeiten als Gleichnis für die anbrechende neue Welt Gottes, von der niemand ausgeschlossen sein soll.

Und kurz vor seinem Tod isst und trinkt Jesus nochmals zusammen mit seinen engsten Freunden. Er sieht darin ein Zeichen seiner über den Tod hinaus dauernden Gemeinschaft. Hier wird am dichtesten erkennbar, was auch die übrigen Mahlgemeinschaften aussagen wollten: Jesus teilt sich selbst mit – „Das ist mein Leib ... das ist mein Blut".[58]

Gottesdienst ist nicht ein pompöses Ritual an „heiliger Stätte" mit eigens dafür bestellten Kultbeamten, die sich in prunkvolle Gewänder kleiden. Gottesdienst, wie Jesus, der „Gottessohn", ihn vorlebt, ist ein schlichtes Zusammenkommen der Menschen, ein gemeinsames Mahlhalten, ein Teilen des alltäglichen Nahrungsmittels Brot und ein Trinken des herzerfreuenden und -erfrischenden Weines aus einem einzigen Becher.[59]

Tod am Kreuz

Es lassen sich nur Vermutungen anstellen, warum Jesus das abgelegene Galiläa verließ. Ein wesentliches Motiv könnte der wachsende Argwohn seiner Gegner und der relative Misserfolg seiner Mission gewesen sein. Was der junge Mann aus der Provinz von Gott sagte, war zwar in der Tradition jüdischen Prophetentums durchaus schon angeklungen, aber es lag nicht im Mainstream der gängigen Gottesvorstellung. So mag sich Jesus wohl entschlossen haben, die Flucht nach vorn anzutreten und die Entscheidung in der „Metropole" Jerusalem zu suchen. Dabei dürfte ihm das Risiko bewusst gewesen sein, das er mit diesem Schritt einging. Denn es war nicht zu erwarten, dass man ihn dort unbeobachtet lassen würde. Gegebenenfalls würde man ihn ohne langes Federlesen zu liquidieren suchen.

Und genau so kam es. Während seines Aufenthalts in der Stadt anlässlich des jüdischen Osterfestes wurde er unter bis heute nicht geklärten Umständen verhaftet und nach kurzem Prozess vom Repräsentanten der römischen Besatzungsmacht in Judäa, dem Präfekten Pontius Pilatus, zum Tod am Kreuz verurteilt. Die Kreuzigung war eine im Alten Orient und in der Antike verbreitete Hinrichtungsart. Im Römischen Imperium wurden vor allem Nichtrömer und entlaufene oder aufständische Sklaven gekreuzigt. Nach jüdischem Recht hätte Jesus nicht zum Tod verurteilt werden können; dafür gab es keinen zureichenden Grund und keine Rechtsbasis. Die Hinrichtung war eine politisch motivierte Überreaktion der römischen Besatzungsmacht, vermutlich auf Veranlassung bestimmter Kreise der Tempelpriesterschaft und der Aristokratie.

Menschlich gesehen brach das ganze Unternehmen damit in einer Katastrophe zusammen. Dieser hoffnungsvolle junge Mann mit seiner umstürzlerischen Botschaft endete kläglich. Keine schriftliche Aufzeichnung hatte er hinterlassen, keine Frau, keine Kinder. Seine Freunde verkrochen sich und verleugneten ihn. Die Sache Jesu schien beendet, bevor sie überhaupt richtig begonnen hatte.

Radikale Wende nach dem Tod

Doch dann geschah etwas höchst Merkwürdiges und Unerklärliches. Der winzige Funke, den der junge Wanderprediger, von den meisten Menschen völlig unbemerkt, in einem abgelegenen Winkel der Erde gezündet hatte, entwickelte sich schon nach relativ kurzer Zeit zu einem Flächenbrand. Die Sache Jesu ging weiter – wider alles Erwarten. Sie begann jetzt sogar erst richtig.

Das gesamte Neue Testament bezeugt einmütig, dass Jesus „vom Tode erweckt" wurde. Historisch fassbar ist allein der Umstand, dass sich unter den resignierten und in ihrem Glauben an Jesus zutiefst erschütterten Jüngerinnen und Jüngern ziemlich gleichzeitig und unerwartet die Überzeugung ausbreitete: Dieser Jesus ist nicht tot, er lebt, Gott hat ihn „auferweckt". Einziger aus den Schriften des Neuen Testaments ablesbarer Grund für diesen Glauben und für die sich schlagartig verändernde Situation waren „Erscheinungen" des Auferweckten. Vermutlich handelte es sich hierbei um Visionen oder Halluzinationen, wie sie von Psychologen bei schweren, krisenhaften Lebensereignissen beobachtet und beschrieben werden – etwa beim Verlust einer nahestehenden Person, bei schwerer Krankheit oder bei Kriegserlebnissen. „Halluzinationen können so als eine intrapsychische Bewältigungsform stressreicher Ereignisse verstanden werden" – im Fall der Ostererscheinungen als „intrapsychischer

Bewältigungsmechanismus eines durch den Tod Jesu als kritisches Lebensereignis ... ausgelösten Bewältigungsprozesses."[60]

Erstaunlich nur: In den ersten drei Jahrhunderten konnte die scheinbar total gescheiterte Bewegung eines schimpflich Hingerichteten aus der hintersten Provinz im gesamten Römischen Imperium rasant schnell und ohne nennenswerte Widerstände Fuß fassen. Besonders attraktiv dürfte auf Außenstehende die Tatsache gewirkt haben, dass die neue religiöse Bewegung, das Christentum, für alle Menschen offen war, nicht nur für exklusive Kreise und für Wohlhabende. Organisatorisch lehnten sich die Christen an bestehende Verwaltungsstrukturen an. Hinzu kam die soziale Komponente: Was Staatskulte nicht leisten konnten (und wollten), taten die Christen: Bedürftigen, Kranken und Notleidenden helfen.

Vom physischen Ereignis „Jesus von Nazaret" zur metaphysischen Ikone „eingeborener Sohn Gottes"

Möglicherweise erfuhr Jesus bei der Buß-Taufe durch Johannes eine besondere Berufung: Er empfand Gott als einen liebenden, ihm in besonderer Weise zugewandten „Vater". Er fühlte sich von ihm wie ein Kind, wie ein Sohn angenommen (Mk 1,9–13 parr.). Es ist denkbar, dass Jesus von diesem Augenblick an geradezu freundschaftlich mit dem verkehrte, den er „abba", „lieber Vater", nannte. Er besprach im Gebet mit diesem „abba" seinen Weg. Und er brachte dieses Gottesbild auch seinen Freunden nahe. Im Überschwang der Gefühle meinte er, allein den „Vater" richtig zu kennen und zu erkennen (Mt 11,25–27; Lk 10,21–22). Wegen dieses intensiven Verbundenseins mit Gott konnten seine engsten Freunde vielleicht von ihm sagen: Aus ihm spricht Gott; in ihm wohnt Gott; er stellt mit seinem Leben Gott dar – wie ein Sohn den Vater darstellt. Als „Sohn Gottes" hat sich Jesus allerdings selbst nie bezeichnet.

Beim Vordringen des Christentums in den hellenistischen Kulturraum ergab sich für die christliche Verkündigung eine schwierige Situation. Ging es den Anhängern des Nazareners im Vorderen Orient darum, bekennend zu erzählen und anschaulich-bildhaft zu deuten, *was* dieser Jesus getan und gelehrt hatte, so steht für die

Christen im hellenistischen Kulturraum die Frage im Mittelpunkt, *wer* dieser Mensch eigentlich war, *wer* er wirklich *ist*. Es blieb den christlichen Glaubenszeugen gar keine andere Wahl, als einen Transformationsprozess von einer existentiell und heilsmittlerisch-funktional verstandenen „Sohn-Gottes"-Bezeichnung zu einer metaphysisch-wesenhaft gedeuteten „Sohn-Gottes"-Titulierung in die Wege zu leiten. Darüber hinaus führte auch die Anwendung des Titels „*kýrios*" (Herr) auf Jesus (vgl. Phil 2,11 u. ä.) zu wachsendem Misstrauen seitens der Römer, die allein den Kaiser als „*kýrios*" bezeichneten, und zu zunehmender Distanzierung des Judentums, das „*kýrios*" für die griechische Übersetzung von „*Jahwe*" bzw. „*Adonai*" (Gott) verwandte.

So setzte eine folgenschwere Umdeutung ein. Das *physische* Ereignis „Jesus von Nazaret" wurde hochstilisiert zur *meta*physischen Ikone „Jesus Christus Gottessohn". Der Gottes Wort verkündigende Wanderprediger aus Nazaret, der „Bruder der Geringsten" (Mt 25, 40.45), wurde zum „eingeborenen Sohn Gottes, sitzend zur Rechten des Vaters" (Christliches Credo) erhoben. Diese problematische Blickverengung und Einseitigkeit drängte das Außergewöhnliche des Menschen Jesus allmählich völlig in den Hintergrund.

Fatale Folgen

Der Person und Gestalt des Menschen Jesus von Nazaret wurde durch die abendländische, von hellenistischem Denken inspirierte Christologie ein Begriffssystem übergestülpt, das ganz grundsätzlich dem Geheimnis widerspricht, das jede menschliche Person – und erst recht Gott – umgibt. In der Rede von Jesus als dem „Gott-Menschen" werden zwei im Grunde höchst inkommensurable Größen auf einen Nenner gebracht. Lassen sich das Mysterium „Gott" und das Mysterium „Mensch" so einfach durch einen schlichten Bindestrich zusammenbringen? Wie lässt sich mit Bestimmtheit sagen, was an Jesus „göttlich" und was „menschlich" gewesen sei? Woher wissen Theologen, was die „göttliche Natur" ausmacht, um sie dann auf Jesus zu applizieren? Maßen sie sich hiermit nicht ein Wissen über Gott an, das ein Mensch gar nicht haben kann?

Und setzen sie sich damit nicht dem nur allzu berechtigten Verdacht aus, durch dieses angebliche „Bescheidwissen" über die „göttliche Natur" des Mannes aus Nazaret nur ihre eigenen Vorstellungen in Gott hineinzutragen und sie als „göttlich" zu erklären, obwohl es nichts anderes sind als menschliche, und damit begrenzte und fehlbare Vorstellungen? Sagen sie damit nicht eigentlich nur etwas über sich und ihr Denken aus, nicht aber etwas über Gott, von dem sie gar nichts Definitives aussagen können, weil er eben Gott ist?

Darüber hinaus hat die Wirkungsgeschichte der „Wesensbestimmung" Jesu, wie sie das Konzil von Chalcedon 451 vorlegte und als Glaubenssatz verkündete, gezeigt, dass der Mensch Jesus allzu nahe an Gott herangerückt wurde – zum Nachteil für den bedrängenden und herausfordernden Anspruch der Botschaft des Mannes aus Nazaret. Denn dieser „Sohn Gottes" erscheint gar nicht als „einer von uns". Er ist gar nicht unser wirklicher „Bruder", nicht ein Mensch wie wir alle, Mensch unter Menschen. Er ist eher wie einer, der „gut reden hat", der „es sich leisten kann, so aufzutreten", der noch ein Hintertürchen offen hat. „Von oben" ist er gekommen, „nach oben" ist er wieder entschwunden. Unerreichbar, unnahbar. Und letztlich uninteressant, irrelevant für das „Leben hier unten", für die „Mühen der Ebenen".

Ein Jesus, der so von aller Erdenschwere entrückt ist, hat den Menschen „hier unten im irdischen Jammertal" nicht mehr viel zu sagen. Wer allzu hoch oben sitzt, ist vom konkreten Alltagsgeschehen zu weit entfernt. Sein Anspruch ist nicht mehr vernehmbar. Der riesige Abstand verdünnt seine Einflussnahme. Die Vergöttlichung Jesu ist eine theologisch vornehme, scheinbar von tiefer Religiosität getragene Möglichkeit, „einen historisch lästigen Menschen und Spielverderber und eine gefährliche Erinnerung an eine provozierende, lebendige Prophetie aus unserer Geschichte zu beseitigen – eine Art, Jesus als Propheten Schweigen aufzuerlegen"[61]. Oder wenn man es ganz scharf formulieren will: „Jesus ist nicht nur am Kreuz, er ist auch – zum zweiten Mal – im christologischen Dogma gestorben."[62]

Wie dem auch sei – trotz aller vielfältigen Zweifel finde ich ein Gottdenken faszinierend, in dem Gott eben nicht das ist, was sich

Menschen gemeinhin darunter vorstellen: kein in der Höhe Thronender und gnädig auf die Erde Herabschauender, kein mit Allgewalt unumschränkt Herrschender, kein über die Niederungen des Menschlich-Allzumenschlichen hoch Erhabener, kein von Leid und Tod Unberührter. Sondern einer, dem man „ganz unten" begegnen kann.

„Fleischwerdung"

Es ist daher zu begrüßen, wenn Christen heute die „Kehrseite" des Dogmas wieder stärker in den Vordergrund rücken. Denn das Konzil von Chalcedon (451) brachte zwar klar die „Gottheit" Jesu zum Ausdruck, aber ebenso klar auch seine Menschheit: „Wahrer Gott und *wahrer Mensch* ... aus vernunftbegabter Seele *und Leib*, ... *der Menschheit nach uns wesensgleich* ..., in *allem* uns gleich, außer der Sünde (Hebr 4,15), ... der Menschheit nach in den letzten Tagen unseretwegen ... geboren."[63] Grundsätzlich darf das chalcedonensische Dogma nicht als Abschluss und Endpunkt der frühkirchlich-christologischen Entwicklung betrachtet werden. Es entwirft keine umfassende Lehre von Jesus, dem Christus. Es ist eher Anfang und Ausgangspunkt für weitere Klärung und Vertiefung. Es bietet eine auf der Grundlage damaligen philosophischen und theologischen Denkens formulierte Basis für weiteres Nachdenken. Das letzte Wort zu Jesus ist noch keineswegs gesprochen. Und es kann wohl auch gar nicht gesprochen werden. Das sollte man im Auge behalten. Denn immer mehr Christen glauben nicht mehr an Jesus, den „eingeborenen Sohn Gottes, Licht vom Licht, wahrer Gott vom wahren Gott, eines Wesens mit dem Vater ... aufgefahren in den Himmel, sitzend zur Rechten des Vaters". Wohl aber an den Menschen Jesus, an sein beispielgebendes Zeugnis wahren Menschseins, aus dem eben doch etwas Besonderes, ganz Anderes, Einmaliges hervorleuchtete.

Das Dogma spricht von einer „*Mensch*werdung" Gottes in Jesus von Nazaret. Der Evangelist Johannes war noch radikaler, noch anstößiger. Er sprach in seinem Evangelium von einer „*Fleisch*werdung" Gottes (Joh 1,14). Das von Johannes hier verwendete griechische Wort „*sarx*" (Fleisch) ist „Ausdruck für das Irdisch-Gebundene,

Hinfällig-Vergängliche, gleichsam das Typische rein menschlicher Seinsweise".[64] Es bezeichnet die Sphäre der „Vergänglichkeit, Hilflosigkeit und Nichtigkeit. ... Das Ärgernis ist so ... aufs stärkste betont."[65] Irdisch-Gebundenes – Vergänglichkeit – Nichtigkeit. Das heißt nichts anderes als: Gott ist „irgendwie" in allen kreatürlichen Wesen, in Stein und Baum, in Wurm und Vogel, in Fisch und Säugetier „anwesend". Es gibt nichts in dieser Welt, was nicht „irgendetwas" mit Gott zu tun hat. Es gibt kein Wesen unter dem Himmel, in dem nicht Gott „irgendwie drinsteckt". „Die Welt ist voll von Gott", so der Jesuit *Alfred Delp*.

Einen solchen Gott zu denken, der total quer liegt zu allen sonst üblichen menschlichen Gottesvorstellungen und Gottesbildern, erscheint höchst beachtens- und bedenkenswert und durchaus aktuell. Man mag zum Dogma von Jesus, dem Gottmenschen, stehen, wie man will: Außergewöhnlich und zu allen menschlichen Gottesspekulationen im Widerspruch stehend ist es allemal. Wirklich radikal umwerfend – im wahrsten Sinn des Wortes. Göttlich.

Gegenwärtige Situation

Im Jahr 311 wurde durch Kaiser *Konstantin* die staatliche Duldung des Christentums verfügt im Mailänder Toleranz-Edikt. Kaiser *Theodosius* erklärte es 380 schließlich zur Staatsreligion. Mit dieser „Konstantinischen Wende" begann eine paradoxe Entwicklung. Einerseits gewann das Christentum zunehmend an Macht und Einfluss. Andererseits bahnte sich langsam schleichend eine Entstellung des jesuanisch-prophetischen Erbes an. Das Streben nach Herrschaft und Macht, nach Ansehen und Reichtum, nach Gehorsam und Unterwerfung, nach einem ausgeklügelten Lehrgebäude und nach fixierten (Kirchen-)Gesetzen begann in der Jesusbewegung Besitz zu ergreifen und sich breit zu machen.

Doch diese Gestalt des Christentums hat sich überholt. Sie passt nicht mehr in die heutige Zeit. Sie erscheint als Auslaufmodell einer versinkenden Epoche und findet bei modern denkenden, aufgeklärten Menschen zunehmend weniger Akzeptanz. Ob dieser immer noch andauernde Erosionsprozess sich stoppen lässt, bleibt ungewiss. Und es ist auch zu fragen, ob das überhaupt wünschenswert erscheint. Die Kirche in ihrer gegenwärtigen Gestalt wirkt wie ein Relikt aus der Zeit vor der Aufklärung, ihre Strukturen muten monarchistisch-folkloristisch an, Kraft und Dynamik scheinen verlorengegangen zu sein.

Freilich wird gern übersehen, dass viele humanen Werte (Naturrecht, allgemeine Menschenrechte, Freiheit und Demokratie u. a. m.) im „christlichen Abendland" ihren Ursprung genommen haben. Selbst Technik und Aufklärung können spezifisch christliche Wurzeln nicht leugnen. „Wenn das, was vom Christentum her in die allgemeine Weltzivilisation von heute eingebracht worden ist, sehr oft und weitgehend als allgemein verständlicher und selbstverständlicher Humanismus erscheinen mag, so ist auch dieser Humanismus längst nicht so selbstverständlich, wie man heute meint; er stammt eben doch faktisch aus einer ursprünglich christlichen Kultur und nicht aus anderen", schreibt *Karl Rahner.*[66]

Es lässt sich beobachten, dass die Gestalt des Mannes aus Nazaret und seine Botschaft wieder auf Interesse stoßen und neu entdeckt werden. Das Christentum wird umso attraktiver, je mehr es in einer unauffälligen, dienenden, säkularisierten Gestalt erscheint. Die inzwischen bei Katholiken und auch bei Nicht-Katholiken und Nicht-Christen verbreitete Bewunderung für die einfache und menschenfreundliche Lebensweise von Papst Franziskus zeigt: Das Christentum hatte und hat eine Dienstfunktion für die Welt, für alle Menschen. Die Rückbesinnung auf den nicht theologisch verbrämten und als „Gottessohn" überhöhten Menschen Jesus wird zu einer „gefährlichen Erinnerung" (*Johann Baptist Metz*) für den Zustand einer selbstsicheren und am maximalen Gewinn orientierten Gesellschaft. Gerade weil die Jesus-Gestalt und die Ursprungssituation des Christentums so quer zu allem Menschlich-Allzumenschlichen liegt, stellt sich die Frage, ob hier nicht vielleicht doch „mehr" dahinterstecken könnte. Ob dieser seltsame Mann aus Nazaret vielleicht doch nicht nur ein Mensch war wie du und ich? Und ob seine Botschaft nicht vielleicht doch aus einer anderen Tiefe kommt als aus den Quellen des gesunden Menschenverstandes?

Erlösung – nicht Geschenk, sondern Aufgabe

Jesus wird in der christlichen Theologie als „Erlöser" bezeichnet. Durch seinen Tod am Kreuz habe er die Sünden der Welt gesühnt, dem erzürnten Gott dadurch unendliche Genugtuung geleistet und auf diese Weise die ganze Menschheit „erlöst".

Satisfaktion

In der Version des *Anselm von Canterbury* (ca. 1033–1109) nimmt sich das so aus: Die Menschen haben durch ihre Sünden Gott nicht die schuldige Ehrerbietung erwiesen, damit haben sie den Unendlichen „unendlich" beleidigt. Für Gott gab es nur die Alternative: „*aut poena – aut satisfactio*",[67] entweder Strafe (Vernichtung der gesamten Menschheit) oder Wiedergutmachung (durch eine die Sünde aufwiegende Ersatzleistung). Eine „unendliche" Beleidigung muss „unendlich" gesühnt werden. Dazu ist der Mensch als endliches Wesen nicht fähig. Also muss Gott selbst tätig werden und seinen einzigen Sohn selbst die erforderliche Satisfaktion leisten lassen. Denn nur der Gottessohn ist satisfaktionsfähig. Und weil die Menschen Gott „tödlich" beleidigt haben, kann die geforderte Wiedergutmachung adäquat nur durch den Tod des Sohnes geleistet werden. Nur er kann die von allen Menschen geforderte Sühne bezahlen und so die verletzte Ehre des beleidigten Gottes wiederherstellen.

Was damals vor dem Hintergrund des in England noch häufig praktizierten germanischen Rechtes halbwegs akzeptabel war, erscheint heute unerträglich. Denn es drängt sich zwangsläufig die Vorstellung auf, das christliche Bekenntnis von der „Erlösung" durch den Kreuzestod Jesu präsentiere einen gefühllos-grausamen Gott, dessen geradezu krankhaftes Ehrgefühl und dessen unnachsichtiges Lechzen nach Gerechtigkeit ein blutiges Menschenopfer verlangt habe – das Opfer seines eigenen, dafür eigens Mensch gewordenen Sohnes. Was ist das für ein Gott, der um seiner verletzten Ehre willen sein eigenes Kind qualvoll sterben lässt? Wie kann ein „*Abba*", ein liebender Vater, Genugtuung empfinden am qualvollen Sterben seines (einzigen) geliebten Sohnes? Ein absurder Gedanke! Dieser Gott ist ein Moloch, ein Menschenfresser. Man wendet sich mit Entsetzen von einer „Gerechtigkeit" ab, die eine derartige Genugtuung fordert und deren blutrünstiger, finsterer Zorn die Botschaft Jesu von der Liebe und Barmherzigkeit Gottes unglaubwürdig macht. Ein rachedurstiger Gott, der sich nur um den Preis des blutigen Opfertodes seines einzigen Sohnes versöhnen lässt, erregt Widerwillen und Abscheu. Er trägt nur allzu deutlich die Züge einer despotischen antiken Herrschergestalt und entlarvt sich damit als Projektion menschlicher Erfahrungen mit derartigen Feudalstrukturen.

„Erlöster müssten mir seine Jünger aussehen"

Wer meint, die so teuer „Erlösten" müssten sich zutiefst dankbar zeigen und alles daransetzen, sich dieses hohen Preises ihrer „Erlösung" würdig zu zeigen, erlebt leider weitgehend Fehlanzeige. Ein Blick in die Vergangenheit genügt. Da findet man oft vergebens Spuren eines subjektiven Sich-zu-eigen-Machens der „Erlösung". Die Geschichte des Christentums hat leider auch eine breite Spur von Ausbeutung und Unterdrückung, von Gräuel und Gewalt, von Mord und Totschlag hinterlassen. *Friedrich Nietzsche* hatte nur allzu Recht mit seinem Ausruf: „Bessere Lieder müssten sie mir singen, dass ich an ihren Erlöser glauben lerne: erlöster müssten mir seine Jünger aussehen!"[68]

Wenn das Wort von der „Erlösung" nicht leere Rede sein soll, müsste man am Handeln der Christen etwas davon spüren. Das Vorbild des „Erlösers" müsste bei den „Erlösten" Schule machen. Allerdings: Der historische Jesus hat nie den Anspruch erhoben, ein „Erlöser" zu sein. Aber er hat den Menschen seiner Zeit eine Erfahrung vermittelt vom befreienden Handeln eines Gottes, der als *„Jahwe"* den Menschen heilend und helfend nahe sein will – in der Zuwendung zu den Armen, Kranken und Besessenen, den Deklassierten und an den Rand Gedrängten, zu Frauen und Kindern, Zöllnern und Sündern. Aber auch zu jenen Menschen, die den Götzen des Diesseits verfallen sind, und zu den in ihrer Gesetzesgerechtigkeit verhärteten „Frommen"[69]. Sein heilendes Handeln bedeutet gleichzeitig die Kritik an bestehenden Unheilsverhältnissen und Unrechtsstrukturen. Die herrschenden Verhältnisse des Zwanges und der Gewalt werden in Frage gestellt, indem sie mit jener anderen Welt Gottes konfrontiert werden, die in der Befreiung Israels aus ägyptischer Knechtschaft ihren Anfang genommen hatte und an die durch die Forderungen der Propheten immer wieder erinnert wurde. Jesus ermunterte andere, es ihm (und dem befreiend handelnden *Jahwe*) gleichzutun. Seine Jüngerinnen und Jünger forderte er auf: „Geht und verkündet: Das Reich Gottes ist ankünftig. Heilt Kranke, weckt Tote auf, macht Aussätzige rein, treibt Dämonen aus!" (Mt 10,7 f.). „Durch die Inanspruchnahme von Gottes endgültigem Willen und seiner Vergegenwärtigung als Liebe (hat) Jesus der menschlichen Freiheit überhaupt erst ihre absolute Bestimmung eröffnet und schon auf menschliche Weise anschaulich werden lassen, was Gott an ihm selber vollendet und für alle zur Verheißung gemacht hat", sagt der Theologe *Thomas Pröpper.*[70]

Und deshalb konstatiert er, dass eine „Theologie der Erlösung ohne Vermittlung und Auseinandersetzung mit der philosophischen Anthropologie heute weder angemessen vertretbar noch hinreichend verständlich" ist, und macht den „Vorschlag, den christlichen Glauben an Erlösung in Bezug auf das (philosophisch-anthropologische) Freiheitsthema zu explizieren".[71] Jesus starb nicht, „damit seine NachfolgerInnen gleich ihm gekreuzigt würden, sondern um der Kreuzigung ein Ende zu setzen. ... Sein Tod kann als unvermeidliche Konsequenz seiner Konfrontation mit korrupten Machtstrukturen verstanden werden."[72]

Erlösung als Befreiung

Historisch gewachsene Verengungen müssen aufgebrochen werden, um zu einem umfassenden, ganzheitlichen Verständnis von Erlösung zu kommen. Diese Engführungen sind gerade für die europäische Theologie kennzeichnend.[73] Im Gegensatz dazu hat die lateinamerikanische Befreiungstheologie die dualistische Aufspaltung der „Erlösung" aufgezeigt und deutlich gemacht, dass ein ausschließlich subjektives, religiös-verinnerlichtes Verständnis von Erlösung im Hinblick auf die gesellschaftliche und politische Situation der Menschen kaum emanzipatorische Konsequenzen zeigt und weithin folgenlos bleibt. Und im Grunde unchristlich ist.

Denn Kreuzestod und Auferweckung Jesu haben, nach christlicher Deutung, den unbedingten Erlösungs- und Befreiungswillen Gottes offenbar werden lassen. Jesus wird damit „zur alles entscheidenden Heilsgestalt der Geschichte. ... Erlösung betrifft Welt und Geschichte als Ganze; ihr entspricht darum allein eine christliche Praxis, die in allen Dimensionen menschlicher Existenz diesem Anspruch Gehorsam leistet. Der Christ steht den Mächten dieser Welt frei gegenüber; dank seines Glaubens weiß er, dass ihre Herrschaft begrenzt und überwindbar ist. Sie haben ihre Faszination für immer verloren. ‚Die Welt ist kein Gespensterhaus, denn wir wissen, wer die Kriegsverbrecher sind' (*Bertolt Brecht*)."[74] Wer diesem Verständnis von „Erlösung" eine „Reduzierung auf eine allein durch menschliche Kräfte zu bewerkstelligende sozial-politische Befreiung" vorwirft, vergisst dabei, dass die in der europäischen Theologie historisch gewachsenen Verengungen aufgebrochen werden müssen, um zu einem umfassenderen, ganzheitlichen Verständnis von Erlösung zu kommen.[75]

Menschen als „Mit-Erlöser"

Jesus hat Frauen und Männer zur Mitarbeit berufen. Er hat sie ausgesandt „wie Lämmer mitten unter die Wölfe" (Lk 10,3), um den Anbruch der Gottesherrschaft zu verkünden, um Kranke zu heilen, Dämonen auszutreiben, Aussätzige rein zu machen und Tote zu erwecken (vgl. Mt 10,7–8). Dieser Prozess soll weitergeführt werden – durch Menschen, die sich dafür von Gott in Dienst nehmen lassen. Die wie Mose die Geknechteten befreien (Dtn 18,15). Die wie Jeremia beherzt das Recht der Witwen und Waisen einfordern (Jer 5,28). Die wie Elia und Johannes auch vor Thronen und Herrschaften Mut beweisen (1 Kön 17; Mk 6,17–29). Die wie Amos den religiösen Führern und den „Hohenpriestern" aller Zeiten furchtlos entgegentreten (Am 1–6) – und die dabei ihr Leben riskieren zum Wohl, zur Rettung, zur Erlösung der Menschen.

Das alles ist inzwischen in vielfacher Weise durch Christinnen und Christen in der Nachfolge Jesu geschehen. Die gesellschaftskritischen Impulse der Bibel wurden von vielen ernst genommen und dienten zur Beurteilung ökonomischer und politischer Gegebenheiten. Die Kirche „muss sich mit den großen politisch-sozial-technischen Utopien kritisch auseinandersetzen, mit den aus der modernen Gesellschaft reifenden Verheißungen einer universalen Humanisierung der Welt" – gegen einen gesamtgesellschaftlichen „heimlichen Unschuldswahn" und einen geradezu „unheimlichen Entschuldigungsmechanismus", gegen eine verbreitete Apathie gegenüber den Leidenden und den Opfern von Gewalt, gegen die drohende Gefahr einer „Banalisierung" des Christentums zu einer folgenlosen „Event-Religion", zu einem unverbindlichen folkloristischen Beiwerk und zum nützlichen Zierrat bestimmter Lebenssituationen (*Johann Baptist Metz*[76]). Lebendiger christlicher Glaube kann und soll zur stillschweigenden oder gegebenenfalls auch lautstarken Anklage werden gegen alles „Unerlöste", gegen Fesseln, die Menschen einander anlegen, und gegen Unterdrückung von Menschen durch Menschen, zur permanenten Kritik an allen vordergründigen und voreiligen Absolutheiten, die Menschen sich selbst setzen und mit denen sie anderen den Weg in die wahre und eigentliche Freiheit versperren.

Aber nicht nur durch die christlichen Kirchen soll „Erlösung" geschehen, sondern durch alle Menschen, die sich für Heil und Wohlergehen der Menschheit engagiert haben und das noch immer tun – Nihilisten und Atheisten, Hindus und Muslime, Juden und Buddhisten, „Gläubige" und „Ungläubige". Alle Menschen, die sich – bewusst oder unbewusst – für das göttliche Befreiungs- und Erlösungswerk in Dienst nehmen lassen, sind (Mit-)„Erlöser".

„Erlösung" ist kein wohlfeiles Geschenk, sondern eine bedrängende und alle Menschen angehende Aufgabe – hier und heute.

Vater, Sohn, Heiliger Geist – säkularisiert

Die „Drei" ist eine merkwürdige Zahl. Immer wieder begegnet sie uns – nicht nur als „reine" Zahl.[77] Sie scheint von einem eigenartigen Flair, von einem unergründlichen Geheimnis umgeben und umwittert zu sein.

„Der kann nicht mal bis drei zählen" – „Ich zähle bis drei, dann ..." – „Aller guten Dinge sind drei" ... Bei den meisten Wettkämpfen gibt es drei Sieger. Drei dürfen auf dem „Treppchen" stehen. Nicht selten wird eine Frist von drei Tagen gesetzt. Dreimal wird gemahnt. Die Geduld beim Zählen verliert man erst nach der Drei. Bei Wahlen werden häufig Dreierlisten vorgelegt. Verbilligte Fahrkarten bei der Deutschen Bahn müssen spätestens drei Tage vor dem Reiseantritt gelöst sein. In Köln hat zur fünften Jahreszeit ein „Dreigestirn" das Sagen ...

Im Märchen begegnen wir der Dreizahl besonders häufig. Nicht selten sind drei Brüder am Werk. Drei Söhne werden ausgeschickt, und dem dritten gelingt es, die Aufgabe zu lösen, obwohl er von den anderen als der Dümmste hingestellt wurde. Von drei Töchtern ist die dritte die schönste. Drei Aufgaben müssen gelöst, dreimal muss an der großen Tür angeklopft werden. Drei Wünsche darf der Auserwählte äußern. Drei Stationen sind bei der Suche zu durchlaufen. Drei Gaben werden dem Königskind als Geschenk dargebracht.

Den Raum vermessen wir nach Länge, Breite und Höhe. Er ist „dreidimensional". Die Zeit teilen wir gewöhnlich in Vergangenheit, Gegenwart und Zukunft ein. Der Tageslauf gliedert sich in Morgen, Mittag und Abend. Die Welt erscheint den Menschen dreigeteilt in Himmel, Erde und Meer.

Die Dialektik kennt den Dreischritt: These (bestehende Auffassung oder Überlieferung) – Antithese (Aufzeigen von Problemen und Widersprüchen) – Synthese (Lösung oder ein neues Verständnis). In der Musik spielen Dreiklang und das dreigeteilte Verhältnis der Akkorde zueinander eine große Rolle: Tonika (Grundakkord), Subdominante („vermittelnder" Akkord), Dominante (Spannung erzeugender Akkord). Ein Adjektiv wird in drei Stufen gesteigert: Positiv – Komparativ – Superlativ.

Seit der Französischen Revolution ist der Ruf nach Freiheit,

Gleichheit, Brüderlichkeit (heute wohl angemessener „Geschwister-
lichkeit", „Solidarität") nicht verstummt. In demokratischen Staaten
wird heute eine Teilung des staatlichen Gewaltmonopols prakti-
ziert: Legislative, Exekutive, Judikative – gesetzgebende, ausfüh-
rende und richterliche Gewalt.

Die „Drei" offenbart göttliches Denken und Ordnen

Dieses häufige Auftreten der „Drei" in den unterschiedlichsten Situationen ist auffällig und bedenkenswert. Es ist nicht verwunderlich,
dass der antike Mensch etwas Geheimnisvolles dahinter vermutete
und dass er meinte, die Zahl „Drei" offenbare göttliches Denken und
Ordnen. Der zählende Mensch vollbringt etwas Ähnliches wie Gott
selbst, indem er ordnende Macht über die Dinge ausübt. Er unterscheidet und teilt zu, er grenzt ab und fasst zusammen. Und er setzt
auch qualitative Maßstäbe: Was er an die erste Stelle setzt, ist (zumindest für ihn) meist wertvoller, wichtiger, bedeutsamer. Wer eine
bestimmte Zahl kennt, besitzt Macht.

Die Drei ist ein Symbol der Vielheit, die sich wieder zur Einheit
schließt. Wenn Zwei die Trennung und Scheidung (von der Eins)
bedeutet, so ist Drei das Symbol der Wiedervereinigung, der wie-
dergewonnenen Ganzheit. Sie ist die Synthese des Einen und des
Anderen. Darum steht sie der Eins näher als der Zwei. Denn Zwei
besagt immer das Eine und das Andere, das Gegenüberstehende,
das Gegengesetzte, den Gegensatz (griechisch: *antithesis*). Drei aber
ist die Wiederherstellung der Einheit, die Wiederzusammensetzung
des Getrennten (griechisch: *synthesis*).

In den Göttermythen des Altertums treten immer wieder Dreier-
gruppen unter den Göttern auf: Anu – Enlil – Ea (Himmel, Luft und
Erde) in Babylonien, Osiris – Isis – Horus, die „heilige Familie" in
Ägypten, Amun – Re – Ptah, die ägyptische „Reichstriade", Brahma –
Vishnu – Shiva, die indische Trimurti AUM, Odin – Thor – Thyr
bei den Germanen, Teutates – Esus – Taranis bei den Galliern[78],
Zeus – Poseidon – Hades, die drei Söhne des Kronos, unter die nach
der griechischen Mythologie die Bereiche der Welt aufgeteilt sind.[79]
Carl Gustav Jung hat auf die Triade „Marx – Engels – Lenin" hinge-

wiesen, der Kommunismus sei eine „archetypische, in der Primitivi-
tät seit uralters vorhandene Gesellschaftsordnung, woraus sich übrigens sein ‚religiöser' und ‚numinoser' Charakter erklärt".[80]

Göttinnen erscheinen häufig in triadischer Gestalt. Die griechische Mondgöttin wird als „dreigesichtige Selene" angerufen, weil
die drei Mondphasen (zunehmend – Vollmond – abnehmend; den
Neumond hat man nicht als Phase betrachtet) als drei „Gesichter"
gesehen wurden, als Ausdruck eines dreifachen Menstruationszyk-
lus. In der Göttin Hekate, die ursprünglich als Hauptgöttin in Klein-
asien verehrt wurde, sah man die Herrin von Erde, Meer und Himmel. Ihr Beiname „Trioditis", Göttin der „Dreiwege", weist darauf
hin, dass man sie sich offenbar ursprünglich dreigestaltig vorstellte.
Später wurde Hekate mit Artemis und Selene zusammengebracht,
und alle drei wurden als Helferinnen bei Geburtswehen angerufen.[81] Auf einer etwas niedereren Ebene gewähren die drei Grazien
(Agalia, Euphrosyne, Thaleia) göttliche Gunst und Hilfe; sie waren
ursprünglich Göttinnen der Anmut und alles dessen, was dem Leben über die natürlichen Bedürfnisse hinaus seinen Reiz verleiht.
Die drei Moiren (Klotho, Lachesis, Atropos) weben am Schicksals-
faden und bestimmen so den Lebenslauf der Menschen. Die drei
Horen (Thallo, Auxo, Karpo) legen die drei Phasen des Lebensbe-
ginns, des Wachstums und des Erntens fest.

Noch weit darüber hinausgehend ist die Aufzählung, die der Phi-
lologe und Religionswissenschaftler *Hermann Usener* vorgelegt hat.
Er spricht von einer „fast erdrückenden Fülle der Erscheinungen"[82]
und vertritt die Ansicht, dass „bis ins dritte Jahrhundert nach Christus hinein Neubildungen dieser Art versucht worden sind. ... Stünde
uns für nichtgriechische Völker eine gleich umfassende Überlieferung zu Gebot wie für Griechen, so dürften wir von vielen verhältnismäßig lange Reihen von Götterdreiheiten erwarten. So viel lässt
uns noch heute die Dürftigkeit unseres Wissens ahnen."[83] Nicht
uninteressant ist auch seine Beobachtung, „dass öfter erweiterte
Triaden begegnen, in welchen neben zwei Einzelgottheiten ein göttlicher Mehrheitsbegriff gestellt wird"[84].

Usener folgert aus diesen Erscheinungen: „Wir ziehen daraus die
Erkenntnis, dass es ein weit verbreiteter menschlicher Trieb war,
sich die Gottheit in der Form der Dreiheit vorzustellen. Bei den

meisten, vielleicht bei allen Völkern des Alterthums hat dieser Trieb lange seine Wirkung geübt, in vielen Fällen gewiss unbewusst, mit der Kraft eines Naturgesetzes. Aber in der geschichtlichen Zeit hat man sichtlich mit klarem Bewusstsein Dreiheiten von Göttern zusammengestellt."[85]

Dreifaltige Symbolik als Archetyp

Aufgrund dieser in unterschiedlicher Weise sehr häufig anzutreffenden Triaden hat der Theologe und Psychoanalytiker *Eugen Drewermann* den Gedanken geäußert, es handele sich bei der „dreifaltigen Symbolik" um einen Archetyp: „Nur wer zu der ursprünglichen, sinnlichen Evidenz dieser archetypischen Dreifaltigkeitssymbolik zurückkehrt, wird verstehen, wie sehr in der alten Mythologie triadische Bilder dazu dienen konnten, das Wesen des Göttlichen ... vor Beginn aller Welt und im Anfang aller Welt erfahrbar zu machen."[86]

Könnte es sein, dass jene Völker, die – im weitesten Sinn – den kulturellen und geistigen Wurzelboden für das Christentum und damit für die christliche Trinitätslehre darstellen, mit der Dreizahl der Götter symbolisch die Vollkommenheit und Vielfalt des Göttlichen aussagen wollten? Dass sie die „Drei" also nicht in erster Linie als Zahl verstanden, die eine bestimmte *Quantität* benennt, sondern sie als verschlüsselten Hinweis auf die *„Qualität"* der Götter, nämlich auf ihre Einheit untereinander und in sich sowie auf die Vielfalt ihrer Erscheinungs- und Offenbarungsformen für uns? Da der Mensch vom Göttlichen nie adäquat sprechen kann, muss er es analog tun – in Bildern, in Anthropomorphismen, in symbolisch zu verstehenden Zahlen oder, modern ausgedrückt, in archetypischen Begriffen.

Zustandekommen des christlichen Trinitätsdogmas

Das Christentum bekennt sich zu einem dreifaltigen Gott. Da Jesus nach dem Zeugnis der Evangelien von einer wie immer gearteten göttlichen Dreifaltigkeit nichts wusste[87], stellt sich die Frage, wie die göttliche Trinität dann überhaupt Eingang in das christliche Credo gefunden hat.

Eine der Wurzeln für das Dogma vom dreieinen Gott ist in den Gotteserfahrungen des Volkes Israel zu suchen. So spricht eine seltsame Epiphanieerzählung aus der Abrahamstradition (Gen 18,1–5,9–10) vom Besuch „des Herrn" (*Jahwe*) in Gestalt von drei Männern, die jedoch im Singular angeredet werden („mein Herr"). Der jüdische Religionswissenschaftler *Pinchas Lapide* schreibt dazu, es sei ihm und anderen jüdischen Exegeten klar, „dass Gott sich hier in einer Dreizahl von Männern oder als Einer von drei Männern manifestiert, was einem dynamischen Monotheismus entspricht, der versucht, die Mannigfaltigkeit der Erfahrbarkeit Gottes unter ein einziges Dach zu bringen"[88]. In der Bibel bedeutet die Zahl „Drei" meist etwas Geschlossenes, Überschaubares, aber auch unbedingt Geltendes. Häufig bezeichnet der „dritte Tag" die Wende zum Guten (schon nach kurzer Zeit, wie die Auferweckung Jesu am dritten Tag u. a.).[89]

Im Mittelpunkt aller nachösterlichen theologischen Spekulationen über die Deutung der Gestalt Jesu wird die Frage diskutiert, in welchem inneren Zusammenhang Gott, der „Vater", und Jesus, der „Sohn (Gottes)", stehen und wie eng diese Verbindung sein könnte.[90] Die Gestalt Jesu wurde mehr und mehr erhöht und immer enger an die Seite Gottes gerückt. Eine Art von „Binität" (Zweiheit) in Gott erschien vielen Theologen und wohl auch dem einfachen Volk jedoch nicht recht befriedigend. Denn nicht die „Zwei", sondern die „Drei" ist eine Gotteszahl. So rückte der etwas in Vergessenheit geratene „Heilige Geist" als drittes göttliches Element bald stärker ins Blickfeld.[91]

Eine wichtige Rolle für das Zustandekommen des Trinitätsglaubens dürften auch die altägyptische Theologie, in der es eine „Reichstriade"[92] gab, der „Drang zur Dreizahl" in der griechischen Mythologie und die im Volk verbreitete Vorliebe für die Dreizahl gespielt haben.

Die christliche Theologie zahlt freilich für die Festlegung auf eine göttliche Dreiheit einen hohen Preis. Denn sie hat – zumindest für Außenstehende und auch für Theologen anderer Religionsgemeinschaften – trotz der Aufwendung enormen Scharfsinns und erstaunlicher Formulier- und Distinktionskunst bis heute nicht hinreichend einsichtig machen können, wie die Dreifaltigkeitslehre mit dem Monotheismus in Einklang zu bringen ist. Das beweisen die immer wieder im Gespräch mit dem Judentum und dem Islam auftretenden Irritationen und der bei einfachen Gläubigen bis hinauf in die oberen Ränge der Theologen unausrottbar grassierende, meist freilich nicht geäußerte, sondern nur schlicht und stumm (wenn überhaupt noch) geglaubte Tritheismus (ein Gott in drei „Personen", die als irgendwie selbstständige Individuen verstanden werden).

Zwei Vorschläge für einen möglichen Zugang zur Trinitätslehre

Ein heute plausibler Zugang zur christlichen Trinitätslehre könnte darin bestehen, die „Drei" als Zahl vornehmlich in ihrem Symbolwert zu sehen. Sie ist aus dieser Perspektive *nicht numerisch* (als Summe von eins und eins und eins) zu verstehen, sondern *qualitativ* als Einheit, die das vielfältig sich Unterscheidende zusammenführt. Ein symbolisch-qualitatives Verständnis der Dreizahl in der Trinitätslehre besitzt theologisch eine erheblich stärkere und umfassendere Aussagekraft als die verkrampften Spitzfindigkeiten der (scholastischen) Trinitätsspekulation mit ihrem Versuch, eine numerisch-quantitative Interpretation gegenüber der Gefahr des Tri-Theismus zu retten.

Die unterschiedlichen Gotteserfahrungen der Stämme des Volkes Israel lassen jeweils ein anderes „Angesicht" Gottes (vgl. Ex 33,20; 1 Chr 16,11) erkennbar werden. Dieser Gott erscheint nicht als eine einzige immer gleiche, eintönige „Größe", sondern stets „neu" und überraschend „anders". Sein „Name" – *Jahwe*: „Er-ist-da" – muss jeweils mühsam ausgemacht und gleichsam neu buchstabiert werden. So kann *Jahwe* erfahren werden – *wie* ein Vater, *wie* ein König, *wie* ein Herr, *wie* ein mächtiger Kriegsheld, *wie* ein Sippen- und Familienoberhaupt, *wie* ein rätselhafter Unbekannter, *wie* eine liebende Mutter, *wie* die personifizierte Weisheit, *wie* eine „Geistin" (das hebräische Wort *„ruách"* für „Geist" ist feminin), *wie* Feuer, Blitz und Erdbeben, *wie* ein sanftes Säuseln eines zarten Windes, *wie* eine Donnerstimme im Schall der Posaunen, *wie* ein leise mahnender Ruf im Inneren des Menschen.

In all diesen unterschiedlichen Erfahrungen bemühte sich das alte Israel, den einen und *einzigen* Gott *Jahwe* zu erkennen, besser: wiederzuerkennen. Gott musste „geeinigt" werden. Ein „einigendes" Bekenntnis, das die Bildrede von „Vater", „Sohn" und „(Heiliger) Geist" und das damit gegebene mögliche Missverständnis einer Dreipersönlichkeit Gottes in unserem heutigen Sinne (Person als Individuum) vermeidet, gleichzeitig aber die überkommene „Drei"-Zahl der Gotteserfahrungen beibehält, ist vonnöten.

Um diesen Anforderungen zu genügen und um die genannten Klippen der Trinitätslehre zu umschiffen, möchte ich zwei Vorschläge für einen möglichen Zugang vorstellen:

Erster Vorschlag

Gott-vor-uns – Gott-mit-uns – Gott-in-uns

Gott ist *Jahwe*, der „Ich-bin-da", weil er trotz aller Unterschiede seiner Erfahrbarkeit immer derselbe bleibt: Er ist die Quelle allen Lebens, der Schöpfer und Erhalter der Welt, der vor seinem Volk Herziehende und inmitten seines Volkes Wohnende, der die Seinen Liebende und für sie Sorgende, der immer wieder in allem Vorangehende und der schließlich alles in seine geöffneten, liebenden und erwartenden Hände Aufnehmende und Vollendende:
• Gott ist *Gott-vor-uns* (in doppeltem Sinn als Ursprung und Ziel).

Christinnen und Christen glauben und bekennen, dass dieser „Gott-vor-uns" sich den Menschen in besonderer und einzigartiger Weise genähert hat in Jesus, dem Mann aus Nazaret. In ihm ist Gott zum Bruder aller Menschen geworden; er hat Leib und Leben, Not und Tod mit ihnen geteilt; er begegnet in jedem Geringsten (Mt 25,40.45) und ist so bei ihnen „alle Tage bis zum Ende der Welt" (Mt 28,20):
• Gott ist *Gott-mit-uns,* der „Immanuel" (Jes 7,14).

Gott ist das unsichtbare Lebensprinzip alles Geschaffenen und Gewordenen. Er ist nimmer erlahmende Triebkraft und Ansporn. Er ist Anwalt der Unterdrückten und Entrechteten, weiterführender Lehrer der Suchenden und Fragenden (Joh 14,26), Stimme der Bedrängten und Entmutigten (Lk 12,12), Tröster der Leidenden und Sterbenden. Er ist die alles und alle verbindende Gemeinschaft und Liebe (Röm 5,5):

- Gott ist *Gott-in-uns* (1 Kor 2,10).

Gott ist „drei"-faltig: „In ihm leben wir, bewegen wir uns und sind wir" (Apg 17,28). Auf unzählige Weisen ist er im Leben erfahrbar. Unendlich ist die Zahl der Variationen, in denen er sich offenbart, in denen er das Geheimnis seines Wesens lüftet, in dem er wie durch einen Schleier wahrzunehmen ist. Aber Gott ist trotz dieser vielfältigen Erfahrungsweisen nicht eine Vielheit, die sich zerfranst und unübersichtlich wird. Er ist erfahrbar als eine Vielheit, die sich in ihrer Offenbarung wieder zur Einheit schließt:

- Als „Drei"-faltiger ist der eine und einzige Gott: *Gott vor uns, Gott mit uns, Gott in uns.*

Zweiter Vorschlag

Gott Vater – Gott Sohn – Gott Heiliger Geist

Vor dem tradierten Verständnishintergrund der christlichen Trinitätstheologie als „Gott Vater – Gott Sohn – Gott Heiliger Geist" ließe sich ein neuer Zugang gewinnen, wenn man „Vater", „Sohn" und „(Heiliger) Geist" als (archetypische) Metaphern in einem übertragenen, weiteren und umfassenderen Sinn interpretiert.

- All jene Erfahrungen mit Gott, die in ihm ein zeugendes oder schaffendes, ein führendes und sorgendes, ein tragendes und haltendes, ein leitendes und richtungweisendes, ein umfassendes und bergendes Prinzip offenbar werden lassen, werden gleichsam gebündelt in dem Bild-Symbol *„(Gott) Vater".*
- All jene Erfahrungen mit Gott, die in ihm (wie in Jesus von Nazaret) das Kleine und Unscheinbare, das Hilfsbedürftige und Niedrige, das Ohnmächtige und Ausgelieferte, das mit uns Menschen gleichsam „unten" und „nebenan" auf einer Ebene Stehende offenbaren, werden gebündelt in dem Bild-Symbol *„(Gott) Sohn".*
- All jene Erfahrungen mit Gott, die in ihm etwas überraschend anderes und Beunruhigendes, etwas Aufbrechendes und Vor-

wärtstreibendes, etwas im Menschen selbst Lebendiges und Wie-der-lebendig-Machendes offenbar werden lassen, werden gebün-delt in dem Bild-Symbol *„(Gott) Heiliger Geist".*

Vater, Sohn, Heiliger Geist – säkular und universal

Das Christentum stützt sein Bekenntnis zu einem dreifaltigen Gott auf seine in der schriftlichen und mündlichen Überlieferung, in Heiliger Schrift und Tradition festgehaltenen Epiphanien und Of-fenbarungen. Dieser Gott ist ein „lebendiger", ein Leben schaffender und erhaltender Gott, der nicht nur in der Vergangenheit erfahrbar gewirkt hat, sondern auch in der Gegenwart am Werk ist. Vielleicht versperrt eine allzu sehr allein auf Schrift und Tradition fixierte, in dogmatische Glaubensformeln gefasste und dadurch eng geführte Theologie den Blick darauf. Sollte das Wirken (des christlichen) Got-tes als „Dreifaltiger" wirklich nur der Vergangenheit angehören? Sollte es nur in den Erzählungen der Bibel anzutreffen sein? Gibt es in der Welt von heute, im „profanen" Bereich für einen mit offenen Augen tastenden und suchenden Menschen keine Formen und Gestalten des Offenbar-Werdens eines „drei-faltigen" Gottes? Ich meine: Ja. In Hülle und Fülle.

Gott – Vater

Wer sich nur ein wenig über die Entdeckungen und Erkenntnisse der Naturwissenschaften informiert, erfährt Faszinierendes und Staunenswertes. Ein paar Beispiele sollen genügen:
- der Urknall und die unlösbare Frage nach seiner Ursache,
- der Makrokosmos mit seinen schwarzen Löchern und Gestirnen, mit seinen unvorstellbaren Entfernungen und den Bahnen der Planeten,
- die Geheimnisse der Antimaterie, der Dunklen Energie und der Gravitation,
- die verschlungene und verwundene Geschichte der Evolution,
- die Größe und Erhabenheit des Hochgebirges, der Gletscher, des Ewigen Schnees,

- die Faszination und die Stille der Wüste,
- die Urgewalt und die Sanftheit der Ozeane,
- die Korallenriffe und die Farbenpracht der Fische im Meer,
- die rätselhafte, unergründliche Welt der Kleinstlebewesen und Mikroben, der Viren und Bazillen,
- der staunenswerte Zug der Vögel im Herbst und im Frühjahr,
- das Geheimnis des Lebens, seines Werdens und Vergehens, die Wunder des menschlichen Organismus:
  - Ein Erwachsener besteht aus 10^{14} oder 100 Billionen oder 100 000 000 000 000 einzelne Zellen. Legte man die durchschnittlich nur 40 tausendstel Millimeter kleinen Zellen aneinander, reichten sie vier Millionen Kilometer weit oder 100 Mal um die Erde. Und selbst wenn man in jeder Sekunde eine Zelle an die andere reihte, würde das Ziel erst nach über drei Millionen Jahren erreicht.[93]
  - Die Gesamtlänge aller Blutgefäße beträgt durchschnittlich etwa 100 000 Kilometer. Das gesamte Blut des Menschen zirkuliert Tag für Tag 1440 Mal durch den Organismus.[94] Bei einem erwachsenen Menschen schlägt das Herz 70 bis 80 Mal pro Minute Dabei pumpt es 4 bis 5 Liter Blut durch die Adern, das ergibt etwa 7500 Liter pro Tag. Pro Jahr schlägt es also 42 Millionen Mal und pumpt dabei 2,7 Millionen Liter Blut durch das Kreislaufsystem. Ein Fünfundsiebzigjähriger kommt auf 3,1 Milliarden Herzschläge und auf 205 Millionen Liter durch den Körper gepumptes Blut.[95]
  - Im Körperkreislauf ist das arterielle Blut reich an Sauerstoff. Das venöse Blut ist mit Kohlendioxid angereichert. Im Lungenkreislauf ist es umgekehrt. Für den Gasaustausch im Körpergewebe sorgen 40 Milliarden feinste Gefäße, die Kapillaren. Alle vier Monate wird unser Blut komplett ersetzt: Das Knochenmark produziert jede Sekunde zwei Millionen neue rote Blutkörperchen.[96]
  - Das menschliche Gehirn besteht aus etwa 100 Milliarden Nervenzellen (Neuronen), die durch etwa 100 Billionen Schaltstellen (Synapsen) miteinander verbunden sind. Diese Schaltstellen kann das Gehirn jederzeit neu bilden oder trennen, auf- oder abbauen, aktivieren, verstärken oder lösen – mit jeder Synapse

sind Aktivierungsmuster von Nervenzellen, spezifische Infor-
mationswege, gespeichert. Jeder Gedanke, jede Erinnerung, jedes Gefühl löst ein präzises Feuerwerk aus und aktiviert über
die Synapsen ein bestimmtes neuronales Netz, ein Verbindungs-
oder Erregungsmuster. Ein Neuron ist mit bis zu 30 000 anderen Neuronen vernetzt und kann in der Großhirnrinde mit
höchstens zwei Zwischenschritten jedes andere Neuron erreichen. Insgesamt messen unsere Nervenbahnen 5,8 Millionen
Kilometer – damit könnte die Erde 145 Mal umspannt werden.
Beim Hören nehmen wir beispielsweise pro Sekunde ca. 1 Mil-
lion Bit auf und unterscheiden dabei Töne, Klänge, Geräusche,
sprachliche Äußerungen, Nuancen in Stimmen usw. Die Grö-
ßenordnung dieser Informationsmenge wird deutlich, wenn
man weiß, dass ca. 15 000 Bit einer Schreibmaschinenseite entsprechen. Um ein Vielfaches größer wird die Datenmenge beim
Sehen. 50 Milliarden Bit können pro Sekunde über die Augen
wahrgenommen werden. Das Durchschnittsgewicht eines Gehirns bei Frauen beträgt 1245 Gramm, bei Männern 1375
Gramm. Dass die Intelligenz des jeweiligen Individuums nicht
mit dem Gewicht des Gehirns zusammenhängt, zeigt das Beispiel *Albert Einsteins*: Sein Gehirn wog lediglich 1230 Gramm.

- Die Leistungsfähigkeit des menschlichen Gehirns zeigt sich
  beim Vergleich mit modernen Computern. Während das Gehirn etwa 10^{13} analoge Operationen pro Sekunde schafft und
  dabei etwa 15 bis 20 Watt Leistung benötigt, schafft der Super-
  rechner von Intel nur etwa 10^{12} Operationen bei 85 Watt. Die
  hohe Rechenleistung des Gehirns wird vor allem durch seine
  vielen parallelen Verbindungen und nicht durch eine hohe
  Geschwindigkeit bei den einzelnen Rechenvorgängen (Takt-
  frequenz) erzielt.[97]

Je intensiver der Mensch die Natur erforscht und erkundet, desto
mehr Unerforschtes und Unerkundetes tritt zutage. Je mehr Antworten auf die Rätsel des Kosmos gefunden werden, desto mehr
neue Fragen tauchen auf. Das Anwachsen der gelösten und der ungelösten Probleme ist geradezu umgekehrt proportional – trotz des
rasanten Fortschritts der Naturwissenschaften. Soll all das wirklich
durch puren Zufall entstanden sein – und sei es auch in Millionen

und Abermillionen von Jahren? Sind all diese höchst verwunderlichen und erstaunlichen Fakten nichts anderes als das Produkt einer blind laufenden Evolution?

Ist es angesichts dieser zahllosen Wunder und Rätsel, dieser unendlich vielen für den Menschen (bis heute) unlösbaren Fragen so gänzlich unvernünftig, an eine geheimnisvolle letzte und tiefste Kraft zu glauben, die hinter all den Wundern der Natur steht und die das All in irgendeiner Weise ins Dasein gerufen hat, die es trägt und erhält? Der Glaube an oder zumindest die Ahnung von einer schöpferischen, weltgestaltenden und -erhaltenden Gottheit ist seit unvordenklichen Zeiten vorhanden und weltweit verbreitet. Und sie kann und darf auch heute das Denken des Menschen bewegen und umtreiben. „Vielleicht ist es wahr ...“[98]

Gott – Sohn

Nicht nur die Wunder der Schöpfung bringen uns ins Staunen und Verwundern. Nicht selten sind es auch Menschen in unserem Alltag und in der Welt von heute, Menschen von „nebenan“, die irgendetwas Ungewöhnliches und Außerordentliches tun. Menschen, die uns Bewunderung abnötigen und in deren Leben etwas über das Menschenmögliche Hinausgehendes – manche meinen: etwas Übermenschliches, Göttliches – durchschimmert. Und die dennoch Menschen waren oder sind wie wir – aus Fleisch und Blut. Menschen, die – ähnlich wie Jesus von Nazaret – „unten“ und „nebenan“ auf einer Stufe stehen oder standen mit den Kleinen und Unscheinbaren, den Hilfsbedürftigen und Niedrigen, den Ohnmächtigen und Ausgelieferten, mit „jedem“?

Viele bekannte und weniger bekannte Männer und Frauen sind hier zu nennen, längst vergessene und häufig erwähnte Menschen – Politiker wie *Mahatma Gandhi, Martin Luther King, Nelson Mandela*; Humanisten wie *Elsa Brandström*, der „Engel von Sibirien“, die im Ersten Weltkrieg freiwillig als Krankenschwester in die Gefangenenlager Russlands ging, wie *Florence Nightingale*, eine Begründerin der modernen Krankenpflege und Reformerin des Sanitätswesens und der Gesundheitsfürsorge, wie *Abbé Pierre*, der im Zweiten Weltkrieg der französischen Résistance angehörte, jüdischen Flüchtlingen half und die Wohltätigkeitsorganisation Emmaus gründete, oder wie *Albert Schweitzer,* den Arzt von Lambaréné, den Theologen, Pazifisten und Friedensnobelpreisträger; Widerstandskämpfer wie *Helmuth James Graf von Moltke, Alfred Delp SJ* oder *Sophie Scholl,* die inmitten von Unterdrückung und Terror ein leuchtendes Zeichen innerer Freiheit setzten und bereit waren, ihren Widerstand gegen die Nazidiktatur mit dem Leben zu bezahlen; Wissenschaftler wie *Robert Koch,* den Begründer der modernen Bakteriologie und Mikrobiologie, wie *Wilhelm Conrad Röntgen,* den Entdecker der nach ihm benannten Röntgenstrahlen, oder wie *Alexander Fleming,* den Entdecker des Penicillins; Künstler wie *Johann Sebastian Bach, Wolfgang Amadeus Mozart* oder *Ludwig von Beethoven,* die mit ihren Kompositionen unzähligen Menschen Glaube und Zuversicht, Freude und Hoffnung schenkten; Theologen wie *Dietrich Bonhoeffer, Karl Rahner* oder *Papst Johannes XXIII.,* die das lebten, was sie verkündeten. Und es gibt die vielen Heldinnen und Helden des Alltags, die Zivilcourage gezeigt haben wie *Malala Yousafza,* die 2014 den Nobelpreis erhielt, weil sie die Gewalttaten der pakistanischen Taliban angeprangert und deswegen von einem Talibankrieger schwer verwundet wurde, wie *Dominik Brunner,* der im September 2009 von zwei Jugendlichen auf einem Münchener S-Bahnhof aus Rache ermordet wurde, nachdem er zuvor vier Schüler vor diesen Jugendlichen geschützt hatte, wie der neunjährige *Tyler Doohan,* der sechs Familienmitglieder aus einem brennenden Wohnwagen rettete und beim Befreiungsversuch seines gehbehinderten Onkels ums Leben kam.

Bei ihnen und bei vielen, vielen anderen längst vergessenen Menschen leuchtete in ihrem Leben, in ihren Worten und Taten und (bei einigen) in ihrer Lebenshingabe etwas durch wie von einem darin verborgenen göttlichen Geheimnis. Ich frage mich: Wie kamen sie dazu? Woher ihr selbstloser Einsatz, ihr beeindruckendes Wirken, ihre bemerkenswerten Taten – für andere? Woher ihre Motivation? Wer oder was trieb sie an? Taten sie alles wirklich „nur" aus eigenem Antrieb? Teilt sich hier vielleicht, hinter einer menschlichen „Maske" verborgen, Gott selbst mit, wie er das nach christlicher Überzeugung in Jesus getan hat?

Gott – Heiliger Geist

Die Erfahrungen eines plötzlichen und unwiderstehlichen Impulses zum Aufbruch in Neuland, das Erlebnis einer unerwarteten Wende zum Guten in aussichtsloser Situation oder der Erweckung von im Menschen schlummernden, bis dahin unentdeckten und ungeahnten Fähigkeiten wird in der jüdisch-christlichen Glaubenstradition häufig auf die Einflussnahme des belebenden und antreibenden Gottesgeistes zurückgeführt.

Wenn ich nach derartigen Ereignissen in der Welt von heute oder in der Vergangenheit suche, dann kommt mir zuerst der Mauerfall und die sogenannte Wende des Jahres 1989 in den Sinn. Und vielen Deutschen, ob „Ossis" oder „Wessis", ob Christen oder Atheisten, wahrscheinlich auch. Was bis dahin niemand für möglich gehalten hatte und was selbst gestandene und bestens informierte Politiker überraschte, trat ein – ohne Gewaltanwendung, ohne Blutvergießen, mit Kerzen in den Händen der Menschen, aber nicht ohne manche merkwürdigen und denkwürdigen „Zufälle" (wie z. B. *Schabowskis* Zettel!).

Im Hinblick auf die Weltgeschichte lassen sich noch andere, nicht selten völlig unerwartete Geschehnisse nennen, die zu ungeahnten Aufbrüchen und zu grundlegendem Wandel führten. Von da an wehte ein anderer, neuer, belebender Geist in der Welt. Ich will nur einige aufzählen:

1215 legt die *„Magna Charta Libertatum"* (zu Deutsch: Große Urkunde der Freiheiten) die ersten Gesetze fest, an die sich auch ein König halten muss. Sie leitet das Ende des absolutistischen Königtums „von Gottes Gnaden" ein. Die Charta umfasste 63 Paragraphen, deren zentrale Aussage sich im Artikel 39 fand: „Kein freier Mann (*no free man*) darf verhaftet, gefangen gehalten, enteignet, geächtet, verbannt oder sonst angegriffen werden; noch werden wir ihm etwas zufügen oder ihn ins Gefängnis werfen lassen, als durch das gesetzliche Urteil von seinesgleichen oder durch das Landesgesetz." Dieser Artikel hatte im 13. Jahrhundert, als ein Großteil der Bevölkerung noch aus Leibeigenen bestand, noch keine weitreichenden Folgen, doch nachdem in späteren Jahrhunderten die Anzahl der freien Bürger anstieg, wurde dieser Artikel zu einem wichtigen Grund-

recht. Ein weiteres grundsätzliches Bekenntnis folgt im nächsten
Paragraphen (Art. 40): „Wir werden Recht und Gerechtigkeit an nie-
manden verkaufen und niemandem verweigern oder verzögern."
Das Recht als unverfügbares Gut und Maßstab selbst – das sind
auch nach damaligem Standard starke Worte. Das Ganze wird noch
bedenkenswerter und gleichzeitig fast absurder, wenn man sich
daran erinnert, dass die Charta zustande kam unter König *Johann
Ohneland*, einem der schlechtesten Könige der englischen Geschichte,
und 25 Baronen, deren Motive zumindest nicht ganz einwandfrei
waren. Und dennoch kann man dieses Dokument als Meilenstein
des europäischen Verfassungsrechts und als eine Art juristisches
Weltkulturerbe bezeichnen.

1517 veröffentlicht *Martin Luther* seine 95 Thesen gegen den
Ablasshandel und leitet damit die Reformation ein. Aus einem Akt
der zivilen, religiös motivierten Rebellion entwickelt sich eine für
die gesamte Christenheit hoch bedeutsame Neubesinnung und Neu-
orientierung.

Im 17. und 18. Jahrhundert breitet sich die Aufklärung aus als „der
Ausgang des Menschen aus seiner selbst verschuldeten Unmündigkeit. Unmündigkeit ist das Unvermögen, sich seines Verstandes ohne
Leitung eines anderen zu bedienen", wie *Immanuel Kant* 1784 definiert.

Die *„Virginia Declaration of Rights"*, die „Grundrechteerklärung
von Virginia", nimmt 1776 großen Einfluss auf die Ausformulie-
rung der Unabhängigkeitserklärung der Vereinigten Staaten von
Amerika und der französischen Erklärung der Menschenrechte von
1789. Darin heißt es unter anderem: „Alle Menschen sind von Natur
gleichermaßen frei und unabhängig und besitzen gewisse angebo-
rene Rechte ..., nämlich das Recht auf Leben und Freiheit und dazu
die Möglichkeit, Eigentum zu erwerben und zu behalten und Glück
und Sicherheit zu erstreben ... Alle Macht ruht im Volke und leitet
sich daher von ihm ab; alle Amtspersonen sind seine Diener und
ihm jederzeit verantwortlich ... Die Pressefreiheit ist eines der
stärksten Bollwerke der Freiheit und kann niemals eingeschränkt
werden ... Religion oder die Ergebenheit, die wir unserem Schöpfer
schuldig sind, und die Art, wie wir sie erfüllen, kann lediglich durch
Vernunft oder Überzeugung bestimmt werden, nicht durch Zwang

und Gewalt, und deshalb haben alle Menschen den gleichen Anspruch auf freie Ausübung der Religion nach den Geboten ihres Gewissens."

1789 beginnt mit dem Sturm auf die Bastille in Paris die *Französische Revolution* mit dem Grundsatz: „Freiheit, Gleichheit, Brüderlichkeit." Die Revolution selbst endet zwar in Chaos und Terror, aber der Impuls zu „Freiheit, Gleichheit, Brüderlichkeit" ist geblieben und ist heute genau so aktuell wie damals.

Die *Charta der Vereinten Nationen* wurde 1945 unterzeichnet. Die wichtigsten Aufgaben der UN sind die Sicherung des Weltfriedens, die Einhaltung des Völkerrechts, der Schutz der Menschenrechte und die Förderung der internationalen Zusammenarbeit. Im Vordergrund steht außerdem die Unterstützung auf wirtschaftlichem, sozialem und humanitärem Gebiet.

1948 folgte die *Allgemeine Erklärung der Menschenrechte*, in der erstmals fast alle Staaten der Welt gemeinsam grundlegende Menschenrechte deklarieren, die für jeden Menschen gleichermaßen zu gelten haben. Die Erklärung hat zwar keinen bindenden Charakter für die Unterzeichnerstaaten, aber sie erscheint als ein Meilenstein in der Geschichte der Menschenrechte und als wichtiges Rechtsdokument für die internationale Politik.

Gewiss, es handelt sich bei dieser Auswahl um meist höchst profane Ereignisse, die auf den ersten Blick wenig mit Gott und einem Heiligen Geist zu tun zu haben scheinen. Aber wenn Gott der nach christlicher Überzeugung Allgegenwärtige ist, warum sollte dann sein verschiedenartiges, vielfältiges Wirken auf das Christentum beschränkt bleiben? Und wenn Gott das „heilige Geheimnis" ist, warum sollte er in seinem Wirken immer sofort und für jeden Menschen zweifelsfrei erkennbar sein?

Dinge – Zeichen für etwas Anderes

Der Religionsphilosoph *Bernhard Welte* hat schon vor Jahren angemahnt, das „metaphysische" Gottesbild durch ein „nachmetaphysisches" zu ersetzen. Er meinte damit eine Gottesvorstellung, die nicht

aus einem Begriffssystem konstruiert ist, sondern die auf ursprünglichen Erfahrungen beruht.[99] Metaphysik ist abstrahierendes, „objek-
tivierendes Denken". Was aber heute vonnöten ist, sind Erfahrungen.
Wenn schon Begriffe gebildet werden sollten, so sei es Aufgabe der
Theologie, sie mit ursprünglichen Erfahrungen zu füllen oder von
ihnen her neue Erfahrungen zu gewinnen.

Tatsächlich tun sich viele Menschen mit der von den Kirchen tra-
dierten und postulierten, metaphysischen „Gotteslehre" schwer.
Gott erscheint darin so ganz und gar weltenthoben, weltabwesend,
menschenfern. Wie ein blutleeres, seelenloses Gebilde, das sich
Menschen ausgedacht haben und das sie nicht mit Leben erfüllen
können. Dieser Gott hat ihnen nichts zu sagen, er ist nichtssagend.
Dieser Gott wirkt anspruchslos, er spricht die Menschen nicht an.
Als der französische Astronom *Pierre-Simon de Laplace* dem Kaiser
Napoleon sein Planetensystem erklärte und *Napoleon* fragte, wo
denn Gott in diesem System seinen Platz habe, soll *Laplace* geantwortet haben: „Sire, diese Hypothese habe ich nicht nötig." 100 Jahre
später stellt der Theologe *Dietrich Bonhoeffer* nüchtern und illusions-
los fest, der moderne Mensch insgesamt lebe *„etsi deus non daretur"*,
als ob es Gott nicht gäbe.

Vor der sogenannten Aufklärung war genau das Gegenteil anzutreffen. Für unsere Vorfahren, so meinte der Theologe *Romano Guardini*, sei „die Welt von Gott voll" gewesen. „„Nicht dass die Menschen
besonders gut gewesen wären; es hat Unrecht und Sünde gegeben
wie heute. Trotzdem war wohl etwas anders: Das Gute ist aus der
Nähe Gottes heraus geschehen und das Böse wider diese Nähe, und
deswegen waren auch Umkehr und Buße so tief.' Dem Zeitgenossen
dagegen sei die selbstverständliche Nähe Gottes entschwunden. ,Die
Welt wird immer voller von Sachen', die Herzen kühlen ab, das Dasein wird leerer. Doch *Guardini* wagt die scheue Vermutung, in dieser
Ferne könne eine Chance stecken – und eine verborgene, nicht mehr
fühlbare Nähe: die Nähe des verborgenen Gottes. Gott ,durch die
Ferne die Treue halten' wird so zum religiösen Programm für die äu-
ßerste Form geistlicher Armut: Wir sind ,Gläubige', die nicht einmal
Glauben haben und die zu Gott sagen: ,Wir fühlen keine Nähe'. Aber
wir sind noch nicht verstummt. Wir sprechen und beten noch – aus
einer Haltung des ,Unglaubens', der sich erleuchten lassen will."[100]

In neuerer Zeit wird beim Bemühen, von metaphysischen, christentümlich geprägten Gottesvorstellungen wegzukommen und „Gott" neu zu denken, häufig auf das Gottdenken des jüdischen Philosophen *Baruch Spinoza* zurückgegriffen – allerdings in etwas abgewandelter Form. *Spinoza* vertrat die Ansicht, dass „die denkende Substanz und die ausgedehnte Substanz eine und dieselbe Substanz sind, die bald unter diesem, bald unter jenem Attribut gefasst wird". Es gibt für ihn nur eine einzige Substanz. „Unter Substanz verstehe ich das, was in sich ist und durch sich begriffen wird, d. h. das, dessen Begriff, um gebildet werden zu können, den Begriff eines anderen Dinges nicht braucht."[101] In der Philosophiegeschichte wird dieses Denken als Pantheismus bezeichnet (alles Seiende *ist* Gott).

Bis in die Gegenwart hinein wurde der Pantheismus von vielen christlichen Theologen verurteilt, weil er nicht dem kirchlich approbierten Gottesbild entsprach. In neuerer Zeit ist man etwas zurückhaltender geworden. Denn der Pantheismus hat durchaus seine Verdienste. „So liegt in der Annahme, Gott sei buchstäblich *in allem,* eine Auszeichnung der Welt, die als Ganze das Attribut des Göttlichen verdient. Und wenn die Welt als Ganze göttlich ist, kann man, streng genommen, keines ihrer Teile von dieser Würdigung ausnehmen. Das kommt der Selbstachtung des Menschen und dem Respekt vor jedem anderen Dasein entgegen. ... Deshalb sollte jeder, der Gott und die Welt nicht geringschätzen will, die theoretische wie auch die praktische Intention des Pantheismus zu würdigen wissen", urteilt der Philosoph *Volker Gerhardt.* Und er begründet seine Ansicht: „Als einzig transzendentes Wesen wäre er (Gott) vollkommen für sich und könnte denen, die an ihn glauben, noch nicht einmal etwas bedeuten, außer vielleicht, dass er von Ewigkeit zu Ewigkeit das *vollkommen Andere* und *notwendig Fremde* bliebe. Man müsste sich ein für alle Mal eingestehen, dass es sinnlos wäre, ihn anzurufen oder zu verehren. Denn auch er könnte nichts aus der Welt erfahren, weil es über den Abgrund des Nichts hinweg keine Verbindungen geben kann. In seiner transzendenten Position wäre Gott gänzlich von allem abgetrennt. ... Also ist es ausgeschlossen, Gott derart im Jenseits zu verorten, dass er gar nicht zur Welt gehört. ... *Als Gott, der uns etwas angeht, kann er nur zu unserer Welt gehören.* Folglich muss er als ein *Moment der Welt* gedacht werden.

Nur *in ihr* kann er alles andere übertreffen und überragen; nur *in ihr* kann er göttlich sein."[102]

Es kann also gar nicht verwundern, dass in jüngster Zeit auch Theologen dieses „pantheistische" Denken aufnahmen und in ihren Versuchen, Gott neu zu denken, daran anknüpften. Zu ihnen zählten *Alfred Delp* und *Karl Rahner.* So schreibt der Jesuit *Delp* am 17. November 1944:

„Das eine ist mir so klar und spürbar wie selten: / Die Welt ist Gottes so voll. / Aus allen Poren der Dinge quillt er gleichsam uns entgegen. / Wir aber sind oft blind. / Wir bleiben in den schönen und bösen Stunden hängen / und erleben sie nicht durch bis an den Brunnenpunkt, / an dem sie aus Gott herausströmen. / Das gilt für alles Schöne und auch für das Elend. / In allem will Gott Begegnung feiern / und fragt und will die anbetende, hingebende Antwort. / Die Kunst und der Auftrag ist nur dieser, aus diesen Einsichten und Gnaden / dauerndes Bewusstsein und dauernde Haltung zu machen / und werden zu lassen. / Dann wird das Leben frei in der Freiheit, die wir immer gesucht haben."[103]

Karl Rahner formuliert den gleichen Gedanken etwas prosaischer: „Gott ist überall, insofern er das alles Begründende ist, und er ist nirgends, insofern alles Begründete kreatürlich ist und alles, was so innerhalb unserer Erfahrungswelt auftritt, von Gott verschieden ist, getrennt durch einen absoluten Graben zwischen Gott und Nichtgöttlichem. ... Das Anwesen Gottes als des transzendentalen Grundes und Horizontes alles Seienden und Erkennenden ... geschieht durch und in der Gegebenheit des endlichen Seienden. ... Wie Gott wirklich Gott sein könnte und nicht einfach ein Moment der Welt und wie wir ihn dennoch gerade in unserem religiösen Verhältnis zur Welt nicht als den außerhalb der Welt Stehenden denken müssen, das ist für ein heutiges Verständnis des Christentums ein fundamentales Problem."[104]

Das Gottdenken der beiden Theologen geschah in einer gegenüber dem Pantheismus nicht unwesentlich veränderten Form – als „Pan-*en*-theismus" (alles Seiende ist *in* Gott *einbegriffen*). Gott geht über das materielle Universum hinaus. Alles im Universum ist (An-) Teil Gottes, aber Gott ist mehr als das Universum. Gott und Welt sind nicht identisch, wie das im pantheistischen Denken angenommen wird. Es gibt vielmehr ein vielgliedriges System von Wesen und Lebenserscheinungen, die voneinander und von Gott relativ gesondert scheinen, dem Urgrund nach jedoch allesamt untrennbar mit diesem verbunden sind. Ein Dualismus zwischen Gott und Welt ist ausgeschlossen. Die strenge Unterscheidung zwischen Schöpfer und Schöpfung ist lediglich ein unabdingbares Hilfsprinzip, das es den Menschen erst ermöglicht, die Welt konkret begreifen, einordnen und beurteilen zu können.[105]

Nicht unwesentlich mögen zu dieser „Wiederentdeckung" des Pan(en)theismus die Forschungsergebnisse der Naturwissenschaft über die „Energie" in allen ihren Erscheinungsformen und Spannungsfeldern beigetragen haben. Die Vorstellungen „Alles Seiende ist *in* Gott einbegriffen" (Pan-*en*-theismus) und „Gott ist *in* allen seinen *Werken* geheimnisvoll anwesend" (*En*-Ergeia) liegen nicht weit auseinander.

Gott in allen Dingen

Schon im Altertum hatten christliche Theologen in diese Richtung gedacht. Der wohl einflussreichste antike Theologe, Bischof *Augustinus*, schreibt in seinen „Bekenntnissen", in denen er sich Gott selbst zum Ansprechpartner wählt: „So dachte ich mir auch dich, Leben meines Lebens, als etwas Gewaltiges, allseits durch die unermesslichen Räume hin, du *durchdrängest* das ganze Weltall und erstreckest dich außerhalb seiner nach allen Seiten hin ins unendlich Grenzenlose, so dass *die Erde dich enthielte, der Himmel dich enthielte, das All dich enthielte, und dass jene in dir beschlossen seien, du aber nirgendwo.* Wie aber der Körper der Luft, dieser Luft, die über der Erde liegt, dem Sonnenlicht kein Hindernis entgegenstellt, dass es durch ihn hindurchgehe, indem es ihn durchdringt, ohne ihn zu zerreißen oder zu zerschneiden, sondern ganz ihn erfüllend, so dachte ich mir, sei dir der Leib des Himmels und der Luft und des Meeres, ja auch der Erde zugänglich und in allen Teilen, den größten wie den kleinsten, durchdringbar, so dass sie *deine Gegenwart aufnähmen und du in verborgener Durchgeistigung innerlich und äußerlich alles leitetest,* was du geschaffen." Etwas später glaubt *Augustinus* freilich, eingestehen zu müssen, dass diese Vorstellung falsch war: „Denn auf diese Weise würde ein größerer Teil der Erde einen größeren Teil von dir enthalten, und eines kleineren der kleinere, und es wäre alles so von dir erfüllt, dass der Körper des Elefanten mehr von dir in sich schösse als der des Sperlings."[106] Diese „Begründung" seines „Irrtums" klingt etwas merkwürdig, denn *Augustinus* hatte vorher mit keiner Silbe erwähnt, dass er sich die Gegenwart Gottes in den Dingen exakt parallel im Verhältnis zu ihrer quantitativen Größe vorstelle. Er verwirft seine (frühere, pan*en*theistische) Gottesvorstellung allerdings auch nicht grundsätzlich, sondern nur wegen der (im Kontext gar nicht erkennbaren) durch die Größe der Geschöpfe gegebenen, quantitativen Begrenzung der Gegenwart Gottes.

Der mittelalterliche Mystiker *Meister Eckhart* betont in seinen Schriften immer wieder, dass der Gottsucher sich zuerst „leer" machen muss von aller theologischen Begrifflichkeit, ja, dass er seines eigenen Gottes – als Denkvorstellung – „quitt" werden muss.[107] „Jedes Haften am äußeren Zeichen und genießenden Schauen hindert dich am Erfassen des ganzen Gottes. ... Nein, der Tempel muss ledig und frei sein, wie das Auge frei und leer sein muss von aller Farbe, soll es Farbe sehen. ... Alle jene Bilder und Vorstellungen aber sind der Balken in deinem Auge. Drum wirf sie hinaus. Ja selbst deines gedachten Gottes sollst du quitt werden, aller deiner doch so unzulänglichen Gedanken und Vorstellungen über ihn wie: Gott ist gut, ist weise, ist gerecht, ist unendlich. Gott ist nicht gut, ich bin besser als Gott; Gott ist nicht weise, ich bin besser als er, und Gott ein Sein zu nennen ist so unsinnig, wie wenn ich die Sonne bleich oder schwarz nennen wollte. ... Alles was du da über deinen Gott denkst und sagst, das bist du mehr selber als er."[108] *Eckhart* sieht „jegliche Kreatur" als „Gottes voll. ... Wenn sich Gott einen Augenblick von allen Kreaturen abkehrte, so würden sie zunichte."[109] Das Leben Gottes selber entfaltet sich in den Dingen. Wer die Geschöpfe kennt, braucht keine Predigt, denn jedes Geschöpf ist ein von Gott beschriebenes Buch.[110] Die Dinge „schmecken" nach Gott. „Alle Dinge" sind für *Eckhart* „reiner Gott".[111]

Das sind sie aber nur deshalb, weil ihnen aufgrund ihrer Vergänglichkeit kein „Sein" im eigentlichen Sinne, im Sinne einer absoluten, überzeitlichen Existenz, zukommt. Sie existieren gar nicht „wirklich"; denn jedes Einzelding ist hinsichtlich seines Wesens in Gott als seinem Urbild vorhanden. Und nur Gott ist wirkliches, eigentliches „Sein". Verwendet man den Begriff „Sein" im Sinne des absoluten Seins Gottes, so „sind" die Dinge nicht; verwendet man ihn in dem Sinne, in dem er auf die kontingenten Dinge angewandt wird, so „ist" Gott nicht. Die Differenz Ding – Gott bleibt bestehen.

Der Mensch kann aber das „Sein" Gottes nur über die Dinge erkennen. Denn Gott kann nicht „an sich" erkannt werden. Für die Erkenntnis Gottes braucht es notwendigerweise den Umweg über „jegliche Kreatur". Diese besitzt zwar kein (absolutes) „Sein". Ihr kommt aber wegen ihres Geschaffen-Seins (relatives) „Sein" zu. Und zwar das eigentliche, göttliche „Sein". Weil die Dinge ihren Ursprung im göttlichen Urbild haben, sind sie „reiner Gott". „Was Sein hat, Zeit oder Statt, das rührt nicht an Gott; er ist darüber. Gott ist *in* allen Kreaturen, sofern sie Sein haben, und ist doch *darüber.* Mit eben dem, was er *in* allen Kreaturen ist, ist er doch darüber; was da in vielen Dingen Eins ist, das muss notwendig *über* den Dingen sein. ... Wenn ich aber gesagt habe, Gott sei kein Sein und sei *über* dem Sein, so habe ich ihm damit nicht das Sein abgesprochen, vielmehr habe ich es in ihm erhöht."[112]

Das „Gott-Suchen-und-Finden-in-allen-Dingen" ist auch das zentrale Merkmal der Spiritualität des *Ignatius von Loyola.* Die Basis dafür liefert Gottes Wirken in der Welt. Bevor sich Menschen aufmachen, um Gott zu suchen, hat er uns bereits in allen Dingen gesucht und gefunden, so schreibt *Ignatius* in seinem Exerzitienbuch. Die Welt ist Gottes und seiner Gegenwart voll – und dies gilt es wahrzunehmen und glaubend zu erkennen. Er fordert auf, zu „schauen, wie Gott in den Geschöpfen wohnt", zu „erwägen, wie Gott sich in allen geschaffenen Dingen auf dem Angesicht der Erde für mich müht und arbeitet, das heißt sich in der Weise eines Arbeitenden verhält, in den Himmeln, Elementen, Pflanzen, Früchten, Herden usw., indem er Sein gibt, erhält, belebt und wahrnehmbar macht."[113]

Auch ein moderner Naturwissenschaftler, der frühere Leiter des Europäischen Kernforschungszentrums Cern bei Genf *Carlo Rubbia,* sieht sich durch seine tiefen Einblicke in die Tiefen des Kosmos auf Gott verwiesen: „Als Forscher bin ich tief beeindruckt durch die Ordnung und Schönheit, die ich im Kosmos finde, sowie im Innern der materiellen Dinge. Und als Beobachter der Natur kann ich den Gedanken nicht zurückweisen, dass hier eine höhere Ordnung der Dinge existiert. Es ist eine Intelligenz auf höherer Ebene vorgegeben, jenseits der Existenz des Universums selbst."[114]

Aufbau einer seelischen Welt

Dieses Beeindruckt-Sein „durch die Ordnung und Schönheit" des Kosmos und „im Innern der materiellen Dinge" meint wohl der Psychotherapeut *Tilmann Moser*, wenn er von der „Andacht" als dem „wichtigsten Fundament von Religion" spricht. Er versteht darunter „Zustände, bei denen seelisches und leibliches Erleben eng verschlungen sind. Eine entfaltete Andacht ohne körperliche Signale scheint mir undenkbar: Man spricht von Schauer, Überrieseltwerden, von einem herausgehobenen Gefühl, das Ganzheit erzeugt."[115] Der „Andacht" kommt „eine wichtige Bedeutung für den Aufbau einer seelischen Welt" zu. „Es ist dann entscheidend, wie diese Fähigkeit zur Andacht aufgenommen wird und welche Inhalte die Erwachsenen in dieses kostbare Gefäß hineingießen." Sie kann zu „einer gewaltigen Quelle von Kraft und seelischem Reichtum" werden.[116]

Häufig hat *Moser* es „mit den Spätfolgen kirchlicher Lehre und Praxis vor ein paar Jahrzehnten" zu tun, „als die christlichen Subkulturen noch geschlossener, bestimmte aufhellende Gespräche tabu waren und der ständige, inzwischen kaum bewältigbare Zustrom von Informationen, Hohn und Banalisierung aus den Medien noch kaum vorhanden war. ... Inwieweit die heutige Kirche an der Produktion, Förderung und Zementierung von Neurosen noch beteiligt ist, vermag ich nicht zu beurteilen, weil ich ihre Praxis und Verkündigung kaum kenne. Produktiver im schlimmen Sinn sind hier eher die pietistischen oder missionarischen Sekten, die mit einem gewissen Imperialismus Lebensform und Gewissensbildung intensiv beeinflussen und kontrollieren wollen."[117]

Wie solche „Andacht" mitten in der Welt erlebt und erfahren werden kann, beschreibt der Theologe *Jörg Zink*: „Ich wusste mich schon als Kind auf eine kaum beschreibbare Weise von ihm umgeben wie von allen Dingen und Elementen dieser Welt. Ich war mir sicher: Ich brauchte nicht zu ihm zu reden. Er war um mich, und er war in mir, und wie jedes Blatt sein Ort war, so war auch jeder Gedanke in mir Ort seiner Gegenwart. ... Alles, was ich schaue an Bildern dieser Welt, ist Spiegel und Gleichnis von Gottes Gegenwart. Was wahr ist, ist die Wahrheit Gottes. Was lebt, ist das Leben Gottes. Was schön ist, ist seine Schönheit. Was leidet, in dem leidet Gott. Was stirbt, stirbt in ihn zurück. Gott ist das Meer alles dessen, was ist. Auch das Meer in mir selbst, das ich nicht ergründe. Denke ich Gott, so tauche ich ein in ein Meer unendlicher Gegenwart, und von keinem Wesen, auch keinem Werk eines Menschen ist vorstellbar, dass es anderswo wäre als in ihm. Glauben könnte ich also beschreiben als eine Art von ozeanischem Bewusstsein."[118]

Der Mensch erfährt die Umwelt mit seinen Sinnesorganen nur in einem begrenzten Ausschnitt. Er ist auf Vorgänge beschränkt, die „greifbar" sind, die sich sehen, hören und fühlen lassen. Allein durch die Sinneswahrnehmung wird die Welt für ihn „begreifbar". Inzwischen bringt er es aber fertig, mit immer komplizierteren Geräten in die Welt „dahinter" einzudringen, in jene Welt, die jenseits seines durch die Sinnesorgane vorgegebenen Horizontes liegt. Dieser „Überschritt" ist allerdings nur Fachleuten vorbehalten, die mit den Geräten umgehen können. Sie können dadurch lernen, die Regeln dieser jenseitigen Welt zu deuten und zu verstehen. Für Laien bleiben Spezielle und Allgemeine Relativitätstheorie, Quantenmechanik, Astrophysik und Kosmonautik schwer verständlich und kaum begreiflich. Wohl aber können sie „andächtig" davon Kenntnis nehmen.

Unserer Erkenntnismöglichkeit sind unüberschreitbare Grenzen gesetzt. „Der eigentliche Anfang wird für uns immer ein Rätsel sein. Fragen nach dem Davor und dem Draußen sind naturwissenschaftlich sinnlos", urteilt der Astrophysiker *Harald Lesch*.[119] Die moderne Physik weist über sich selbst hinaus und stößt auf Fragen, auf die auch die gescheitesten Physiker und Kosmologen keine Antwort mehr wissen. Manche von ihnen werden deshalb zu (Natur-) Philosophen.

Doch nicht alle in der Erforschung der Geheimnisse der Natur Tätigen besitzen noch die Fähigkeit zur „Andacht", zum Staunen über die Wunder der Natur. Viele sind gar nicht daran interessiert, die tieferen Zusammenhänge ihrer Umwelt zu erfassen und das Ganze in den Blick zu bekommen. Die moderne naturwissenschaftliche Forschung beschränkt sich auf mehr oder minder große Ausschnitte. Und je spezialisierter sie ist, desto enger wird die Perspektive. Durch diese Engführung und das dadurch unter Wissenschaftlern verbreitete „Spezialistentum" hat sich insbesondere die naturwissenschaftliche Forschung in eine problematische Sackgasse begeben. Als ihr Objekt sieht sie nur das eng begrenzte, unmittelbar empirisch Gegebene an, denn „nur dieses ist die objektive Grundlage der Wissenschaft, und diesem Objektiven steht ein streng von ihm getrenntes Subjekt gegenüber, das für den Erkenntnisprozess nur insofern eine Rolle spielt, als es die objektiven Daten auf eine logisch rekonstruierbare Weise zu Komplexen verbindet."[120]

Inzwischen ist selbst diese Einschränkung des Umgangs mit der Natur nochmals begrenzt worden durch die zunehmende Abstraktheit und Instrumentalisierung der vorgegebenen Größe „Natur". In den Forschungsinstituten und Labors, an den Computern und den komplizierten technischen Apparaten wird „Natur" längst nicht mehr sinnlich erfahren. „Natur" erscheint nur noch in chemischen Formeln, in Computergraphiken und Blaupausen oder in künstlich hergestellten bzw. „verbesserten" Produkten, die mit dem „Duft der weiten Welt" meist nicht mehr viel gemeinsam haben.

Der Schweizer Physiker und Wissenschaftsjournalist *Eduard Kaeser* veröffentlichte vor einigen Jahren einen Essay, in dem er zu der auf den ersten Blick paradox klingenden Feststellung kommt, dass die „Naturwissenschaft (heute) ohne Natur" operiere, da sie gar keinen Zugang mehr zur konkret erfahrbaren, „begreifbaren" Natur habe. Er nennt dafür zahlreiche Beispiele: „Das Qualitative der Materie – ihre Anfühlbarkeit, Anschaubarkeit, ihr Geruch, Geschmack, ihre Färbung, Textur, ihr Klang – verblasst im scharfen analytischen Blick der Quantenchemie zur entbehrlichen Draperie einer tiefer liegenden quantitativen Struktur."[121] Hier ist ein Prozess der „Enteignung" der Natur durch die Wissenschaft in Gang gekommen.[122]

Die Beschränkung auf das im Sinne der empirischen Wissenschaften rein objektiv und instrumental Datierbare und die nochmalige Begrenzung auf die pure Abstraktion oder Simulation der

Natur in den EDV-Anlagen haben den Menschen mehr und mehr einer umfassenden Begegnung mit der konkret vorgegebenen und erlebbaren Natur entfremdet. Problematisch wird es, so der Wissenschaftstheoretiker *Hans Julius Schneider,* „wenn das eingeschränkte Bild für das ‚eigentliche Wesen‘ gehalten wird, für den ‚harten Kern‘ der Wirklichkeit, den erst die so verstandene Wissenschaft aus einem Gespinst von Vorurteilen und Aberglauben behutsam herauspräpariert habe"[123].

Die zitierten Autoren beklagen den Verlust einer ganzheitlichen, alle Schichten und Aspekte der Natur umgreifenden Erfahrung. Sie fordern daher die Rehabilitierung der sogenannten nichtwissenschaftlichen Erfahrung. Dabei geht es nicht um ein Entweder-Oder, sondern um das Bemühen, die verschiedenen Sehweisen, die hinter den beiden Begriffen (naturwissenschaftliche) Empirie und (ganzheitliche) Erfahrung stehen, als zusammengehörig, als komplementär zu erkennen. Freilich können sich auch bei rein empirischer Arbeit – unbeabsichtigt, sozusagen als Nebeneffekt – Erfahrungen einstellen, die den Betroffenen stutzig machen und sein Denken und Handeln nachhaltig zu einem gründlicheren (auf den letzten Grund gehenden) Nachdenken veranlassen. Erfahrung ist ein komplexes Geschehen.

Es geht letztlich um die Wiedergewinnung eines weiteren und tieferen Erkenntnishorizontes und um einen dem Menschen als denkendem und fühlendem, wahrnehmendem und reflektierendem Wesen angemessenen Zugang zur Natur. Es geht um die Korrektur einer Praxis reiner Rationalität und eines allein empirisch bestimmten wissenschaftlichen Umgangs mit der Natur.[124] Die modernen hochkomplizierten Geräte der Naturwissenschaft haben durchaus ihre unbestreitbare Daseinsberechtigung. Bei ihnen geht es um Genauigkeit, ums Zählen, Messen und Wägen. Empirische Forschung geht ihren Gegenstand „objektiv" und selektierend an. Sie klammert bei ihren experimentellen Beobachtungen alles aus, was sich nicht unter möglichst vollständig transparenten Bedingungen kausal kontrollieren und unter gleichen Bedingungen beliebig oft reproduzieren lässt. Doch sie muss ergänzt werden oder sich ergänzen lassen durch eine ganzheitliche Erfahrung, die über die bloße Empirie hinausgeht.

Das Gegebene, die Realität selbst, kann nicht direkt erkannt werden. Das Weltbild, die Wirklichkeit, bleibt letztlich eine Konstruktion unseres Verstandes. Der Naturwissenschaftler erfasst die Wirklichkeit zunächst in der Weise mathematischer Formeln und abstrakter Theorien. Er greift dabei häufig – wenn auch ungern – auf veranschaulichende Modelle zurück, da er das Missverständnis vermeiden will, das Modell sei ein Abbild der Wirklichkeit. Man denke etwa an die unterschiedlichen Atommodelle, die gewiss nicht die Realität „Atom" sichtbar machen können und wollen. Immerhin aber sind Symbole und Modelle mehr als nichtssagend, obwohl sie nicht das Eigentliche, das Angezielte darstellen. Sie stehen *für* etwas, das sie selbst nicht sind, weil wir dieses „Etwas" nicht erkennen können. Dieses Phänomen könnte man auch „Glaube" nennen. Genauer: Glaube daran, dass es eine Realität gibt, die sich der empirischen Nachweisbarkeit entzieht. Der Physiker *Herbert Pietschmann* bezeichnet die theoretische Konstruktion von Naturgesetzen als „säkularisierte Offenbarung". „Offenbarung" deutet dabei hin auf das transzendente Element im Akt der Kreativität bei der Findung eines Naturgesetzes, „säkularisiert" auf die Zielrichtung, Gesetzlichkeit von Materie in Raum und Zeit.[125]

Bezüglich des jeweils letzten angezielten Forschungshintergrundes kann man sagen: Die Physik spricht von Materie, die Biologie von Leben, die Psychologie (wenn überhaupt noch) von Seele, Theologie meint Rede von Gott. Doch was letztlich die genannten Gegebenheiten sind, weiß niemand und kann darum auch nicht endgültig erklärt werden. Hier sitzen alle Wissenschaften in einem Boot. Es handelt sich bei den verschiedenen Forschungsbereichen jeweils um einen objektiven Ereignishorizont, einen Zielhorizont, der allenfalls tangential, am Rand, berührt oder erkannt wird.

Einsteins Freund, *Max von Laue*, schrieb in seinem Nachruf zum Tod *Einsteins*: „Das Tiefste daran ist seine Religiosität (nicht zu verwechseln mit Kirchlichkeit). Für ihn war die Welt das Werk eines schöpferischen Geistes, der trotz seiner erhabenen Überlegenheit dennoch den Menschen verständlich bleibt, und zwar im Grundsatz vollständig verständlich, wenngleich dies Verständnis nur allmählich, in vielen Mühen und schrittweise dem Sterblichen enthüllt, ja ihm restlos nie zuteilwird. Deswegen muss das System einer Wissenschaft, welche der Erforschung der Natur dient, ein einheitliches Ganzes sein."[126]

Gott auf das Ganze hin denken

Es kann heute nicht darum gehen, die alten Gottesbilder zu konservieren und sie immer wieder einzuschärfen. Vielmehr ist eine Theologie gefordert, die es versteht, Gott so zu denken, dass er „zugleich persönlich und alles ist"[127]. Es kommt darauf an, „Gott als Einzelwesen zu denken, das zugleich alles ist. Das ist freilich leichter gesagt als getan."[128]

Viele tun sich heute schon leichter, wenn nicht mehr von *dem* „Gott", also maskulin, gesprochen oder zumindest gedacht wird, sondern vom neutralen „Göttlichen". Denn mit „Gott" verbindet sich unwillkürlich das anthropomorphe Bild von einer Person (gewiss: einer *Über*-Person), die irgendwie eine menschliche Gestalt trägt (Vater, Herrscher ...) und die, wenn auch im gesteigerten Maße, menschliche Eigenschaften besitzt (*all*mächtig, *all*gütig, *all*barmherzig ...). „Der Mensch als das sich selbst als ein Ganzes schätzende Wesen verlangt nach einem göttlichen Gegenüber in der Welt, das selbst die höchste Achtung auf sich zieht. Deshalb muss das Göttliche, in dem für den Menschen die Bedeutung der Welt kulminiert, der *Selbstachtung des Menschen* einen Grund geben können. Er muss sich in ihm, ohne Abwertung irgendeines anderen Teils der Welt, *ursprünglich angenommen fühlen. Unter dem Anspruch des Göttlichen hat die Welt eine Form, die dem Selbstbegriff des Menschen nicht entgegensteht.* Wem dies in seinem Glauben nicht genügt, der hat die Freiheit, das Göttliche der Welt als *personal* verfasst zu verstehen", so *Volker Gerhardt*. Er vertritt allerdings die Ansicht, dass man „in diesem Glauben wohl eher eine individuelle, eine dem Gefühl entsprechende persönliche Konsequenz" sehen muss.

Wird stattdessen vom „Göttlichen" gesprochen, so erschwert das „ein objektivistisches Missverständnis, das Theologen, trotz besserer Einsicht, immer wieder dazu verleitet, die umfassende Größe mit Attributen auszustatten, die ihr nicht zukommen können. Selbst ‚All-

wissenheit' oder ,Allmacht' beziehen, wie ,Existenz' oder ,Ewigkeit',
ihren Sinn aus den relativen Verhältnissen der menschlichen Welt. ...
Wenn da ein Göttliches wirkt, das unserem begrifflichen Selbst- und
Weltverständnis nicht widerspricht und ernsthaft auch unter den Bedingungen der modernen Wissenschaft geglaubt werden kann, dann
muss es selbst *zur Welt gehören,* von der sich der Mensch einen Begriff machen kann. Da dies aber mit dem Begriff, den wir von Gott
haben, nur vereinbar ist, wenn er nicht nach Art eines existierenden
Sachverhalts, eines Ereignisses oder eines Gegenstands verstanden
wird, hat er mit der Welt, in der wir sind, *eins* zu sein."

Gerhardt ist davon überzeugt: „Das Göttliche erzeugt *Ehrfurcht,*
die uns weder unsere Bedeutung nimmt noch uns sprachlos macht.
Sie erhebt uns vor der Größe, versichert uns in ihrer erlebten Gegenwart und bindet uns an alle, die in gleicher Lage sind. Recht verstanden, kann es nur das Göttliche sein, das den Menschen – selbst
über große Differenzen hinweg – humanisiert. ... Was ließe sich an
Gott denn loben, wenn seine ,Schöpfung' dazu keinen Anlass böte?
Und was wäre von dem Lob zu halten, wenn man den Schöpfer
nicht in *Verbindung mit seinen Werken* preisen könnte? ... Das Göttliche ist somit als etwas anzusehen, das *mit* und *in* der Welt wirksam ist. ... Aus der Sinnperspektive des Handelnden kann Gott daher als das *Wesen der Welt* bezeichnet werden. ... Man muss die
Welt als die Generalbedingung unseres von uns ernst genommenen
Daseins anerkennen, wenn die Rede von der überlegenen Größe des
Göttlichen verständlich sein soll."[129]

Gebet – Unterbrechung und Widerstand

Kann ich zu einem Gott, den ich mir vorstelle als Urenergie, als Ur-
kraft oder als „Mysterium", eigentlich beten? Kann ein „heiliges Geheimnis" Ansprechpartner für mein Lob- oder Dankgebet sein?
Kann ich das „Unbegreifliche", das „was mich unbedingt angeht",
das „Göttliche" um etwas bitten – um Gesundheit, um Hilfe in der
Not, um Erleuchtung in einer schwierigen Entscheidung? Ist das
nicht wie Sprechen gegen die Wand?

Was bedeutet eigentlich „beten"?

Für Atheisten oder Agnostiker ist Beten ein sinnloses Unterfangen. Man kann nicht zu etwas sprechen, das es überhaupt nicht gibt. Doch auch viele Menschen, selbst gläubige Christen, die diese Meinung nicht teilen, haben heute Probleme mit dem Gebet. Beten erscheint ihnen als ein antiquiertes Ritual, als eine Art von Selbstbetrug, als ein imaginäres „Reden" zwischen einem menschlichen Ich und einem göttlichen Gegenüber, das viele sich nicht (mehr) als „Person" vorstellen können. Eher als ein unvorstellbares „Etwas", an dessen Dasein sie zwar irgendwie glauben, von dem sie sich aber nicht vorstellen können, dass es ihnen als Gesprächspartner gegenübertritt. Dessen „Antwort" nur im Schweigen besteht.

Gott ist kein leibhaftiges Gegenüber

Menschen, die von Gott reden und sich zu ihm bekennen, bevorzugen heute gern nichtpersonale Gottesbilder. Schon die Bibel verwendet häufig Umschreibungen, die sie der Natur entnimmt: Gott als Quelle des Lebens, lebendiges Wasser, erfrischender Schatten, starker Fels, (Wander-)Stab, Brot in der Wüste, Ziel des Lebens, Morgenstern in dunkler Nacht, strahlende Sonne, schützende Wolke, helles Licht, rettendes Ufer, Lebenshauch, Adlers Flügel, Liebe, Hilfe, Berg, Heil. Diese nicht-personalen Metaphern besitzen den Vorteil, dass sie die heute vielfach als anstößig empfundenen Gottesbilder – (alter) Mann (auf dem Himmelsthron), Herrscher, Allmächtiger, Richter, Strafender – vermeiden. Sie können das unauslotbare Geheimnis des Göttlichen besser umschreiben. Sie lassen sich als Deutungsvorschläge für Erfahrungen mit dem Realen, dem Transzendenten, dem Absoluten, dem Unbedingten verstehen.

Gott als Adressat des Betens und als „Gesprächspartner" des Betenden ist kein leibhaftiges Gegenüber, wie wir es im alltäglichen Sprechen mit unseren Mitmenschen gewohnt sind. Beten ist kein Dialog auf Augenhöhe zwischen zwei Gleichgestellten. Beten ist ein Wahrnehmen der „Stimme in den Stimmen".[130] Wer beten will, muss zu-

erst einmal still werden. Er muss sich aus dem Lärm der Welt aus-
klinken. Lärm ist ein „ein Gestank im Ohr".[131] Um die „Stimme in
den Stimmen" hören zu können, müssen die vielen Stimmen, die von
außen an unser Ohr dringen, erst zum Schweigen kommen. Der
dänische Theologe und Philosoph *Søren Kierkegaard* bekennt: „Als
mein Gebet immer andächtiger und innerlicher wurde, da hatte ich
immer weniger zu sagen. / Zuletzt wurde ich ganz still. Ich wurde,
was womöglich noch ein größerer Gegensatz zum Reden ist, ich
wurde ein Hörer. / Ich meinte erst, Beten sei Reden. Ich lernte aber,
dass Beten nicht bloß Schweigen ist, sondern hören. / So ist es: Beten
heißt nicht, sich selbst reden hören. Beten heißt: Still werden und still
sein und warten, bis der Betende Gott hört."[132]

Aber kann nicht ein solches „Hören" pure Einbildung sein? „Höre"
ich etwas, was es gar nicht gibt? Wenn mir jemand sagt, er habe
Stimmen gehört, werde ich misstrauisch. Gewiss, vor derartigen
Selbsttäuschungen ist man nie sicher. Aber jeder Mensch hat schon
Momente erlebt, in denen er sich von „Etwas" unerwartet angesprochen und in Ver*antwortung* genommen fühlte. In denen er spürte,
dass ihn ein Ereignis unmittelbar angeht, ihn unbedingt herausfor-
dert. In denen er meinte, mit einer plötzlichen Eingebung oder Erkenntnis „wie vom Blitz getroffen" zu sein.

Es gibt auch Situationen, in denen wir unerwartet Hilfe oder Zuwendung erfahren. Oft erkenne ich erst im Nachhinein, dass hier
jemand dahintersteckte, der mir wohlwollte. Oder es war ein glück-
licher Zufall, vielleicht auch eine verborgene Fügung oder gar Füh-
rung. Dann werde ich vielleicht mit der Frage konfrontiert, ob sich
dahinter nicht etwas ganz anderes verbarg. Ob durch das vordergründig Wahrgenommene nicht noch ein nur ahnbares Eigentliches, ein geheimnisvolles Letztes und Tiefstes aufschien.

Das Gebet wird aus der Achtsamkeit geboren, aus der aufmerksamen Beobachtung der Natur und ihren Merk- und Denkwürdig-
keiten, aus der Betrachtung von Menschen und Ereignissen, aus der
Wahrnehmung von besonderen Situationen und Gegebenheiten.
Ich muss lernen, die Dinge zu durchschauen, ihren letzten und
eigentlichen Hintergrund aufzuspüren, sie zu hinterfragen. Es kann
passieren, dass ich etwas Überraschendes erfahre, das mich stutzig
und betroffen macht. Von dem ich fühle, dass es mich angeht. Dass

es mein alltägliches Wahrnehmen und Hinschauen in Frage stellt, unterbricht.

Gebet als Loslassen seiner selbst

„Beten ist viel mehr als Suchen. Beten ist Warten. Suchen ist immer noch Aktion und Ungeduld. Warten hingegen ist Aufmerksamkeit." So hat der holländische Theologe und Dichter *Huub Oosterhuis* seine Vorstellung vom Beten umschrieben.[133] Dazu braucht es Stille und Ruhe. Wer beten will, muss zur Ruhe kommen. „Die Stille ernährt, der Lärm verbraucht", soll der Dichter *Reinhold Schneider* gesagt haben. Stille und Ruhe bilden die Grundlage jeder religiösen Erfahrung.

Was sich da aus der Stille meldet, kann Staunen und Verwundern auslösen. Denn man wird mit etwas konfrontiert, das aus dem Rahmen des Gewohnten und Bekannten herausfällt. Staunen und Verwundern können den vertrauten Boden unter den Füßen wegziehen. Plötzlich spürt man etwas von den Hintergründen, von den Abgründen der Dinge. Das ist das Erschreckende am Staunen. Aber es zeigt auch die Faszination, die das Staunen haben kann. Der Staunende erahnt einen tragenden Grund. Er spürt einen letzten Grund für alles, was ist. Staunen mündet in ehrfürchtig-bewunderndes Schweigen. Wenn das Beten eines Menschen nichts weiß von diesem Schweigen vor Gott, wird es zum Geschwätz, zum leeren Wortgeklingel.

Gebet bedeutet eine Preisgabe, ein Loslassen seiner selbst. Eine Veränderung des Blickwinkels, eine Vertiefung der Sichtweise, ein ungewohntes und ungewöhnliches Über-das-Alltägliche-Hinausgehen. Im Beten darf ungeschützt ins Bewusstsein treten, was das Herz erfüllt oder bedrängt. Im Gebet darf das Verborgene zu Wort kommen. So gesehen ist Beten etwas, was dem herkömmlichen Verständnis von Gebet kaum entspricht. Und so gesehen würden vielleicht viel mehr Menschen von sich bekennen, dass sie beten.

Der jüdische Schriftsteller *Elie Wiesel* erzählt aus seiner Kindheit vom „heiligen Dorfnarren" Moshe. Der junge Elie fragte ihn einmal: „Moshe, warum betest du überhaupt?" Und Moshe antwortete: „Ich bete zu Gott, der in mir ist, dass er mir die Kraft gebe, die richtigen Fragen zu stellen."[134]

Gebet als Widerstand und Unterbrechung

Beten darf sich nicht auf das Erinnern seiner selbst beschränken. Es ist auch Erinnern der Welt. Die Thematik des Betens ist so breit wie die Thematik menschlicher Existenz. Das Gebet „wird geboren aus der aufmerksamen Betrachtung von Dingen, Menschen und Ereignissen, durch die man hindurchzuschauen gelernt hat, betroffen, staunend, dankbar. Oder auch klagend und bittend. Beten heißt somit durch die Oberfläche des Lebens hindurchdringen, wo sie durchsichtig geworden ist auf Gott hin."[135]

Nach *Johann Baptist Metz* ist das Gebet „ein Ort des Widerstands, der ‚Unterbrechung'"[136],

- „weil es ein Wagnis bedeutet, aus den scheinbar unhinterfragbaren Plausibilitäten der uns umgebenden Welt herauszutreten. Beten ist gekoppelt mit einer gewissen Verrücktheit – mit der Verrücktheit, sich zu weigern, sich einfachhin dem Zwang der sogenannten ‚schlüssigen Argumentationen' zu unterwerfen, dem Diktat des ‚gesunden Menschenverstandes', der unhinterfragbaren Autorität der ‚Sachgesetze'. Gerade diese Weigerung bedeutet, dass der Blick betender Menschen frei wird. Weil sie sich ihren Blick nicht mehr durch Scheinzusammenhänge vernebeln lassen, werden sie frei, zu sehen ‚was ist' – und damit frei, die unwiederbringliche Zumutung und Chance der konkreten Stunde wahrzunehmen ...;
- weil es den Ausbruch aus dem tödlichen Kreislauf wechselseitiger Selbstbehauptung mit sich bringt. ... Beten redet nicht über den anderen, es drückt ihn nicht zum Gegenstand, zum Objekt herab. Sondern Beten, das ist zuinnerst eine Bewegung von – zu, von mir weg – auf den anderen hin. Gegen alles Sich-selbst-genügen und Seiner-selbst-sicher-sein ist es das unkalkulierbare Wagnis des Beters, seine bodenlose Du-Bedürftigkeit zuzulassen, ... sich vom Wahn der eigenen Unverwundbarkeit zu verabschieden, sich verletzlich zu machen ...;

- weil die Beter und Beterinnen gar nicht anders können, als gegen eine Welt aufzubegehren, in der die Wenigen auf Kosten der Vielen leben – in der die Privilegierten zynisch mit dem Zugrundegehen der ,Überflüssigen' rechnen, mit dem Elend und dem Tod derer, die für keinen Markt interessant sind. ,Mystik und Politik', ,Kampf und Kontemplation' sind die Pole, zwischen die betende Menschen unausweichlich gespannt sind."[137]

Dass Gebet als „Widerstand" in der Lage sein kann, ein hochgerüstetes politisches System zum Einsturz zu bringen, haben die seit 1982 stattfindenden „Montags-Friedens-Gebete" in der ehemaligen DDR gezeigt, aus denen 1989 die „Montagsdemonstrationen" hervorgingen. Angeregt waren diese Gebete vom „Politischen Nachtgebet", das erstmals beim Katholikentag 1968 in Essen gefeiert wurde, das – gegen den entschiedenen Widerstand der Evangelischen und Katholischen Kirche – vor allem politische Ereignisse („Antibabypille", Militärdiktatur in Griechenland, Vietnamkrieg, Putsch in Chile u. a.) zur Sprache brachte.

Gebet als Echolot menschlichen Lebens

Beten, so gesehen, ist etwas ganz anderes, als man es sich gemeinhin vorstellt und als es in den Kirchen meist propagiert wird. Gebet ist ein Echolot menschlichen Lebens, ein Lot, das durch die Oberfläche hindurch auf den eigenen Grund, auf die Tiefe des Selbst zielt. Es durchdringt alle Funktionalisierungen und Verzweckungen, allen Firnis und alle kunstvollen Übermalungen. Es ist eine Preisgabe, ein Loslassen seiner selbst, ein Fallenlassen aller Masken. Im Beten darf ungeschützt zu Wort kommen, was das Herz erfüllt oder bedrängt, was zutiefst in ihm verborgen ist. Gebet – als Erinnern seiner selbst, als Erinnern der Welt und als „Unterbrechung" – muss nicht in der Form eines direkten Ansprechens des (personal gedachten) Gottes geschehen. Gültiges und authentisches Beten kann – in dieser Form und aus dieser Perspektive – auch geschehen als schweigendes Stehen vor dem Namenlosen, als Sich-Versenken in das absolute Geheimnis, als ehrfürchtiges Hineintauchen in die Abgründe des Universums.

Das im Schweigen und aus dem Schweigen vernommene Wort darf und soll eine konkrete, erkennbare Antwort finden. Es ruft auf zu verantwortlichem Handeln. Denn aus der Stille kommt die Kraft, aus dem Schweigen erwächst die Tat. Alles Tun, alles Engagement sollte rückgekoppelt sein an das betende Bedenken, an die stille Besinnung, an die prüfende und abwägende Meditation. Gebet und Handeln sollten in einer ständigen Wechselwirkung stehen und sich gegenseitig bedingen. Beten ist unabdingbare Grundlage und Voraussetzung christlich-verantworteten Handelns; aber Handeln ist auch unerlässliche Äußerung und Konkretion christlich-aufgeschlossenen Betens. Ora *et* labora. Aber auch umgekehrt: Labora *et* ora!

Rückblick und Ausschau

Die Absicht der vorangegangenen Überlegungen war, vermeintlich gesicherte Antworten in den Naturwissenschaften und in der Theologie zu bezweifeln. Denn allzu forsch und allzu rasch werden (auf beiden Seiten) Antworten gegeben, die nicht hinreichend abgesichert und zudem nicht selten spöttisch-herablassend formuliert sind. Keine der beiden Seiten sollte sich dabei von einem vermeintlichen Überlegenheitsgefühl treiben lassen.

Naturwissenschaft

Aussagen, die ein Naturwissenschaftler über die Wirklichkeit macht, sind stets vorläufig und müssen mit der Möglichkeit rechnen, durch neue Experimente und verbesserte Theorien widerlegt zu werden. Jede naturwissenschaftliche Erkenntnis muss prinzipiell falsifizierbar sein, um wissenschaftlichen Ansprüchen zu genügen. Gerade in jüngster Zeit wird immer wieder von Fällen berichtet, in denen Wissenschaftler voreilig und zu wenig gründlich durchdacht die (angebliche) Lösung irgendeines medizinischen, chemischen oder physikalischen Problems publizieren und das Ganze sich nicht selten schon nach kurzer Zeit als unzureichend oder gar als falsch herausstellt.

Eine der Ursachen für diese (un)wissenschaftlichen Schnellschüsse liegt in der Tatsache, dass Wissenschaftler unter permanentem Veröffentlichungsdruck stehen (*„publish or perish"*). Der Druck resultiert aus einer Konkurrenzsituation um Personalstellen, um Forschungsmittel und natürlich auch schlicht um Geld und Prestige.

Durch den ständigen informellen Druck, möglichst viele Fördermittel einwerben zu müssen, sehen sich manche Wissenschaftler genötigt, Zwischenergebnisse zu veröffentlichen, die einer späteren, genaueren Überprüfung nicht standhalten.

Vielfach sind Wissenschaftler heute für ihre Experimente auf komplizierte und extrem teure Geräte in ihren Instituten angewiesen, um hochpräzise Daten gewinnen zu können. Deshalb meinen sie, ihre kostspielige Arbeit rechtfertigen zu müssen, indem sie so rasch wie möglich darüber publizieren. Doch wegen der enormen Präzision der Instrumente können die gewonnenen Daten winzige, leicht übersehbare Hinweise auf alternative Effekte enthalten. Um exakte und jeder Falsifizierung standhaltende Daten gewinnen zu können, ist nicht nur ein fehlerfreies Herausrechnen nötig, sondern auch die genaue Kenntnis aller Begleitmechanismen.

Manchmal bringt eine provozierende, knallige Schlagzeile (z. B. „Gottesteilchen") mehr für mögliche Aufstiegschancen und Mitteleinwerbung als eine gründliche Analyse.

All diese durch den modernen Wissenschaftsbetrieb veranlassten Probleme lassen die Wahrscheinlichkeit von systematischen Fehlern stetig zunehmen. Sie tragen aber auch dazu bei, die bisher nahezu blinde Wissenschaftsgläubigkeit zu erschüttern.

Darüber hinaus gibt es noch immer Wissenschaftler, die meinen, die Grenzen ihres wissenschaftlich vorgegebenen Horizontes überschreiten zu dürfen. Sie lassen sich deshalb zu Äußerungen hinreißen, die außerhalb ihres Kompetenzbereiches liegen. So schreibt *Stephen Hawking*: „Da es ein Gesetz wie das der Gravitation gibt, kann und wird sich das Universum ... aus dem Nichts erzeugen. Spontane Erzeugung ist der Grund, warum etwas ist und nicht einfach nichts, warum es das Universum gibt, warum es uns gibt. Es ist nicht nötig, Gott als den ersten Beweger zu bemühen, der das Licht entzündet und das Universum in Gang gesetzt hat."[1] Das ist eine methodische Grenzüberschreitung. Die Physik kann über das Nichts nichts aussagen. *Hawking* und sein Co-Autor *Mlodinow* gehen von einer Alternative „Gott oder die Naturgesetze" aus. Diese beiden „Größen" sind aber inkommensurabel. Das sollten die beiden eigentlich wissen. Der Philosoph *Godehard Brüntrup* sieht in *Hawkings* Behauptung von der Selbsterschaffung des Universums eine „kognitive Katastrophe"[2].

Theologie

Doch auch in der Theologie sind Umdenken und Neukonzeptionie-
rung erforderlich. Gefragt ist eine Theologie,

- die nicht in besserwisserischer Manier Antworten auf Fragen
  gibt, die gar nicht gestellt werden, sondern unvoreingenommen
  und neugierig die großen Fragen und die ungelösten Probleme
  der Zeit aufgreift und im Dialog mit den Naturwissenschaften
  nach akzeptablen Antworten sucht,
- die auf der „Höhe der Zeit" steht und die mit-, voraus- und nach-
  denkend das naturwissenschaftliche Forschen und Denken zu
  nüchterner Selbsteinschätzung und zur Selbstkritik aufruft,
- die sich selbst mutig und offen der fundierten Kritik und dem
  berechtigten Zweifel stellt,
- die sich nicht an archaische Gottesvorstellungen und antiquierte
  theologische Sprachmuster klammert, sondern sich darum be-
  müht, ihre Glaubensinhalte in „moderne Zeiten", in heutige Denk-
  und Erfahrungshorizonte zu übertragen und in einer für alle ver-
  ständlichen Sprache zu formulieren,
- die ihre Aussagen über Gott, die Schöpfung im Allgemeinen und
  den Menschen im Besonderen so formuliert, dass sie mit den Naturwissenschaften nicht in unüberbrückbarer Spannung stehen,
- die Menschen dazu ermutigt, nach Spuren des Göttlichen im
  Mikro- und Makrokosmos, in der uns umgebenden Natur, in den
  großen und kleinen Dingen des Alltags zu suchen,
- die das Potenzial des eigenen jüdisch-christlichen Erbes sowohl
  im Blick auf die Welt als geschenkte Gabe und Aufgabe als auch
  im Blick auf den Menschen als freies, aber auch verantwortliches
  Geschöpf kreativ ins Spiel bringt,
- die zurückhaltend, aber beharrlich hinweist auf die potenzielle
  Angeschlagenheit der menschlichen Vernunft und die sie stets
  begleitende Tendenz, sich mit Vorläufigem, Partiellem und Vor-
  dergründigem zufriedenzugeben,
- die dabei die Würde all jener verteidigt, die dort verloren zu gehen droht, wo sich das Streben nach Wissen als getarnter „Wille
  zur Macht" und so als Recht des Stärkeren durchzusetzen droht.

Hier sollte die Theologie laut und vernehmlich Einspruch erheben und ihre Position im Diskurs der Wissenschaften zur Geltung bringen.[3]

Theologie und Naturwissenschaft sollten sich der Grenzen ihrer Disziplinen bewusst sein und sie bei ihren Aussagen nicht überschreiten. „Die Naturwissenschaft fragt nach dem Faktischen, die Theologie nach Sinn und Wert. Die Naturwissenschaften geben ihre Antworten in einer mathematischen Sprache, die Religion in bildhafter Sprache. Aber es gibt Berührungspunkte: Religion bezieht sich auf das Ganze der Wirklichkeit. ... Die Naturwissenschaft wiederum hat implizite Voraussetzungen – z. B. die Erkennbarkeit der Welt mit Hilfe der Mathematik –, die Gegenstand religiösen Staunens sein können. Trotz verschiedener Fragestellungen und unterschiedlicher Sprachsysteme stehen Naturwissenschaft und Religion in einem Dialog."[4] Beide sind gleichberechtigt und verhalten sich komplementär zueinander und sollten das auch.

Vielleicht können die vorangegangenen Ausführungen einige Anregungen dazu geben, die Gottesfrage neu zu stellen und vor dem Hintergrund der Erkenntnisse in den modernen Naturwissenschaften und im fairen Dialog mit ihnen nach einer heute tragfähigen Antwort zu suchen – einer Antwort auf die Frage nach dem transzendenten „ganz Anderen", von dem wir mit guten Gründen glauben dürfen, dass er oder es existiert und in jeder naturwissenschaftlichen Erkenntnis implizit vorausgesetzt wird, aber sich ihr doch prinzipiell entzieht.

Eine Ahnung – mehr ist es nicht

Eine leise Frage:
Kann es wirklich sein, dass es Dich gibt?

Wer bist Du?
Wie bist Du?

Was kann ich von Dir wissen?

Mein Leben ist mir ein Rätsel – in vielen Dingen.
Weißt Du die Antwort?

Wie kann ich Dich finden?

Ich bin ins Dasein geworfen und unstet treibt es mich umher.
Wozu bin ich da?

Gott, wenn es Dich gibt, so will ich Dich suchen.
Dich verstehen.
Und mich dabei neu finden.

Harald Günthner[1]

Anmerkungen

Zur Einführung

1 Christ & Welt 30/2014; http://www.christundwelt.de/detail/artikel/mit-meinem-zweifel-muss-ich-leben [19. 11. 2015].
2 G. Heyden, K. A. Mollnau u. H. Ullrich (Hrsg.), Wegweiser zum Atheismus, Leipzig 1959, 89.
3 J. Habermas, Erkenntnis und Interesse, in: Ders., Technik und Wissenschaft als „Ideologie", Frankfurt ³1968, 146–168; hier 155–157.
4 Ebd., 155.
5 A. Einstein, Mein Weltbild (hrsg. v. C. Selig), Berlin 1955, 10.
6 J. Ratzinger, Einführung in das Christentum, München 1968, 24.
7 M. Buber, Werke III, München/Heidelberg 1963, 348 (von mir an einigen Stellen stilistisch leicht verändert).

I.
Ansätze bei den Naturwissenschaften

1 R. Dawkins, River out of Eden. A Darwinian View of Life, New York 1995, 133.
2 J. Monod, Zufall und Notwendigkeit, München 1971.
3 So die Physiker John Barrow und Frank Tipler; zit. nach: W. L. Craig, Antwort auf den Beitrag von Dr. Michael Schmidt-Salomon; http://www.giordano-bruno-stiftung.de/sites/default/files/download/existcraig2.pdf [01. 12. 2015].
4 W. L. Craig, Die Existenz Gottes und der Ursprung des Universums, Wuppertal/Zürich 1989.
5 W. Löffler, Was müsste ein Argument für die Existenz Gottes eigentlich leisten? in: zur debatte. Themen der Katholischen Akademie in Bayern 2/2014, 31–33.
6 H. Lesch, Die Rätsel des Anfangs. Wie, um Himmels willen, hat das Universum begonnen?, in: zur debatte. Themen der Katholischen Akademie in Bayern 8/2005, 18–20; hier: 18.
7 Ein Herumpoltern im Stil von *Richard Dawkins* ist engstirnig und verkennt die spezifische Eigenart geisteswissenschaftlicher Argumentation: „Wissen-

schaftliche Überzeugungen beruhen auf öffentlich nachprüfbaren Beweisen, während religiöser Glaube nicht nur solche Beweise vermissen lässt; die Unabhängigkeit von Beweisen ist seine Freude, die er von den Dächern pfeift" (R. Dawkins, Daily Telegraph Science Extra 11. 9. 1989; zit. nach: J. Lennox, Hat die Wissenschaft Gott begraben? Wuppertal 62006, 5). Sogar ein ausgewiesener Atheist, *Joachim Kahl*, kreidet *Dawkins* unwissenschaftliches Vorgehen an: *„Richard Dawkins'* Buch Der Gotteswahn ... ist ein charakteristisches Dokument intellektuellen Cäsarenwahns ...: triumphalistische Selbstüberschätzung und abgründige Realitätsblindheit." Die Selbstüberschätzung besteht nach *Kahls* Ansicht darin, dass *Dawkins* seine Kompetenz als Evolutionsbiologe „meint nutzen zu dürfen, um völlig fachfremde Themen der Religionsgeschichte, der Religionsphilosophie, der Religionskritik zu traktieren – mit dem Gestus des auch hier allseits belesenen und kundigen Experten. ... *Dawkins'* nassforsche Haltung ... verrät auf jedem Schritt und Tritt eine bodenlose Unkenntnis in Sachen Religion und Religionskritik und enthüllt ein fatales Nichtverstehen ihrer geschichtlichen Entwicklungen und ihrer inhaltlichen Komplexität"(J. Kahl, Weder Gotteswahn noch Atheismuswahn. Eine Kritik des „neuen Atheismus" aus der Sicht des „alten Atheismus", in: EZW-Texte Nr. 204/2009, 5–18, hier 5 f.; zit. nach: http://de.wikipedia.org/wiki/Joachim_Kahl [01. 12. 2015]). Darüber hinaus ist es *Dawkins* offenbar entgangen, dass auch die wissenschaftlichen Argumente für die Quantenmechanik als solche zwar unbestritten sind, dass daraus aber unterschiedliche Folgerungen und Interpretationen abgeleitet werden (Näheres dazu: P. O. Roll, Quantenmechanik und ihre Interpretationen; zit. nach: http://www.spektrum.de/lexikon/physik/quantenmechanik-und-ihre-interpretationen/11871 [14. 6. 2015]).

8 V. Gerhardt, Gott als Sinn des Daseins, in: Christ in der Gegenwart. Sonderdruck 21. 12. 2014; http://www.christ-in-der-gegenwart.de/aktuell/artikel_ angebote_detail?k_beitrag=1979752 [20. 12. 2014].

9 H. Tetens, Ist der Gott der Philosophen ein Erlösergott? Über eine postnaturale Rückkehr der Philosophie zur Gottesfrage, in: zur debatte 2/2015, 37–40; hier: 39. U. Meixner, Der kosmologische Gottesbeweis, in: Klassische Argumentationen der Philosophie, hrsg. v. R. W. Puster, Münster 2013, 57–71; Zitat: 67 f.

10 Thomas von Aquin, Summa theologiae I, quaestio 2, ad 3.

11 C. Rapp, Vorsokratiker (Beck'sche Reihe – Bd. 539), München 22007, 38 ff. und 40. Zit. nach: http://de.wikipedia.org/wiki/Anaximander#Ursprung_ und_Ordnungsprinzip_des_Weltganzen [2. 4. 2015].

12 H. Küng, Existiert Gott?, München/Zürich 1978, 603.

13 J. Starkmuth, Die Entstehung der Realität. Wie das Bewusstsein die Welt erschafft, München 2010, 103.

14 H. P. Dürr u. R. Panikkar, Liebe – Urquelle des Kosmos, Freiburg 2008, 24.

15 Alphastrahlung ist ionisierende Strahlung, die bei einer Art des radioakti-
    ven Zerfalls von Atomkernen auftritt. Es handelt sich um eine Teilchen-
    strahlung. Der zerfallende Atomkern sendet einen Helium-4-Atomkern aus,
    der Alphateilchen genannt wird.

16 M. Fox u. R. Sheldrake, Engel – Die kosmische Intelligenz, München 1998, 25.

17 Diese Beschreibung folgt dem Atommodell von *Niels Bohr*: Die Elektronen
    umkreisen in der Atomhülle auf ganz bestimmten Bahnen den Atomkern.
    Auf diesen Bahnen bewegen sie sich strahlungsfrei ohne Energieverlust. Je
    größer der Abstand der Elektronen vom Kern ist, umso größer ist das
    Energieniveau des Elektrons. Nachdem *Werner Heisenberg* seine Unschärfe-
    relation entwickelt hat, ist man vom Bohr'schen Modell abgekommen: Die
    Elektronen kreisen nicht um die Kerne, sondern halten sich in Räumen, so-
    genannten Orbitalen, auf, die dem Wahrscheinlichkeitsgehalt ihrer Energie
    entsprechen.

18 H. P. Dürr, Geist, Kosmos und Physik, Amerang 2010, 44.

19 Die Trägheit ist das Bestreben von Körpern, in ihrem Bewegungszustand zu
    verharren, solange keine Kräfte auf sie einwirken. Das Maß für die Trägheit
    eines Körpers gegenüber Beschleunigungen seines Massenmittelpunktes ist
    seine Masse.

20 http://www.sueddeutsche.de/panorama/harald-lesch-ueber-higgs-boson-
    das-versteht-kein-mensch-1.1402850 [17. 2. 2015].

21 http://www.tagesspiegel.de/wissen/physik-nobelpreis-2013-gottes-werk-
    und-higgs-teilchen/8903844.html [18. 3. 2015].

22 M. Lederman u. D. Teresi, The God particle – if the universe is the answer,
    what is the question?, Boston 1993, ²2006.

23 Neutronen sind elektrisch neutrale Teilchen. Sie kommen nur im Atomkern
    vor, weil sie in freiem Zustand nicht stabil sind.

24 A. Sacharow, Violation of CP Invariance, C Asymmetry and Baryon Asym-
    metry of the Universe. JETP Letters, Bd. 5, 1967. Populärwissenschaftlich
    erklärt von Sacharow in: Die Symmetrie des Weltalls, erschienen im Jahr-
    buch der Wissenschaft 1968 und wiederabgedruckt in A. D. Sacharow, Spek-
    trum Verlag 1991. Zit. nach: http://www.dlr.de/next/desktopdefault.aspx/
    tabid-6567/10783_read-24341/ [15. 5. 2015].

25 J. Grolle, Die Gegenwelt, in: Der Spiegel 28/2012; zit. nach: http://www.
    spiegel.de/spiegel/print/d-86752109.html [01. 12. 2015].

26 A. Unzicker, Dunkle Materie als permanente Überraschung, in: http://www.
    heise.de/tp/artikel/43/43433/1.html [01. 12. 2015].

27 http://www.spektrum.de/news/dunkle-materie/1298149; http://de.wikipedia.
    org/wiki/ASTRO-H [9. 6. 2015].

28 H. Lesch, Was hat das Universum mit mir zu tun?, in: zur debatte. Themen
    der Katholischen Akademie in Bayern 1/2004, 32–34. Die folgenden Zitate
    sind diesem Beitrag entnommen.

29 H. P. Dürr, Am Anfang war der Quantengeist. Interview im P. M. Magazin (Mai 2007); zit. nach: http://www.pm-magazin.de/a/am-anfang-war-der-quantengeist [14. 9. 2014].

30 H. Jonas, Materie, Geist und Schöpfung. Kosmologischer Befund und kosmogonische Vermutung, Frankfurt 1988, 17. Vgl. dazu: T. Schieder, Weltabenteuer Gottes. Die Gottesfrage bei Hans Jonas, Paderborn/München/Wien/Zürich ²1998.

31 Vgl. H. Jonas, Materie, Geist und Schöpfung. Kosmologischer Befund und kosmogonische Vermutung, Frankfurt 1988, 21.

32 Dieser Begriff stammt von dem deutschen Philosophen und Psychologen *Ludwig Klages.*

33 H. Jonas, Das Prinzip Verantwortung. Versuch einer Ethik für die technologische Zivilisation, Frankfurt 1979, 143 f.

34 H. Lesch, Was hat das Universum mit mir zu tun?, 32–34.

35 M. Planck, Religion und Naturwissenschaft, in: Vorträge und Erinnerungen, Darmstadt 1981, 318–333; zit. nach: H. P. Dürr (Hrsg.), Physik und Transzendenz. Die großen Physiker unseres Jahrhunderts über ihre Begegnung mit dem Wunderbaren, Bern/München/Wien ⁹1996.

36 Archiv zur Geschichte der Max-Planck-Gesellschaft, Abt. Va, Rep. 11 Planck, Nr. 1797; zit. nach: http://www.weloennig.de/internetlibrary.html [12. 4. 2014].

37 F. W. J. Schelling, Stuttgarter Privatvorlesungen, in: M. Frank (Hrsg.), F. W. J. Schelling, Ausgewählte Schriften. Bd. 4, Frankfurt 1985, 47.

38 P. Teilhard de Chardin, Le Cœur de la Matière, Œuvres 13, Paris 1976, 19–23.

39 A. Einstein, Religion und Wissenschaft, in: Berliner Tagblatt (11. 11. 1930); zit. in: Ders., Mein Weltbild, 17.

40 P. Teilhard de Chardin, Mon Univers, Paris 1924, 9.

41 P. Teilhard de Chardin, Der Göttliche Bereich. Ein Entwurf des inneren Lebens, Olten 1962; franz. Original: Le Milieu Divin, Paris 1957.

42 P. Teilhard de Chardin, Der Göttliche Bereich, Otten 1962, 49 f.

43 Ebd., 52.

44 Vgl. R. Lay, Liebe ... und das Universum. Das Gottesbild der Evolution – Das Gottesbild des Teilhard de Chardin, in: Gottesbilder. Publik-Forum Extra, Oberursel ⁴1993, 14.

45 S. Rosenhauer, Vom Sinn der Sehnsucht und der Bedeutung des Begehrens, in: ETstudies. Zeitschrift der Europäischen Gesellschaft für katholische Theologie 5 (2014)2, 305–320; hier: 307.

46 Zit. nach: A. Einstein, Mein Weltbild, 127 und 196.

47 R. Rehn (Hrsg.), Platons Höhlengleichnis. Das Siebte Buch der Politeia, Mainz 2005.

48 A. Zeilinger auf einem Flyer zu seinem Vortrag „Naturwissenschaft und Religion: ein Scheinkonflikt" am 23. 5. 2014 in der Kath. Akademie in Bayern.

Zeilinger ist Präsident der Österreichischen Akademie der Wissenschaften und Professor für Experimentalphysik.

49 M. Planck, in: U. Warnke, Quantenphilosophie und Spiritualität, Berlin/ München ²2011, 82.

50 W. Jäger, Symphonie des Einen und Ganzen, in: Christ in der Gegenwart 19/2000, 149.

51 P. Teilhard de Chardin, Lobgesang des Alls, Olten ³1976; zit. nach: http:// lateinundreligion.wordpress.com/2013/02/15/pierre-teilhard-de-chardin-sj-die-hymne-an-die-materie [29. 11. 2014].

52 Vgl.: http://www.astronews.com/frag/antworten/2/frage2245.html [5. 12. 2014].

53 http://www.weltderphysik.de/gebiet/astro/dunkle-energie/dunkle-energie [5. 12. 2014].

54 http://www.weltderphysik.de/gebiet/astro/dunkle-energie/dunkle-energie [5. 12. 2014].

55 D. Bohm, in: R. Weber (Hrsg.), Wissenschaftler und Weise, Reinbek 1992, 59.

56 http://www.scinexx.de/wissen-aktuell-16693-2013-09-26.html [15. 5. 2015].

57 R. P. Feynman, The Feynman Lectures on Physics, Bd. 1, S. 4; zit. nach: G. Schäfer, http://www.edition-open-access.de/proceedings/1/13/index.html [15. 10. 2014].

58 R. P. Feynman, QED. Die seltsame Theorie des Lichts und der Materie, München/Zürich ³1990, 20.

59 http://www.edition-open-access.de/proceedings/1/13/index.html [15. 10. 2014].

60 C. L. Menzer (Übers.), Nicolaus Coppernicus aus Thorn über die Kreisbewegungen der Weltkörper. Thorn 1879.

61 Die Raumzeit kennt Raum und Zeit nicht als absolute Gegebenheiten. Welche Elemente der zeitlichen Entwicklung zu einem gegebenen Zeitpunkt – gleichzeitig – stattfinden, beurteilen relativ zueinander bewegte Beobachter unterschiedlich. Ein Mensch, der im Abteil eines fahrenden Zuges sitzt, scheint sich nicht zu bewegen. Wohl aber bewegt sich der Zug – und damit auch der Mensch, obwohl er sich dessen gar nicht bewusst zu sein scheint. Seine Wahrnehmung ist „relativ"; sie ist anders, wenn sie sich auf sein Sitzen bezieht oder wenn er nach draußen schaut und an den vorbeifliegenden Bäumen die Bewegung des Zuges erkennt. Absolut ist lediglich die Raumzeit, die Gesamtheit aller Ereignisse in Raum und Zeit. Wie diese Raumzeit in Momentaufnahmen aufgeteilt wird, aus deren Aneinanderreihung sich eine Entwicklung im Raum und in der Zeit ergibt, hängt davon ab, welcher von zwei gegeneinander bewegten Beobachtern die Aufteilung vornimmt.

62 M. v. Brück, Rainer Maria Rilkes „Duineser Elegien", in: zur debatte. Themen der Katholischen Akademie in Bayern 5/2014, 42.

63 http://www.einstein-online.info/vertiefung/Lichtablenkung [15. 5. 2015].

64 Das Folgende in Anlehnung an: B. Graber; http://www.livenet.de/themen/
   wissen/schoepfungswissenschaft/174703-universum_braucht_keinen_gott.
   html [10. 10. 2014].

65 Zit. nach: http://www.mahag.com/fremd/zeit.htm [10. 10. 2014].

66 S. Hawking u. L. Mlodinow, Der große Entwurf. Eine neue Erklärung des
   Universums, Deutsch von Hainer Kober. Reinbek 2010.

67 Ebd. 11.

68 Ebd., 13–15.

69 Ebd., 168.

70 http://community.zeit.de/user/wernerhahn/beitrag/2010/09/12/toe-stephen-
   hawkings-%E2 %80 %9Etheorie-von-allem%E2%80%9C-%E2%80%93-
   keine-etoe-evolution%C3%A4r [10. 10. 2014].

71 S. Hawking u. L. Mlodinow, Der große Entwurf, 13. Hervorhebung von mir.

72 R. Bönt; http://www.sueddeutsche.de/kultur/stephen-hawking-der-grosse-
   entwurf-das-geheimnis-des-seins-1.1004090 [10. 6. 2015].

73 Die drei Autoren zit. nach: https://sniadecki.wordpress.com/2014/04/04/
   louart-pichot-de/ [16. 5. 2015].

74 https://www.humboldt-foundation.de/web/newsletter-1–2009–11.html
   [2. 4. 2015].

75 G. Wächtershäuser, Die Entstehung des Lebens in einer vulkanischen Eisen-
   Schwefel-Welt, in: O. Betz u. H.-R. Köhler (Hrsg.): Die Evolution des Lebendigen, Tübingen 2008.

76 Vgl. Ps 36,10: Bei dir ist die Quelle des Lebens.

77 http://www.sueddeutsche.de/wissen/kuenstliches-leben-premiere-craig-
   venter-spielt-gott-1.945572 [12. 12. 2014].

78 http://link.springer.com/chapter/10.1007/978–3-642–37548–4_10#page-1
   [12. 12. 2014].

79 http://www.spiegel.de/wissenschaft/natur/durchbruch-forscher-erschaf-
   fen-erstmals-kuenstliches-leben-a-696016.html [16. 5. 2015].

80 Zit. nach: Christ in der Gegenwart 24/2015, 268.

81 http://www.zeit.de/wissen/2010–05/Bakterium-kuenstliches-Leben/seite-3
   [16. 5. 2015].

82 Deutsche Forschungsgemeinschaft u. a., Synthetische Biologie. Stellungnahme, Weinheim 2009, 10.

83 Playing God? Synthetic biology as a theological and ethical challenge, in:
   Systems and Synthetic Biology. Band 3, 2009, 47–54.

84 L. Wittgenstein: Tractatus logico-philosophicus, London 1922, 110, Nr. 6.371.
   6.372 (kursiv im Original).

85 Vgl. http://bildung-wissen.eu/kommentare/denkfehler-ohne-ende.html
   [27. 12. 2014].

86 U. Eibach, Entstehung des Lebens. Wie kann sie als Schöpfung Gottes verstanden werden?; hier zit. nach: http://www.iguw.de/uploads/media/Eibach_-

_Entstehung_des_Lebens.pdf, S. 12 [27. 7. 2014]. Zuerst erschienen in: Glaube und Denken. Jahrbuch der Karl-Heim-Gesellschaft, 25. Jg. (2012), 27–48. An diesem Beitrag orientiere ich mich in den folgenden Ausführungen.

87 Ebd., 13.

88 Ebd., 14.

89 Ebd., 17.

90 Ebd., 17.

91 Ebd., 18.

92 F. Nietzsche, Also sprach Zarathustra. 4. Teil, Das Nachtwandler-Lied 12, Leipzig 1891.

93 Original: C. Darwin, On the Origin of Species by Means of Natural Selection, or the Preservation of Favoured Races in the Struggle for Life, London 1859.

94 J. Bauer, „Darwin erklärt das Entstehen des Menschen nicht"; http://www.welt.de/wissenschaft/evolution/article2905763/Darwin-erklaert-das-Entstehen-des-Menschen-nicht.html [30. 5. 2015].

95 Zit. nach: H.-J. Rennkamp, Lebensfülle aus Sternenasche; in: Christ in der Gegenwart 34/2005, 277.

96 http://www.welt.de/wissenschaft/evolution/article2905763/Darwin-erklaert-das-Entstehen-des-Menschen-nicht.html [30. 5. 2015].

97 J. Reich, Was uns der Wurm sagt; in: DIE ZEIT Nr. 2 (5. 1. 2006), 31.

98 H. Tetens, Ist der Gott der Philosophen ein Erlösergott? Über eine postnaturale Rückkehr der Philosophie zur Gottesfrage, in: zur debatte 2/2015, 37–40; hier: 40.

99 Vgl. C. Koch, Bewusstsein. Bekenntnisse eines Hirnforschers, Berlin/Heidelberg 2013, 277.

100 G. Ewald, Die Physik und das Jenseits. Materialdienst der Evang. Zentralstelle für Weltanschauungsfragen (EZW), 1/1997, 1–13. Abgedruckt in: Evangelium und Wissenschaft. Beiträge zum interdisziplinären Gespräch, Karl-Heim-Gesellschaft, Marburg, Heft 31, 4–22.

101 Ein massereicher Stern erzeugt in seinem Inneren durch Fusion leichter Atomkerne wie Wasserstoff und Helium zunehmend schwere Elemente. Auf diese Weise entsteht dort ein Zentralgebiet aus schweren Elementen wie Eisen und Nickel. Atomkerne schwerer als Eisen entstanden in gewaltigen Sternexplosionen. Der berühmte Satz: „Wir sind aus Sternenstaub gemacht", ist daher nicht metaphorisch, sondern im Wortsinn zu verstehen: Jedes Atom schwerer als Beryllium in unserem Körper oder wo auch immer im Universum verdankt seine Existenz der Elementsynthese im Innern der Sterne. Der genaue Ablauf der kernphysikalischen Reaktionen ist bislang noch weitgehend ungeklärt.

102 R. Breuer, Das anthropische Prinzip. Der Mensch im Fadenkreuz der Naturgesetze, Wien/München 1981, 18 f.

103 F. Dyson; zit. nach: R. Breuer, Das anthropische Prinzip. ebd.

104 Zit. nach: G. Ewald, Die Physik und das Jenseits; http://ksa-offenbach.de/wp-content/uploads/2012/04/Die-Physik-und-das-Jenseits.pdf [16. 6. 2015].

105 B. Kanitscheider, Das Anthropische Prinzip – ein neues Erklärungsschema der Physik?; in: Physikalische Blätter 45/1989, 476.

106 L. Huber, Kognition und Moral bei menschlichen und nicht-menschlichen Tieren: homologe und analoge Gemeinsamkeiten, in: zur debatte 6/2010, 41–43; hier: 43.

107 F. M. Wuketits, Die Evolution und das Gute; http://www.charles-darwin-jahr.at/index.php?m=viewpage&p=109 [28. 5. 2015].

108 P. Kitcher, Evolution und die Herkunft der Ethik; http://hpd.de/node/4467 [28. 5. 2015].

109 P. Becker, Religion funktionalisiert? Evolutive Erklärungen für den Glauben an Gott; in: Herder-Korrespondenz Spezial, Gottlos? Von Zweiflern und Religionskritikern, IV/2014, 13–17; hier: 16.

110 K. Mainzer, Wie das Neue in die Welt kommt, in: zur debatte 1/2008, 31–32; hier: 32. Ausführlich in: K. Mainzer, Der kreative Zufall. Wie das Neue in die Welt kommt, München 2007.

111 N. Elias, Über die Zeit. Arbeiten zur Wissenssoziologie II, Frankfurt am Main 1984, XIX.

112 Duden. Das Herkunftswörterbuch. Etymologie der deutschen Sprache. Bd. VII, Mannheim 1963, 778. 88.

113 E. Cassirer, Philosophie der symbolischen Formen, Bd. 2, Hamburg 2010, 132.

114 Augustinus, Confessiones XI, 14.

115 P. Coveney u. R. Highfield, Anti-Chaos. Der Pfeil der Zeit in der Selbstorganisation des Lebens, Reinbek 1992, 19.

116 Entropie wird zusammen mit Wärme oder durch Materie transportiert. Die in einem System vorhandene Entropie ändert sich daher durch Aufnahme oder Abgabe von Wärme. In einem abgeschlossenen System, wo es keinen Wärme- oder Materieaustausch mit der Umgebung gibt, kann die Entropie nicht mehr abnehmen, d. h., Entropie kann nicht vernichtet werden, aber es kann im System Entropie entstehen. Solche Prozesse werden als irreversibel bezeichnet, d. h., sie sind ohne äußeres Zutun unumkehrbar.

117 Zit. nach: http://www.wasistzeit.de/Ueber-die-Zeit/Das-Wesen-der-Zeit/Was-ist-Zeit-2 [29. 11. 2014].

118 S. Hawking, Eine kurze Geschichte der Zeit, Reinbek 1991, 173.

119 Original: *„Deus autem est ens per essentiam suam: quia est ipsum esse. Omne autem aliud ens est ens per participationem"*, in: Thomas von Aquin, Summa contra gentiles, II, Kap. 15, n. 5.

120 M. Horkheimer, Die Sehnsucht nach dem ganz Anderen. Stundenbuch 97, Hamburg 1970, 61 f., 67– 69.

121 Original: *„In cognitionem aeternitatis oportet nos venire per tempus"*, Thomas von Aquin, Summa theologiae, I, q. 10, a. 1c.

122 Vgl. Thomas von Aquin, Summa theologiae, I, q. 10, a. 2, ad 1.

123 „*Ratio aeternitatis consequitur immutabilitatem, sicut ratio temporis consequitur motum*", Thomas von Aquin, Summa theologiae, I, q. 10, a. 2, ad 3.

124 Meister Eckhart, Von der Stadt der Seele, in: Meister Eckharts mystische Schriften. Übertragen von Gustav Landauer, Berlin 1903.

125 N. v. Kues, De visione Dei/Das Sehen Gottes, Trier [3]2007.

126 Die soziale Ich-Maschine. Ein Gespräch mit dem Psychologen Wolfgang Prinz von Ulrich Schnabel und Thomas Assheuer; zit. nach: http://www.zeit.de/2010/24/Prinz-Interview [20. 9. 2014].

127 E. Maier, Die Kartografen der toten Gedanken; zit. nach: https://www.mpg.de/8138358/S005_Rueckblende_070-071.pdf [25. 5. 2015].

128 Ebd.

129 http://www.bremertabakcollegium.de/index.php?vortrag-163 [05. 12. 2015].

130 Vgl. http://www.dailymail.co.uk/sciencetech/article-2044538/Hollywood-star-Marilu-Henners-memory-changing-understanding-brain.html?ITO=1490 [25. 4. 2015].

131 Vgl. http://www.welt.de/wissenschaft/article1690833/Wenn-ein-Mensch-das-Vergessen-verlernt.html [25. 4. 2015].

132 M. A. Persinger, Neuropsychological Bases of God Beliefs, New York 1999; zit. nach U. Eibach, Gott ein Hirngespinst?; in: U. Baumann (Hrsg.), Gott im Haus der Wissenschaften, Frankfurt 2004, 117–153; hier: 132 f.

133 A. Newberg, E. D'Aquili u. V. Rause, Der gedachte Gott. Wie Glaube im Gehirn entsteht, München 2003; zit. nach U. Eibach, Gott ein Hirngespinst?; in: U. Baumann (Hrsg.), Gott im Haus der Wissenschaften, 128 f.

134 E. Alexander, Blick in die Ewigkeit. Die faszinierende Nahtoderfahrung eines Neurochirurgen, München 2013.

135 Ebd., 20 f.

136 Vgl. M. Utsch, Ein Blick ins Jenseits. Was die Seelenbilder in Todesnähe bedeuten, in: Herder Korrespondenz 2015, 132–135.

137 Der Mensch bleibt sich ein Rätsel. Ein Gespräch mit dem Tübinger Philosophen Manfred Frank über die Illusionen der Hirnforschung und ihre zweifelhaften politischen Folgen von Ulrich Schnabel und Thomas Assheuer; zit. nach: http://www.zeit.de/2009/36/Hirnforschung [24. 5. 2015].

138 Ebd.

139 Zit. nach: T. Assheuer, Die neue Orthodoxie, in: DIE ZEIT 45, 60.

140 M. Buber, Das Dialogische Prinzip. Ich und Du, Heidelberg [11]1983, 15 ff.

141 http://www.zeit.de/2010/24/Prinz-Interview [20. 6. 2015].

142 S. Freud, Werkausgabe – Gesammelte Werke, Bd. II/III, London 1945, 617.

143 Ebd., Bd. VII, London 1941, 74.

144 Ebd., Bd. II/III, 618.

145 K. Akerma; http://www.tabvlarasa.de/25/Akerma.php [15. 4. 2015].

146 Zit. nach: http://suite101.de/article/das-bewusstsein-im-wachzustand-schlaf-und-traum-a87768#.VS4js_Dtj90/ [15. 4. 2015].

147 http://www.zeit.de/2013/21/traum-forschung-allan-hobson-stefan-klein [15. 4. 2015].

148 C. Koch, Bewusstsein, 2.

149 Zit. nach: https://www.sein.de/hyperthymestisches-syndrom-wenn-menschen-sich-an-alles-erinnern/ [17. 4. 2015].

150 http://austria-forum.org/af/Sparkling_Science/Aufsatzsammlung/Bewusstseinsforschung [17. 4. 2015].

151 https://www.sein.de/mysterium-bewusstsein-die-ungeloesten-raetsel-des-gehirns/ [17. 4. 2015].

152 http://www.philosophie.uni-mainz.de/metzinger/publikationen/Gehirn%20&%20Geist.htm [24. 4. 2015].

153 P. Singer und Th. Metzinger im Gespräch. Zit. nach: http://www.philosophie.uni-mainz.de/metzinger/publikationen/Gehirn%20&%20Geist.htm [24. 4. 2015].

II.
Ansätze bei der Theologie

1 P. Wust, Ungewißheit und Wagnis, München 1937, [9]2002.

2 R. Descartes, Principia philosophiae, Amsterdam 1644; deutsch: Die Prinzipien der Philosophie, Hamburg 2005, I.1.

3 F. Nietzsche, Werke in drei Bänden, München 1954, Band 1, 1070 f.

4 R. Descartes, Principia philosophiae, Amsterdam 1644; deutsch: Die Prinzipien der Philosophie, Hamburg 2005, I.7.

5 Papst Johannes Paul II., Enzyklika „Fides et ratio", Nr. 65.

6 J. Ratzinger/Benedikt XVI., Jesus von Nazareth. Bd. I: Von der Taufe im Jordan bis zur Verklärung, Freiburg 2007; Band II: Vom Einzug in Jerusalem bis zur Auferstehung, Freiburg 2011; Band III: Prolog – Die Kindheitsgeschichten, Freiburg 2012.

7 Zu diesem Abschnitt: W. Beinert, Christlicher Fundamentalismus, in: zur debatte 1/2012, 15 f.

8 M. Hildebrandt, Krieg der Religionen? in: Aus Politik und Zeitgeschichte 6/2007, 5.

9 R. Barthes, Mythen des Alltags, Frankfurt 1976, 128.

10 So ist der während einer Krisenzeit um die Mitte des neunzehnten Jahrhunderts dogmatisch für eng begrenzte Fälle festgelegte Unfehlbarkeitsanspruch des Papstes im Bewusstsein vieler Gläubigen zumindest praktisch auch auf Äußerungen untergeordneter Organe des kirchlichen Lehramtes ausgeweitet worden. Ein Stück der päpstlichen Unfehlbarkeit fällt gleich-

sam auf die Institutionen und Instanzen in der zweiten oder dritten Ebene herab und verleiht ihren Entscheidungen und Aussagen ein größeres Gewicht und eine höhere Kompetenz.

11 E. Fromm, Haben oder Sein, Stuttgart 1976, 137.

12 Zweites Vatikanisches Konzil, Pastoralkonstitution „Gaudium et Spes" (Die Kirche in der Welt von heute), Art. 62.

13 Ebd., Art. 21.

14 I. Kant, Werke, hrsg. v. Wilhelm Weischedel. Bd. VI, Darmstadt 1963, 53.

15 Der Große Duden. Bd. 7 Etymologie, Mannheim 1963, 748.

16 Zweites Vatikanisches Konzil, Pastoralkonstitution „Gaudium et Spes" (Die Kirche in der Welt von heute), Art. 43.

17 Vgl. Kongregation für die Glaubenslehre, Instruktion über die kirchliche Berufung des Theologen. Verlautbarungen des Apostolischen Stuhles 98 (24. 5. 1990), Nr. 25, 30, 32, 34. Hrsg. von der Dt. Bischofskonferenz, Bonn.

18 C. G. Jung, Von den Wurzeln des Bewusstseins, Zürich 1954, 17.

19 Die Fragmente der Vorsokratiker. Griechisch und Deutsch von Hermann Diels. 1. Band, Berlin [4]1922, 59 f.

20 E. Heitsch (Hrsg.), Xenophanes. Die Fragmente, München/Zürich 1983, 175.

21 Des heiligen Dionysius Areopagita angebliche Schriften über „Göttliche Namen"; Angeblicher Brief an den Mönch Demophilus / aus dem Griechischen übers. von Josef Stiglmayr. (Des heiligen Dionysius Areopagita ausgewählte Schriften Bd. 2; Bibliothek der Kirchenväter, 2. Reihe, Band 2) Kempten/ München 1933, 41.

22 R. Affemann, Gott und die Psychologie, in: L. Reinisch (Hrsg.), Gott in dieser Zeit, München 1972, 53–55.

23 Vgl. dazu: T. Moser, Gottes-Entgiftung; in: Publik-Forum 15, 41–43.

24 L. Feuerbach, Das Wesen der Religion, hrsg. v. A. Esser, Köln 1967, 911128.

25 I. Rathsmann-Sponsel u. R. Sponsel, Gott und Gottesbilder. Aus ethisch-vernünftiger Perspektive eines metaphysisch liberalen Freidenkers: http://www. sgipt.org/sonstig/metaph/gott0.htm [22. 11. 2014].

26 R. Dawkins, Der Gotteswahn, Berlin 2008, 73.

27 H. Küng, Existiert Gott? Antwort auf die Gottesfrage der Neuzeit, München/ Zürich 1978, 628.

28 G. Rey, Pubertätserscheinungen in der katholischen Kirche. Kritische Texte 4, Zürich/Einsiedeln/Köln 1970, 51.

29 E. Fromm, Psychoanalyse und Religion, Zürich 1966, 136 f.

30 V. Gerhardt, Der Sinn des Lebens. Versuch über das Göttliche, München 2014, 256.

31 Der Theologe *Karl Barth* sieht Gott als den „ganz Anderen".

32 Vgl. A. Diepen, Art. „Hypostasis" in: Lexikon für Theologie und Kirche, Bd. 5, Freiburg [2]1961, Sp. 578.

33 Anicius Manlius Severinus Boëthius, De Persona et duabus naturis 3; PL 64, 1343.

34 I. Kant, Metaphysik der Sitten. Akademieausgabe Bd. 4, Berlin/New York 1978, 6,41.

35 I. Kant, Kritik der reinen Vernunft. Akademieausgabe Bd. 4, Berlin/New York 1978, A 365. 428. 429 (in dieser Reihenfolge).

36 Vgl. J. M. Hollenbach, Menschwerdung des Geistes, Frankfurt 1963, 132.

37 J. und W. Grimm, Deutsches Wörterbuch, Leipzig 1889, Neudruck 1984, Bd. 7, Sp. 1563.

38 K. Rahner, Einzigkeit und Dreifaltigkeit Gottes, in: Ders. (Hrsg.), Der eine Gott und der dreieine Gott, München/Zürich 1983, 141–160; hier: 147.

39 http://www.badische-zeitung.de/was-glauben-forscher-die-glauben [2. 11. 2014].

40 K. Berger, Ist Gott Person? Ein Weg zum Verstehen des christlichen Gottesbildes, Gütersloh 2004, 35 f.

41 V. Gerhardt, Der Sinn des Lebens. Versuch über das Göttliche, München 2014.

42 Gegen P. Singer, Praktische Ethik (Reclams Universal-Bibliothek 8033), Stuttgart 1984.

43 E. Fromm, Die Kunst des Liebens, München [10]2002, 113.

44 E. Fromm, Psychoanalyse und Religion, München [5]1993, 102; vgl. M. Buber, Der Glaube der Propheten, Zürich 1950, 49; E. Zenger, Die Mitte der alttestamentlichen Glaubensgeschichte, in: Katechetische Blätter 101 (1976), 3–16; bes. 7.

45 A. N. Whitehead, Wie entsteht Religion?, Frankfurt 1985, 72–80 und 115, 117.

46 A. N. Whitehead, Prozeß und Realität. Entwurf einer Kosmologie, Frankfurt 1987, 613 f.

47 M. Hauskeller, Alfred North Whitehead zur Einführung, Hamburg 1994, 102 f.

48 J. Enxing, Gott im Werden. Die Prozesstheologie Charles Hartshornes, Regensburg 2013.

49 Ch. Hartshorne u. M. Valedy, The Zero Fallacy and Other Essays in Neoclassical Philosophy, Chicago 1997, 6,39; zit. nach: J. Enxing, Anything flows? Das dynamische Gottesbild der Prozesstheologie, in: Herder Korrespondenz 2014, 366–370; hier: 369.

50 J. Enxing, Anything flows?, 366.

51 http://www.badische-zeitung.de/was-glauben-forscher-die-glauben [2. 11. 2014].

52 B. J. Hilberath u. M. Scharer, Kommunikative Theologie, Ostfildern 2012, 76.

53 Ebd., 83.

54 Ebd., 77.

55 Mitten in der Welt. Hefte zum christlichen Leben, Freiburg 1971/72, 91 f.

56 Vgl. zum Folgenden: N. Scholl, Wozu noch Christentum?, Oberursel ²2015, 25–37.

57 R. Leicht, in: DIE ZEIT Nr. 14/1999, 45.

58 Mk 14,22–25; Mt 26,26–29; Lk 22,15–20; 1 Kor 11,23–26.

59 Vgl. Mt 26,26–29; Mk 14,22–25; Lk 22,15–20; 1 Kor 11,23–26.

60 M. Reichardt, Psychologische Erklärung der Ostererscheinungen?, in: Bibel und Kirche 1997, 28–33; hier: 30, 33 f.

61 E. Schillebeeckx, Jesus. Die Geschichte von einem Lebenden, Freiburg/Basel/Wien ³1975, 596.

62 F. Stier, An der Wurzel der Berge, Freiburg/Basel/Wien 1984, 207.

63 Ganzes Zitat:„In der Nachfolge der heiligen Väter lehren wir alle übereinstimmend, unseren Herrn Jesus Christus als ein und denselben Sohn zu bekennen: derselbe ist *vollkommen in der Gottheit und derselbe ist vollkommen in der Menschheit*; derselbe ist *wahrhaft Gott und wahrhaft Mensch* aus vernunftbegabter Seele und Leib; derselbe ist *der Gottheit nach dem Vater wesensgleich und der Menschheit nach uns wesensgleich*, in allem uns gleich außer der Sünde (vgl. Hebr 4,16); derselbe wurde einerseits der Gottheit nach vor den Zeiten aus dem Vater gezeugt, andererseits der Menschheit nach in den letzten Tagen unseretwegen und um unseres Heiles willen aus Maria, der Jungfrau und Gottesgebärerin, geboren; ein und derselbe ist Christus, der einziggeborene Sohn und Herr, der *in zwei Naturen unvermischt, unveränderlich, ungetrennt und unteilbar* erkannt wird, wobei *nirgends wegen der Einung der Unterschied der Naturen aufgehoben* ist, vielmehr *die Eigentümlichkeit jeder der beiden Naturen gewahrt bleibt und sich in e i n e r Person und e i n e r Hypostase vereinigt*; der einziggeborene Sohn, Gott, das Wort, der Herr Jesus Christus, ist nicht in zwei Personen geteilt oder getrennt, sondern ist ein und derselbe, wie es früher die Propheten über ihn und Jesus Christus selbst es uns gelehrt und das Bekenntnis der Väter es uns überliefert hat." (H. Denzinger u. P. Hünermann, Kompendium der Glaubensbekenntnisse und kirchlichen Lehrentscheidungen, Freiburg ³⁷1991, Nr. 301–302; kursiv von N. S.)

64 R. Schnackenburg, Das Johannesevangelium. HthKNT IV/1, Freiburg 1979, 243.

65 R. Bultmann, Das Evangelium des Johannes, Göttingen ¹⁸1964, 40.

66 K. Rahner, Mario, lieber Freund ..., in: Orientierung 19/1979, 205–207; hier: 207.

67 A. v. Canterbury, Cur deus homo. Untersuchungen. Lat.-dt. Ausg., hrsg. v. F. S. Schmitt, Stuttgart-Bad Cannstatt ⁵1995.

68 F. Nietzsche, Also sprach Zarathustra. Werke in drei Bänden, Bd. II, München 1954, 350.

69 Vgl. zum Folgenden: P. Hoffmann, Er ist unsere Freiheit. Aspekte einer konkreten Christologie, in: Bibel und Kirche 1987, 109–115.

70 T. Pröpper, Erlösungsglaube und Freiheitsgeschichte. Eine Skizze zur Soteriologie, München ²1988, 196 f.

71 Ebd., 33 f., 171.

72 M. Grey, Jesus – einsamer Held oder Offenbarung beziehungshafter Macht. Eine Untersuchung feministischer Erlösungsmodelle, in: D. Strahmer u. R. Strobel (Hrsg.), Vom Verlangen nach Heilwerden. Christologie in feministisch-theologischer Sicht, Fribourg/Luzern 1991, 148–171; hier: 159.

73 H. Kessler, Reduzierte Erlösung? Zum Erlösungsverständnis der Befreiungstheologie, Freiburg 1987.

74 P. Hoffmann, Er ist unsere Freiheit. Aspekte einer konkreten Christologie, in: Bibel und Kirche 1987, 111, 115.

75 Vgl. H. Kessler, Reduzierte Erlösung?

76 J. B. Metz, Zur Theologie der Welt, Mainz/München 1968, 87, 111.

77 Vgl. zum ganzen Kapitel ausführlicher: N. Scholl, Das Geheimnis der Drei. Kleine Kulturgeschichte der Trinität, Darmstadt 2008.

78 Vgl. H. Usener, Dreiheit. Rheinisches Museum für Philologie. 58. Jg. (1903), 31 ff.

79 F. Heiler, Erscheinungsformen und Wesen der Religion. Reihe „Die Religionen der Menschheit", hrsg. v. C. M. Schröder, Stuttgart 1961, 176.

80 C. G. Jung, Versuch einer tiefenpsychologischen Deutung des Trinitätsdogmas. GW 11, Zürich/Stuttgart 1963, 119–218; hier: 164 f.

81 O. Betz, Das Geheimnis der Zahlen, Stuttgart 1989, 50 f.

82 H. Usener, Dreiheit, 34.

83 Ebd., 28 f.

84 Ebd., 28, 323–332.

85 Ebd., 34 f.

86 E. Drewermann, Religionsgeschichtliche und tiefenpsychologische Bemerkungen zur Trinitätslehre, in: W. Breuning (Hrsg.), Trinität (115–142), Freiburg/Basel/Wien 1984, 125 f.

87 Die Exegeten sind nahezu einhellig der Ansicht, dass der triadische, sogenannte Taufbefehl im Matthäusevangelium (28,19: „… tauft sie auf den Namen des Vaters und des Sohnes und des Heiligen Geistes …") nicht auf Jesus zurückgeht, sondern dass der Evangelist ihn aus der Tradition, näherhin aus der liturgischen Tradition seiner Gemeinden übernommen hat.

88 P. Lapide u. J. Moltmann, Christliche Trinitätslehre. Ein Gespräch, München 1979, 24.

89 K. Lehmann, Auferweckt am dritten Tag nach der Schrift. Früheste Christologie, Bekenntnisbildung und Schriftauslegung im Lichte von 1 Kor 15,3–8 (QD 38), Freiburg/Basel/Wien ²1989.

90 Möglicherweise erfuhr Jesus bei seiner Taufe durch eine besondere Berufung: Gott ist der liebende, ihm in besonderer Weise zugewandte „Vater"; er fühlte sich von ihm wie ein Kind oder ein Sohn angenommen (Mk 1,9–13

parr.). Es ist denkbar, dass Jesus von diesem Augenblick an geradezu freundschaftlich mit dem verkehrte, den er „abba", „lieber Vater", nannte. Im Überschwang der Gefühle meinte er vielleicht, den „Vater" richtig zu kennen und zu erkennen (Mt 11,25–27; Lk 10,21–22). Aber er gestand zu, dass auch er als der „Sohn" die Stunde des Weltendes nicht kennt; nur der „Vater" weiß sie (Mk 13,32). Wegen dieses intensiven Verbundenseins mit Gott konnten möglicherweise seine engsten Freunde von ihm sagen: Aus ihm spricht Gott; in ihm wohnt Gott; er stellt mit seinem Leben Gott dar – wie ein Sohn den Vater. Doch nach dem Zeugnis der synoptischen Evangelien hat sich Jesus nirgends selbst als „Sohn Gottes" bezeichnet.

91 Vom „Geist" Gottes ist im Alten Testament gelegentlich die Rede. Dabei ist aber nicht an eine eigenständige göttliche „Person" zu denken, sondern eher an die biblische Erfahrung einer Leben schaffenden, inspirierenden Kraft des Wirkens Jahwes. In dieser Tradition sprach auch Jesus von „Heiligem Geist" oder vom „Geist, dem heiligen" (im griechischen Urtext ohne den bestimmten Artikel).

92 „Drei sind alle Götter: / Amun, Re und Ptah, denen keiner gleichkommt. / Verborgen ist sein Name als Amun, / als Re wird er wahrgenommen, / sein Leib ist Ptah. / Ihre Städte auf Erden bleiben immerdar: / Theben, Heliopolis / und Memphis allezeit." Zit. nach: E. Hornung, Die Anfänge des Monotheismus und die Trinität, in: K. Rahner (Hrsg.), Der eine Gott und der dreieine Gott. Schriftenreihe der kath. Akademie in der Erzdiözese Freiburg, München/Zürich 1983, 48–66; hier: 61.

93 http://www.spektrum.de/frage/wie-viele-zellen-hat-der-mensch/620672 [23. 5. 2015].

94 http://www.medizin-netz.de/umfassende-berichte/der-kreislauf/ [23. 5. 2015].

95 http://www.radiologie-idar-oberstein.com/html/das_letzte.html [23. 5. 2015].

96 http://www.3sat.de/page/?source=/nano/glossar/herz.html [23. 5. 2015].

97 Vgl. zu diesem Abschnitt: http://de.wikipedia.org/wiki/Gehirn; http://www.bvmed.de/print/de/technologien/gehirn-nervensystem; http://www.mental-aktiv.de/mein-gehirn/gehirnleistung/; http://www.neuronation.de/science/unser-gehirn-ein-kleiner-%C3 %BCberblick-%C3 %BCber-das-menschliche-denkorgan [25. 5. 2015].

98 M. Buber, Werke III, München/Heidelberg 1963, 348.

99 Vgl.: Atheismus oder verborgene Religiosität? Ein Gespräch mit Prof. Bernhard Welte, in: Herder Korrespondenz 1976, 192–200; hier: 194.

100 C. Schuler, Ist Gott verschwunden?, in: Christ in der Gegenwart 2004, 353 f.

101 B. Spinoza, Ethica ordine geometrico demonstrata, Amsterdam 1677 postum erschienen. II. Buch, Lehrsatz 7. In: Opera. Lateinisch-deutsch, Darmstadt 1979 und 1980.

102 V. Gerhardt, Der Sinn des Sinns. Versuch über das Göttliche, München 2014,

5. Kapitel. Die Zitate sind entnommen: V. Gerhardt, Gott als Moment der Welt, in: Christ in der Gegenwart 2014, 477–478. Kursiv: V. G.

103 A. Delp, Gesammelte Schriften. Bd. 4: Aus dem Gefängnis, Frankfurt 1984, 26. Der zitierte Text wurde von Delp mit gefesselten Händen in seiner Zelle im Gefängnis Berlin-Tegel auf einen Kassiber geschrieben. Delp wurde am 2. 2. 1945 hingerichtet und seine Asche auf persönlichen Befehl Hitlers auf Berliner Rieselfeldern zerstreut.

104 K. Rahner, Grundkurs des Glaubens. Einführung in den Begriff des Christentums, Freiburg/Basel/Wien 1976, 90–94.

105 Vgl. K. Müller, Streit um Gott. Politik, Poesie und Philosophie im Ringen um das wahre Gottesbild, Regensburg 2006.

106 Augustinus, Confessiones 7, 1, 2 (Übersetzung von H. Schiel, Freiburg [2]1950); Hervorhebungen von mir.

107 Meister Eckhart, Deutsche Predigten und Traktate. Hrsg. u. übers. von J. Quint, München 1963, 30.

108 Ebd.

109 Meister Eckhart, Die deutschen Werke I (hrsg. v. J. Quint), Stuttgart 1958, Tr. 11, 70.

110 Vgl. Meister Eckhart, Die deutschen Werke I (hrsg. v. J. Quint), Stuttgart 1958, Pr. 1, 156.

111 Meister Eckhart, Die deutschen Werke V (hrsg. v. J. Quint), Stuttgart 1963, 201, 11 f.

112 Meister Eckhart, Deutsche Predigten und Traktate (Predigt 10, Quasi stella matutina). Hrsg. u. übers. von J. Quint, München 1963, 195 f.

113 Ignatius von Loyola, Die Geistlichen Übungen, übers. v. A. Feder SJ, Regensburg [2]1922, Exerzitien 235 f.

114 Zit. nach: http://www.focus.de/wissen/weltraum/odenwalds_universum/tid-20873/urknall-theorie-wer-erschuf-das-universum-und-warum_aid_585445. html [20. 12. 2014].

115 T. Moser, Von der Gottesvergiftung zu einem erträglichen Gott, Stuttgart 2003. Vgl. Versunken im Blick der Mutter. Tilmann Moser im Gespräch mit Klaus Hofmeister, in: Gepflanzt am Wasser des Lebens – Kinder brauchen Religion. Publik-Forum Extra, Oberursel 2004, 3 f.

116 T. Moser, Von der Gottesvergiftung zu einem erträglichen Gott, 24, 27.

117 Ebd., 78.

118 Jörg Zink im Gespräch mit Meinold Krauss, Stuttgart 1995, 119–132; zit. nach: Mystik – Die Glut Gottes erfahren. Publik-Forum Extra, Oberursel 1999, 15.

119 H. Lesch, Die Rätsel des Anfangs. Wie, um Himmels willen, hat das Universum begonnen?, in: zur debatte. Themen der Katholischen Akademie in Bayern 8/2005, 18–20; hier: 18.

120 H. J. Schneider, „Erfahrung" in Wissenschaft und Alltag, in: Universitas 1/1987, 44–55; hier: 48.

121 E. Kaeser, Naturwissenschaft ohne Natur, in: Tagesanzeiger für die Stadt Zürich. Tagesanzeigermagazin 17/1987, 36–45; hier: 38.

122 H. J. Schneider, „Erfahrung" in Wissenschaft und Alltag, 44–55; hier: 45; vgl. auch: H. Kasper, Die ganze Wirklichkeit. Grenzen moderner wissenschaftlicher Weltbetrachtung und ihre Überwindung, in: Religionsunterricht heute 3–4/1989, 1–19; D. Benner, Wissenschaft und Bildung. Überlegungen zu einem problematischen Verhältnis und zur Aufgabe einer bildenden Interpretation neuzeitlicher Wissenschaft, in: Zeitschrift für Pädagogik 1990, 597–620.

123 H. J. Schneider, „Erfahrung" in Wissenschaft und Alltag, 44–55; hier: 49.

124 Vgl. H.-F. Angel, Naturwissenschaft und Technik im Religionsunterricht, Frankfurt 1988; Ders., Naturwissenschaft und Technik als Arbeitsbereich für die religionspädagogische Grundlagenforschung, in: Religionspädagogische Beiträge 1989, Heft 24, 176–190.

125 H. Pietschmann, Der Quantifizierungs-Wahn. Replik auf Dawkins' „Gottes-Wahn", in: R. Langthaler u. K. Appel (Hrsg.), Dawkins' Gotteswahn. Antworten auf seinen Versuch, zum Atheismus zu überreden, Wien 2008, 34.

126 M. v. Laue, Frankfurter Allgemeine Zeitung, 23. April 1955; zit. nach: H. Pietschmann, Der Quantifizierungs-Wahn.

127 K. Müller, Geschichte der Gotteskrise, in: Christ in der Gegenwart 2010, 86.

128 K. Müller, Vom Dogma zur Poesie: das neue Gott-Denken, in: Christ in der Gegenwart 2010, 121 f.

129 V. Gerhardt, Der Sinn des Sinns. Versuch über das Göttliche, München 2014, 5. Kapitel. Die Zitate sind entnommen: V. Gerhardt, Gott als Moment der Welt, in: Christ in der Gegenwart 2014, 477–478.

130 Thema einer Tagung der Katholischen Akademie Freiburg 4./5. 5. 1991.

131 A. G. Bierce, Des Teufels Wörterbuch, München 2013, 28.

132 Zit. nach: M. Broch, Von Auferstehung bis Zweifel, Den Glauben neu sagen, Ostfildern 2001.

133 Zit. nach: A. Stock, Andacht. Zur poetischen Theologie von Huub Oosterhuis, St. Ottilien 2011, 47.

134 E. Wiesel, ... und das Meer wird nicht voll. Autobiographie 1969–1996, Hamburg 1997, 19.

135 A. Exeler, Beten – eine Weise geistlichen Lebens, in: Katechetische Blätter 1981, 840–846; hier: 840.

136 J. B. Metz, Woran Beten erinnert, in: Christ in der Gegenwart 1975, 28.

137 M. Zechmeister, „Das also ist die fröhliche Stadt...!", in: Orientierung 2002, 1–3; hier: 2 (in der Wortfolge z. T. leicht verändert).

Rückblick und Ausschau

1 S. Hawking u. L. Mlodinow, Der große Entwurf. Eine neue Erklärung des Universums, Reinbek 2011, 177.

2 G. Brüntrup, zit. in: http://www.forum-grenzfragen.de/aktuelles/150910-hawkings-feuil-leton-atheismus.php. Dort auch weitere kritische Stimmen. Vgl. zum Ganzen: Peter C. Hägele, Tragweite und Grenzen naturwissen-schaftlicher Aussagen. Zit. nach: http://www.iguw.de/uploads/media/H% C3 %A4gele_-_Tragweite_und_Grenzen_naturwissenschaftlicher_Aussagen. pdf [9. 6. 2015].

3 Vgl. J. Rahner, Theologie und Naturwissenschaften. Alter Hut oder neue Feindschaft?, Hrsg. v. d. KirchenVolksBewegung Wir sind Kirche, München 2013, 21 und K. Müller, An den Grenzen des Wissens, Regensburg 2004, 30–32.

4 G. Theißen, Evolution, in: T. D. Wabbel, Im Anfang war (k)ein Gott. Natur-wissenschaftliche und theologische Perspektiven, Ostfildern 2004, 150.

Eine Ahnung – mehr ist es nicht

1 http://www.haraldguenthner.de/eine-ahnung-von-gott/ [22. 4. 2015].